KB259979

타이쿤의
주식투자
절대공식

타이쿤의
주식투자 절대공식

초판 1쇄 | 2013년 3월 4일

지은이 | 타이쿤
펴낸이 | 김성희
펴낸곳 | 맛있는책

출판등록 | 2006년 10월 4일(제25100-2009-000049호)
주소 | 서울 광진구 중곡동 639-9 동명빌딩 7층
전화번호 | 02-466-1207
팩스번호 | 02-466-1301
전자우편 | candybookbest@gmail.com

ISBN : 978-89-93174-29-8 13320

타이쿤의 주식투자 절대공식

| 타이쿤 지음 |

맛있는책

■ 머리말

주식투자는 주식을 매수해서 그 주식의 가격이 상승하기를 기다리는 게임이다. 주가가 상승하는 요인은 여러 가지이다. 주식시장을 분석하는 방법은 2가지이다. 우선 펀드멘탈 분석은 해당 주식의 내재 가치에 비해서 현재 주가가 저평가된 정도를 과거 재무제표를 기준으로 분석하여 가장 저평가된 주식을 선택하는 것이다. 다음으로 기술적 분석이란 현재 주가에 해당 주식의 과거와 미래의 모든 정보가 내포되어 있으므로 최근 주가의 흐름과 추세를 분석하고 미래의 방향을 예측하여 상승 가능성이 높은 주식을 선택하는 작업이다.

필자가 이번에 출간하는 책은 철저히 후자에 속한 것이다. 주식을 매수하는 거래 주체의 의도와 이를 선도해 가는 세력이 해당 주식의 주가를 어떻게 만들어 가는가에 대한 방법론을 일반 독자가 알기 쉽게 풀어쓴 것이다.

책의 앞 부분에는 주식투자를 시작하기 전에 반드시 알아야만 하는 열 가지 필수 개념에 대해서 서술했다. 다시 말하지만 반드시 알아야만 하는 부분이다. 몇 번씩 반복 숙독하여 외울 정도로 숙지해야 할 것이다. 주식을 상승시키는 '정식 패턴'이 있고 중간에 털고 나가는 '먹튀 패턴'이 있다.

주식을 상승시키는 것은 가진 것이 돈뿐인 거대 세력이 자신의 스타일대로 주가를 만져가는 과정이다. 그 과정이 아름답고 합리적인 경우 대중이 추종하면서 거대한 주가 상승이 나타나게 된다. 주가가 상승하는 것은 거대한 에너지의 흐름이다. 돈은 가장 정제된 에너지다. 주가가 상승하는 과정은 거대한 에너지가 이합집산하는 다양한 패턴을 연출한다. 필자의 책은 에너지가 움직이는 패턴을 정량적으로 계산해내는 방법에 관한 것이다.

거대 세력이 수 년 간에 걸쳐 주가를 상승시키는 과정은 돈으로 주가를 쌓아가는 과정이다. 돈의 힘으로 주가를 축조(築造)하는 것이다. 그 과정은 온갖 오묘하고 신비한 논리의 결정체이다. 필자는 가능한 쉬운 용어를 사용하여 그 과정의 논리적 전개를 서술하고자 노력하였다.

주가 상승은 자연의 이치와 닿아 있다. 주가 상승이 봄, 여름, 가을, 겨울, 사계절의 과정을 거쳐 진행되기 때문이다. 주가 운동의 핵심적인 부분은 2차 상승, 즉 가장 길고 뜨겁게 형성되는 여름이다. 그 후 3단계 상승이 완료되고 난 다음에는 주가 상승기에 나타난 현상이 주가 하락기 현상으로 방향을 바꾸어 나타나게 된다.

주가 운동은 자연의 이치에 맞게 봄, 여름, 가을의 운동에 맞추어 초기 운동, 가속 운동, 감속 운동으로 진행된다. 주식을 거래하는 사람들은 이 리듬에 맞추어 매수하고, 매도하고, 쉬어야 한다. 매도하고 쉬어야 하는 이유는 주가가 천정을 형성하고 난 후에도 주가가 상승을 지속한 열기 때문에 한 동안 하락하지 않고 고공권에서 머물기 때문이다. 즉 때가 되어야 끈 떨어진 연과 같이, 다 익은 감이 저절로 떨어지듯이 하락을 시작한다.

　필자의 이번 책에는 안철수연구소(안랩; 종목번호053800) 주가를 16,500 바닥에서 167,200 천정까지 10배 급등시킨 스킬에 대해서도 자세히 분석해 놓았다. 향후 유사한 투기 주식을 대할 때 큰 도움이 될 것이다.

　이 책의 특징은 3단계 주가 상승과 3단계 주가 하락 과정이 자세하게 설명되어 있다. 이 모든 과정의 논리적 배경에는 확장 운동과 가속 운동 패턴에 대한 기본 모델인 피보나치 수열이 있다. 주가 운동의 모든 비밀은 피보나치 수열과 피보나치 비율에서 비롯된다. 필자의 책을 통해 독자들께서도 이 비밀에 눈을 뜬다면 더할 수 없는 기쁨이 될 것이다.

2013년 2월

타이쿤

■ 차례

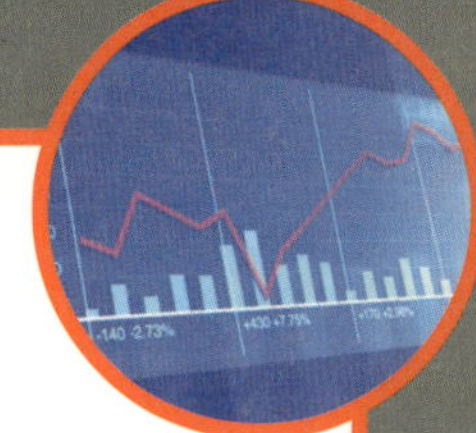

PART 2 주가운동에 숨겨진 숫자의 비밀

예측 가능했던 안철수연구소 주식 10배 급등 사례

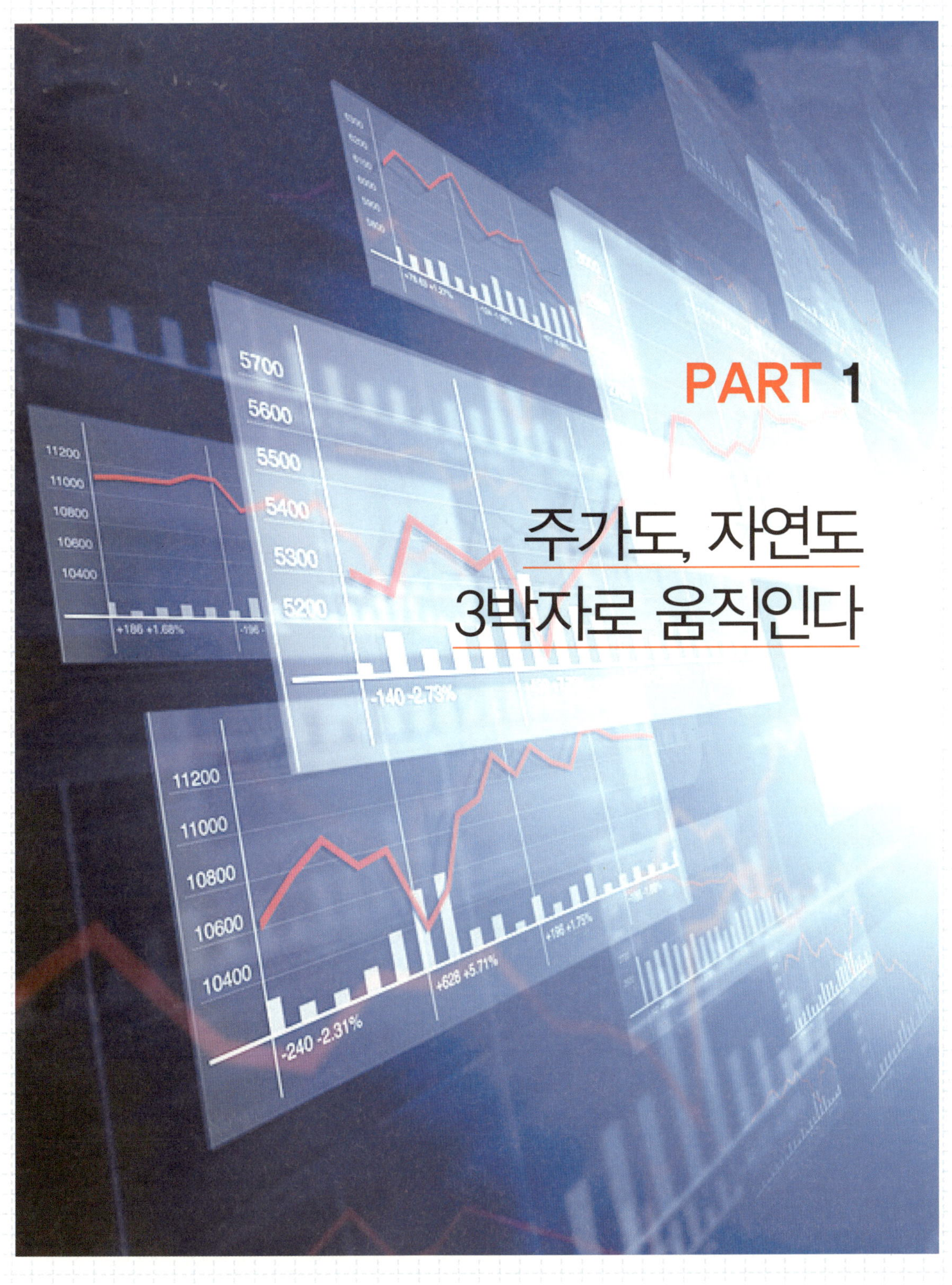
PART 1
주가도, 자연도
3박자로 움직인다

01

주식도 자연의 일부다

오늘도 증권거래소 전광판의 주가는 쉼 없이 오르고 내린다. 주가는 마치 살아있는 생명체와 같다. 끊임없이 외부 에너지의 자극을 받고, 내부의 역동성에 의해 자신의 평형을 유지한다. 심장이 박동해 혈액을 순환시키고, 온몸의 신경계가 작동해 생명활동을 이어가는 생명체와 다르지 않은 것이다. 많은 투자자들이 주식의 운동 원리를 궁금해 한다. 주식이 어떤 원리로 오르고 내리는가를 알 수 있다면 시장에서 수익을 창출하는 것은 매우 쉬운 일이기 때문이다.

이 책은 바로 그것, 모든 투자자들이 궁금해 하는 주식의 운동 원리가 너무나도 명확하고 절대적인 원칙을 가지고 있음을 증명해 보이고자 한다.

혹자는 반론할 수 있다. 수많은 변수들이 개입된 주식시장을 단순하다면 단순한 원칙으로 설명하는 것이 말이 안 된다고 할 수도 있다. 하지만 돈의 에너지, 사회의 에너지, 세계의 에너지, 그리고 사람들의 심리적 에너지가 총집합된 거대한 우주와 같은 주식시장은 오히려 어떤 거대한 우주의 원칙에 수렴할 수 있는 것이다.

밀물이 밀려오는 방법, 주식이 등락하는 방법

주식 이야기를 하면서 뜬금없는 밀물 이야기냐고 고개를 갸우뚱할 것이다. 앞서서도 밝혔듯이 주식의 움직임은 세상의 모든 에너지가 함께 만드는 것이다. 주식으로 성공하기 위해서는 세상을 이해하는 직관과 통찰력이 필요하다는 이야기다. 다시 밀물 이야기로 돌아가자.

바닷가에서 밀물과 썰물이 밀려오는 모양을 잠시 관찰해 보면, 밀물은 결코 한 번에 쫙 밀려들어오지 않는다. 밀려왔다 빠졌다, 밀려왔다 빠졌다 하면서 알게 모르게 조금씩 물이 차게 된다. 그렇게 밀려오고 빠져나가는 모양을 보면 어떤 원칙이 보인다. 모래가 젖은 모양을 보면 결코 같은 속도로, 같은 양의 물이 밀려오는 것이 아니다. 반대의 경우도 마찬가지다. 물이 빠져나갈 때도 조금씩 밀려왔다, 빠져나갔다 하면서 서서히 물이 빠진다.

계절이 다가오는 것도 그렇다. 갑자기 온도가 1도씩 낮아져 겨울이 오고, 1도씩 높아져 여름이 오는 것이 아니지 않은가. 며칠 춥다가, 며칠 따뜻하다, 다시 조금 더 추워지면서 겨울이 온다. 이런 예는 수없이 많다. 다이어트를 해보았는가? 아무리 굶어도 살은 빠지지 않다가, 갑자기 어떤 시점에 도달하면 체중이 줄어든다. 영어 공부를 해봐도 그렇다. 하루에 2시간씩 열심히 해도 실력이 늘어난다는 느낌이 없다. 그러다가 갑자기 실력이 한 단계 상승했다는 사실을 스스로 알게 된다. 몸이 아플 때도, 좋아질 때도 똑같은 원칙이 적용된다. 이 모두에는 분명 어떠한 흐름과 원칙이 존재한다.

비단 어떤 한 분야에만 적용되는 것이 아닌 범용적인 이 원칙을 적절히 가공하면 주가의 운동 원리를 명확하게 이해하고 예측할 수 있는 어떤 원칙을 발견할 수 있게 된다.

지금 왼쪽 손바닥을 들여다 보자

왼 손을 펴서 우리의 손가락을 살펴보자. 엄지와 검지, 중지는 왜 이런 모습으로 배열되어 있을까 의구심을 가진 적은 없는가. 엄지는 가장 아래에 있으며 길이가 짧고, 엄지에서 검지까지는 상당히 긴 간격이 있다. 그러나 검지에서 중지까지는 간격이 짧다. 물론 조물주가 있다면 물건을 잡기에 가장 최적화된 구조로 우리의 몸을 설계했을 것이다. 우리가 주목해야 할 것은 주가 역시 우리의 손가락 모양처럼 움직인다는 것이다.

주식이 상승할 때는 엄지, 검지, 중지 모양의 그래프를 그리는 경우가 많다. 하락할 때의 경우를 보려면 손바닥을 거꾸로 뒤집어 보면 된다. 하락 추세일 때의 모양역시 엄지, 검지, 중지 모양의 곡선을 그리게 된다. 주식이 오를 때는 약하게, 강하게, 다시 약하게 올라가며, 떨어질 때는 약하게, 강하게, 다시 약하게 떨어지는 움직임을 보이는 것이다. 어떻게 보면 지나치게 단순화된 원리일지도 모른다. 하지만 이런 운동 원리를 통찰하고 있는 사람과 그렇지 못한 사람이 시장을 분석하는 방법은 다를 수 있다. 이 원칙은 모든 세부 운동 원리에 우선하는 것이며, 개별 주가들의 움직임을 통시적이고 통합적으로 바라보는 툴이 될 수 있다.

수학 공부도 쓸모가 있다

손가락의 모양을 보며 대략적인 주가 운동의 원리에 대하여 설명을 했다. 그렇다면 이것을 보다 계량화된 지표로 설명할 수는 없을까란 의문이 들 것이다. 그리고 그것은 가능하다. 이런 주가 운동 원리를 설명하는 데는 우리가 중고등학교 시절에 배웠던 수학을 등장시켜야 한다. 그 당시에야 좋은 대학 가겠다고 열심히 공부를 했겠지만, 수학이라는 학문은 알면 알수록 신비롭다. 흔히 수학자들은 숫자 속에 우주의 설계도가 숨겨져 있다고 한다. 하지만 우리에겐 그렇게 대단한 설계도 같은 것은 필요가 없다. 단지 주식 시장이 어떻게 움직이느냐에 대한 그림만 그릴 수 있으면 된다. 그래서 지금부터 수학 시간에 배웠던 수열, 그 중에서도 "피보나치 수열"에 대해 설명해 보고자 한다.

피보나치 수열은 0과 1에서 시작한다. 1항이 0, 2항이 1이다. 3항은 앞의 두 항, 즉 0과 1을 합한 1이다. 4항은 앞의 두 항, 즉 1과 1을 합한 2다. 5항은 1과 2를 합한 3이다. 같은 방법으로 숫자를 나열해 보면 "0, 1, 1, 2, 3, 5, 8, 13, 21……."과 같은 피보나치 수열이 완성된다. 피보나치 수열은 호사가들 사이에서 어떤 형태나 흐름을 설명하는 신비로운 체계로 설명되어 왔다. 이를테면 소라 고동의 나선형 모양이나 해바라기 꽃의 씨앗 배열과 꽃잎 구조도 피보나치 수열에 의한다는 것이다.

그런데 놀라운 사실은 이 수열이 주가의 운동원리를 정확하게 예측한다는 것이다. 주가가 상승 에너지를 쌓을 때는 하나, 하나, 둘의 형태를 보여준다. 첫 번째는 하나만큼, 두 번째도 하나만큼, 세 번째는 둘만큼, 네 번째는 셋만큼 상승하는 것이다. 차트에서 이런 흐름이 감지되면 신고가가 형성됨을 알아차려야 한다. 주가가 하락할 때도 역시 같은 방식으로 하락한다. 첫 번째 하나만큼 떨어지고, 두 번째도 하나만큼 떨어지고, 세 번째 둘이 떨어지면 하락 흐름이 시작된 것이다.

다음 장에서는 직접적인 차트를 보면서 지금까지 말한 이론들이 어떻게 적용되는지 살펴보기로 하겠다.

02

신비한 주가운동 원리

주가 운동은 양봉과 음봉의 흐름으로 구성된다. 양봉은 종가가 시가보다 높고 빨간색 캔들로 표시하며, 음봉은 종가가 시가보다 낮고 파란색 캔들로 표시한다. 주가가 상승하는 과정은 종가가 시가보다 높은 흐름이 진행되는 것이므로 양봉을 주목해야 한다. 그 중에서도 양봉의 개수와 양봉이 어떻게 반복되는지 연속성이 가장 중요하다.

양봉(빨간색 캔들) 하나를 양봉 알갱이, 즉 입자(粒子;particle)라고 표현해 보자. 또 양봉(빨간색 캔들)이 연속해서 나오는 것을 양봉 덩어리, 즉 양자(量子;quantum;큐) 개념으로 보자. 지금부터 '큐'라고 하면 양봉이 연속되는 덩어리를 의미한다고 보면 된다.

이것이 이 책의 가장 핵심적인 내용이다. 양봉 덩어리의 개수와 그 내부에 존재하는 알갱이 개수를 보면 상승 에너지를 측정할 수 있다. 양봉 덩어리 내부의 알갱이 숫자가 증가하면 상승에너지가 강화되는 것이며, 알갱이 숫자가 감소하면 상승에너지가 약화되는 것이다. 주가 상승이란 한마디로 양(陽)의 개수가 증가하는 것이라 보면 된다.

이것은 결코 정성적인 분석이 아니다. 양봉 알갱이 숫자의 변화를 가지고 정량적으로 정확하게 상승 에너지를 측정할 수 있다. 주식 매수를 원하는 투자자들 입장에서 보면, 어떤 상황에서 얼마만큼 양봉 알갱이가 증가하면 적정 타이밍이라고 판단할 수 있게 된 것이다. 물론 매도할 때도 마찬가지이다. 이는 주식시장을 예측할 수 있는 양자 운동학, 더 나아가 양자 심리학적 해답이라고 볼 수 있다.

양봉 알갱이 숫자를 보면, 주식 매수세력과 매도세력의 심리 변화를 읽을 수 있다. 양봉 알갱이 숫자가 줄어들어 매도세가 강하면 살짝 피했다가, 양봉 알갱이 숫자가 증가하며 매수세가 강해지면 치고 들어가 공간을 점유하는 테크닉을 구사할 수 있게 된다. 따라서 매수세력이 매집하는 주가의 상승을 통해 장기적으로 안정적 수익을 창출하는 것이 가능하다.

강한 하락 후 반등 패턴

1양(2음), 1양(1음 바닥), 2양(1큐 신고가)··· 패턴

천정을 친 주가가 하락하는 과정 초기에는 양(陽)이 두 캔들 연속 출현하기 어려운 상황이다. 그래서 초기 하락과정 진행 특징은 1양 천정에서 4음, 또는 1양 천정에서 2음 이런 식으로 반등보다 강한 하락이 연출된다. 그런데 하락 흐름이 3차례 정도 휩쓸고 나면 어느 순간 1양 천정에서 1음 바닥이 출현하는 상황이 발생하며 이때부터 상승 모멘텀이 발생하여 1양, 1양 다음 2양 상승이 출현한다.

1양 천정, 4음 하락, 1양 천정, 2음 하락 다음 1양 천정, 1음 하락으로 바닥이 형성되면 2음 하락이 1음 하락으로 하락세가 축소된다. 하락이 2음에서 1음으로 축소되면 상승은 1양에서 2양으로 확장되는 흐름이 발생하면서 주가는 상승 추세로 진입하게 된다. 상승 추세 진입 특징은 4음, 5음 바닥에서 1양 신고가 발생 후 양 상승이 누적되는 것이다. 즉 1양, 2음, 1양, 1음 바닥에서 1큐 신고가 2큐 갭 상승 진입 패턴이다.

갈수록 힘이 강화되는 패턴

1양(1음), 1양(2음 바닥), 2양… 패턴

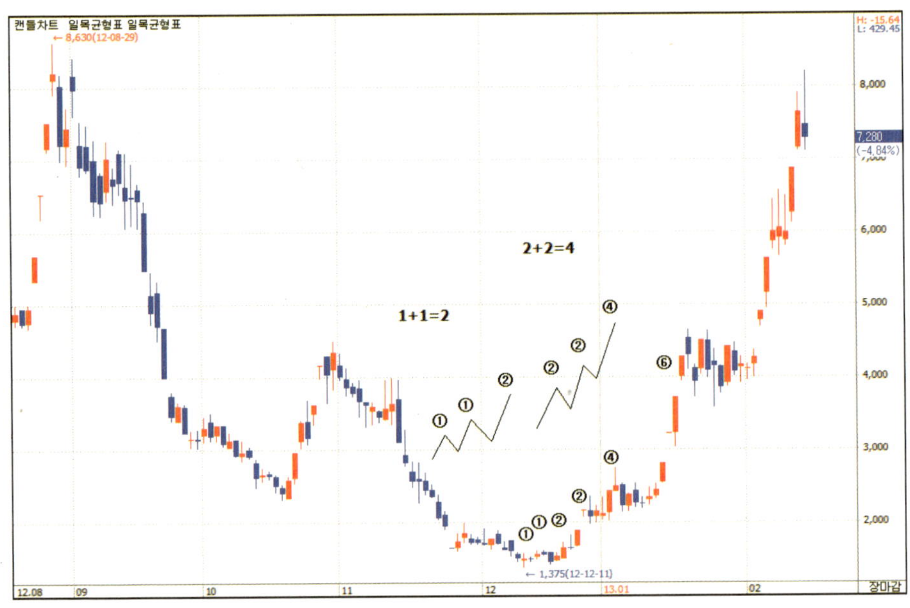

　　1양, 2음, 1양, 1음 바닥패턴은 하락이 2음 에서 1음 으로 둔화되는 바닥이므로 바닥에서 상승이 급하게 형성된다. 그런데 1양, 1음, 1양, 2음 바닥패턴은 하락이 1음에서 2음 으로 강화된 상태에서 바닥이 출현한 것이므로 초기 상승은 다소 약하나 갈수로 힘이 강화되는 패턴이다. 12월11일 바닥에서 1양, 1양 상승 다음 2양 상승으로 합을 만든후 2양, 2양 상승으로 매기 강화를 확인한 다음 5번째 양봉 덩어리 즉 5큐 상승에서부터 연속 4양(=2양+2양) 상승이 출현하고 7큐 상승에서 갭 상승 6양(=2양+4양)출현이다.

바닥 다진 후 점진적 상승 패턴

1양(2음), 1양(1음 바닥), 2양(2큐 신고가)··· 패턴

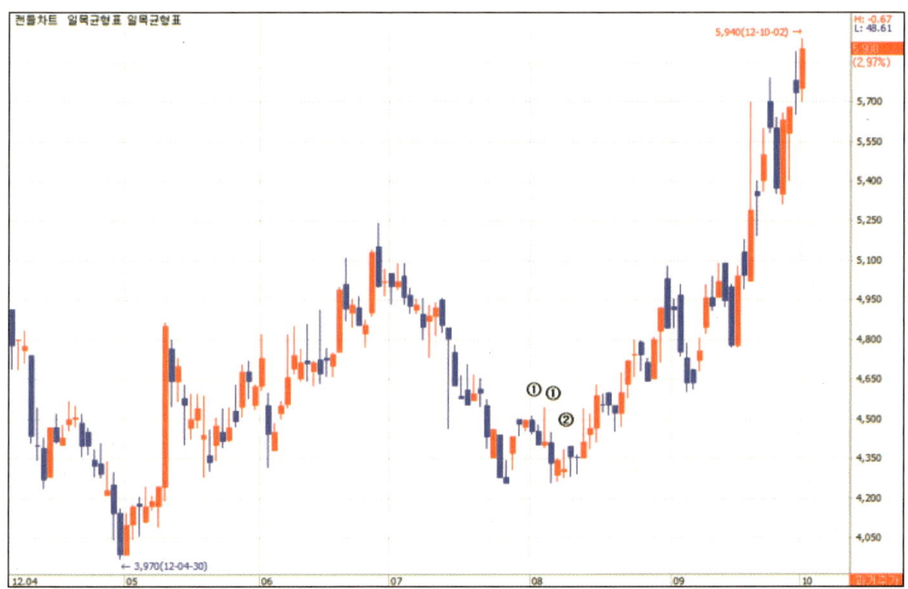

　　하락하는 주가 흐름에서 상승에너지가 확충되면 1양 상승에서 2양 상승으로 양 운동이 활발해진다. 하락 추세에서 양 에너지 확충은 1양 운동이 2양 운동으로 증가한 것이므로 단기적으로 초과 매수상태에서 발생하는 경계심리가 나타나는데 1양에서 2양으로 초과 매수 상황이 발생한 후 전 저점이 안정적으로 지지되면 경계심리가 해소된 것으로 판단한 추가 매수세가 유입되어 점진적 상승 추세로 진입하게 된다.

단계적 주가 상승 패턴

1양(1음), 2양(2음), 3양(3음)··· 2큐 신고가··· 패턴

1양, 2음, 1양, 1음 하락 약화 바닥에서 2양, 3양 연속 2큐 상승 확장으로 신고가
발생하며 상승 추세로 진입하는 패턴이다. 1양에서 2양으로, 2양에서 3양으로 매수
세가 점진적으로 강화되는 패턴은 매수심리 강화를 통하여 주가 상승 에너지가 확장
되는 모습을 연출하므로 단계적인 주가 상승을 미루어 짐작케 하는 것이다.

03

단지 더하기만 할 줄 알면 된다

주가 운동에서 에너지가 증가하는 방식은 '더하기'다. 직전 과거 양봉 덩어리 내의 양봉 캔들 수를 더한 만큼 다음 양봉 상승이 나타나는 것이다. 예를 들어보자. 직전 과거 양봉이 1양, 2양 운동이었다면 현재와 미래에 걸쳐 1양+2양, 즉 3양 상승을 예측할 수 있는 것이다. 그러면 1양+2양+3양=6양 운동이 되어 전체는 6양 상승이 될 것이다.

1양 운동과 2양 운동의 합으로 나타나는 추가 3양 상승은 연속 3양 상승이 이상적이나 1양+2양=3양 또는 2양+1양=3양 어느 경우든 가능하고 가끔 1양+1양+1양=3양 상승이 출현할 때도 있다.

전체가 5양 상승을 초과하게 될 경우, 소폭의 조정 후 신고가가 연출되면서 연속 6양 상승이 출현하는 등 급등 국면으로 진입이 가능하다. 주가 상승은 초기 매수자와 편승 매수자의 합작품이다. 초기 매수자와 편승 매수자의 합작으로 바닥 12양 또는 바닥 20양 상승이 연출된다. 초기 매수자는 편승 매수가가 시장에 유입될 때 이익을 실현하게 된다.

바닥에서 샀다면 불붙을 때까지 기다려라

바닥에서 6양+6양=12양 상승 국면

바닥에서 주식을 매집한 세력들이 어느 정도 수익을 확보하기 위해서는 양봉 갯수가 적어도 10개를 초과하는 것이 필요하다.

바닥에서 양봉 갯수가 10개를 초과하는 경우 가장 빈번하게 나타나는 것이 12양봉 상승이다. 12양봉 상승은 6양 상승이 2번 반복되는 것이므로 6양+6양=12양 상승이 되는 것이다. 두 번의 6양, 6양 가운데 뒷부분 6양 상승은 연속 상승이 나타나는 것이 이상적이다.

주가 급등 과정에서는 4개, 5개, 6개 정도의 연속 상승이 나타나는 것이 일상적이다. 그러므로 주가가 바닥을 형성한 것으로 보일 때에는 연속 4양, 5양, 6양 상승이 나타날 때까지 기다리는 뱃심이 필요하다. 투기판에서는 배짱이 두둑한 사람이 돈을 벌게 된다. 새가슴들은 가슴만 쿵닥쿵닥할 뿐 돈이 잘 안 되는 경우가 많은데 이는 뱃심이 약하기 때문이다. 실전투자에서는 어지간한 주가 변동에는 자잘한 기술적 대응보다 초연할 만큼의 두둑한 뱃심이 훨씬 중요하다.

바닥에서 12개 정도 양봉이 발생하고 12양 상승의 뒷부분에서 연속 6양 상승이 출현한 경우, 추가 상승을 기대한 저가 매수세 형성으로 주가는 일시적 등락을 거쳐 바닥에서 2월 천정까지 20개 정도 양봉을 형성하게 된다. 바닥에서 20개 정도 양봉이 형성될 경우 바닥에서 매수한 사람들이 이익을 실현하기 시작하면서 주가는 상승 탄력이 둔화된다.

바닥에서 양봉 20개의 상승은 전반부 12양 상승과 후반부 8양 상승의 조합으로 이루어진다. 전반부에 20양 상승의 60%(=12/20=3/5)가 형성되고 후반부에 20양 상승의 40%(=8/20=2/5)가 형성되는데 이는 황금비 조합이다. 바닥에서 양봉이 10개 이상 형성되면 추가 8양 상승을 내다본 편승 매수가 유입되는데 이 때 바닥권 매수자는 유유히 익절하면 되는 것이다. 다시한번 말하지만, 주가 상승은 초기 매수자와 편승 매수자의 합작품이다.

합(合)은 추세적 상승을 위한 선결조건이다

바닥에서 5양+5양=10양 상승 국면

일정 규모의 완성도 높은 운동은 10개 또는 12개 정도의 진행이 필요하다. 10개는 5개의 2배 운동이고, 12개는 6개의 2배 운동이다. 10개 또는 12개 상승을 하기 위해서는 일단 5양 또는 6양 상승이 필요하다. 5양 상승을 이루는 기본 패턴은 2양+3양=5양 상승이고, 6양 상승을 이루는 기본 패턴은 2양+4양=6양 상승이 되는 것이다. 2양 에서 3양은 1.5배 확장이고 2양에서 4양은 2배 확장이다. 즉 초기 운동의 1.5배 또는 2배 이상 상승하는 것이 추세적 상승을 위해 반드시 필요한 선결요건이다.

■ **그림 6** [일] KG모빌리언스(046440)　　　　　　　　(2009/01/06~2013/01/03)

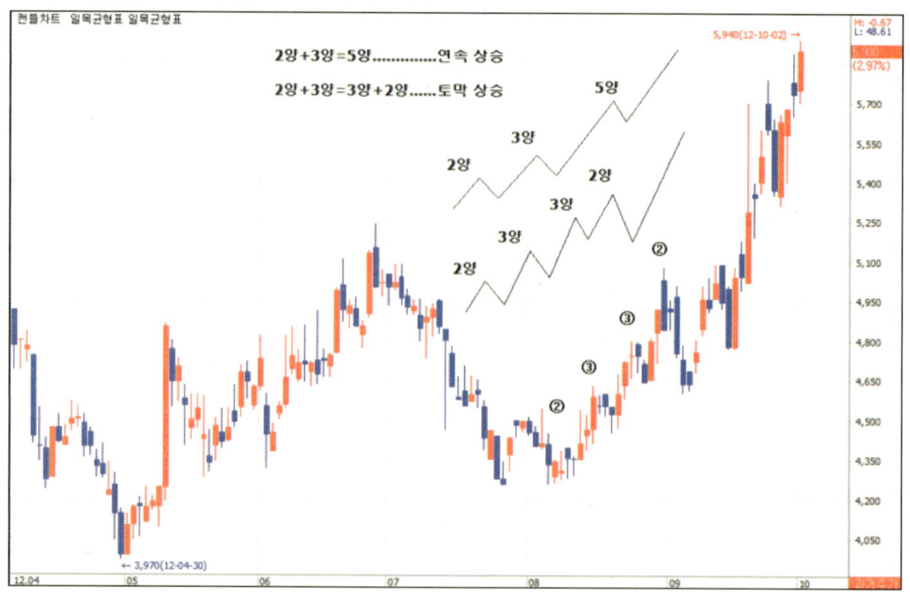

바닥에서 5양 상승을 이루는 기본 패턴은 2양+3양=5양 상승이다. 2양 상승+3양 상승=5양 상승이 되는데. 후반부 5양 상승은 연속 5양 상승이 가장 이상적이나, 또 다시 2양+3양=5양 또는 2양, 3양 상승이 위치를 바꾼 3양+2양=5양 상승 어느 것이나 가능하다. 4양+1양=5양 또는 1양+4양=5양 토막 상승 운동도 물론 가능하다.

바닥에서 2양+3양+3양+2양=10양 상승이 완성되어 제대로 된 합(合) 상승이 완성된 후, 10양 상승의 절반인 5음 조정(=3양+2양)을 거쳐 보다 크고 공간적으로 급격한 상승 국면으로 진입하게 된다. 한번 제대로 된 합(合)을 이룬 후에는 이제까지와는 차원이 다른 급등 국면 연출이 가능하다. 왜냐하면 합(合)은 시너지 효과를 창출하여 매수세의 폭발적 유입을 불러오기 때문이다.

합(合)은 매수세의 폭발적 유입을 불러온다

바닥에서 6양(2양+4양)+6양(2양+4양)=12양 상승 국면

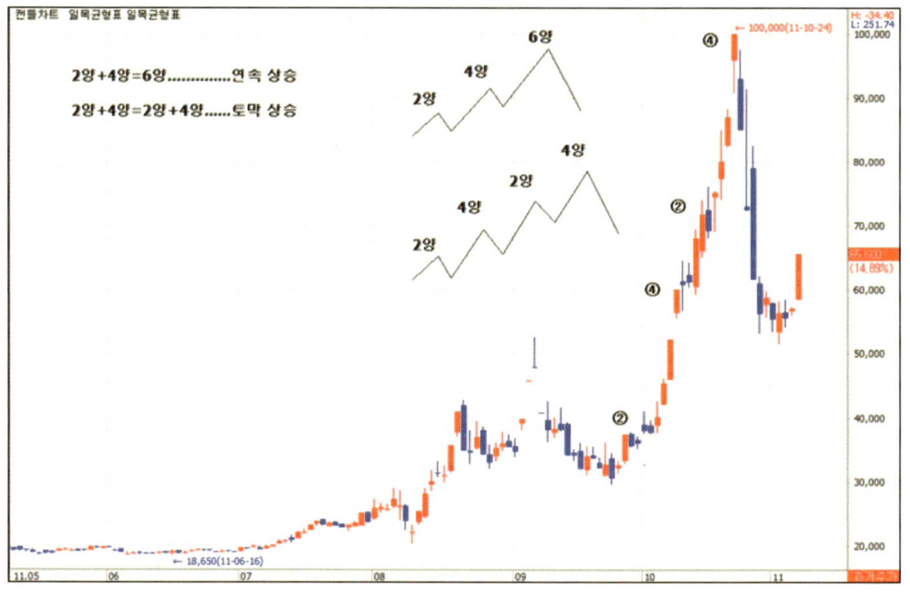

　　2양 상승 다음, 2양보다 1.5배 확장된 3양 상승이 될 경우 2양+3양=5양 상승으로 연결되어 전체 10양(=2양+3양+5양) 상승이 계산되는데 2양 상승 다음 2양보다 2배 확장된 4양 상승이 될 경우 2양+4양=6양 상승으로 연결되어 전체 12양(=2양+4양+6양) 상승을 예측할 수 있다.

　　2양+4양+6양=12양 상승에서 후반 6양 상승은 연속 6양 또는 토막 6양 상승 어느 경우든 무방하다.

세력은 편승 매수자와 반대로 움직인다

바닥 12양 상승 천정에서는 12양 상승의 절반인 6음 정도 조정이 예상되는데, 그 이유는 다음과 같다. 2양+4양+2양+4양=12양 상승 매수자 가운데 후반부(2양+4양) 매수자가 손절하면서 나타나는 현상이다. 전반부(2양+4양=6양) 매수자 즉 세력은 후반부 편승 매수자가 매수할 때 이익을 실현하고, 또 그들이 손절 매도할 때 유유히 재매수하는 것이다. 이제 그림이 보이는가? 세력들이 어떻게 움직이는지 보이기 시작하면 수익은 저절로 창출될 것이다.

04

지붕 위로 올려놓고
사다리를 치우는 '세력'

 **주식투자는 돈을 얻기 위해 싸우는 전쟁이다**

동양의 고전 손자병법 36계 가운데 제28계는 상옥추제(上屋抽梯)인데, 이는 '지붕 위에 올라가게 한 뒤에 사다리를 치워 버린다'는 뜻이다. 즉 적을 유인하여 사지에 빠뜨리거나 상대방을 곤란한 상황에 처하게 함으로써 주도권을 잡는다는 전략이다. 적을 지붕 위로 유인하기 위해서는 어떻게 할 것인가? 간단하다. 미래에 그들이 쟁취할 이익을 미끼로 제공하면 된다. 주식투자 또한 전쟁과 다름이 없다. 주식시장이란 돈이라는 대상을 두고 서로 그것을 얻겠다고 싸우는 전쟁터와 다르지 않다. 손자병법 28계의 전략이 주식시장에서 어떻게 적용되는지 살펴볼 필요가 있다.

대중은 사다리에 올라가고, 세력은 사다리를 치워버린다

주식시장에서 적이란 나를 제외한 다른 모든 투자자이다. 이들에게 제공할 미끼는 미래의 이익이고, 이것은 순전히 투자자의 머릿속에 있는 이익, 손에 잡히지 않는 계산상의 이익이란 말이다. 바닥에서 2양, 4양 상승하게 되면 추가적인 2양+4양=6양 상승이 예견된다. 이때 세력은 바닥에서 2양+4양=6양이 될 경우 매수하여 이를 바라보는 대중이 추가적인 6양 상승을 내다보고 편승 매수할 때 유유히 이익을 실현하고 손을 털고 나오는 것이다. 2양+4양=6양 합하여 12양 상승 천정에 매수하는 사람들은 무슨 생각으로 매수할까? 2양+4양+6양=12양이므로 조정 후 추가적인 12양 상승을 머릿속으로 그리면서 12양 천정에서 매수하는 것이다. 주가 상승이 어느 정도 지속되면 대중의 마음속에는 터무니없는 환상이 자리잡게 되는데 이러한 환상을 부추기기 위해 언론이 이용된다. 손자병법의 제31계는 미인계다. 현재의 주식 상황을 예쁘게 포장하기 위해 언론 기사가 동원되는 것이다.

언론을 믿으면 낭패를 당한다

주가가 천정권일 경우, 언론은 연일 주식시장의 전망이 좋다며 달콤한 기사들로 도배를 한다. 대중들은 지금이 어떤 상황인지 파악하지 못하고 매수하게 되고, 바닥에서 매수한 다음 호시탐탐 기회를 노리던 세력들은 이익을 실현한다. 그 다음엔 느닷없이 언론에서 악재를 흘린다. 그 좋던 주식시장이 순식간에 냉각됐다는 것이다. 이것이 사다리를 치워버리는 수순이다. 사다리가 없어지면 공포에 질린 대중들이 투매를 하기 시작한다. 이익을 실현하고 느긋하게 기다리던 세력들은 유유히 싼 가격에 재매수를 하는 것이다. 이것이 대중들은 당할 수밖에 없고, 세력들은 딸 수밖에 없는 메커니즘이다.

05

합(合)을 만들어 팔아버리는 소(小)짜 세력

 **추가 상승을 기대하고 들어가면 큰 코 다친다**

바닥(1양+1양)+2양= 4양 천정

B바닥에서 1양 상승, 1양 상승, 다음 2양 상승하면 바닥에서 합하여 4양 상승이다. 바닥에서 1양+1양+2양=4양 상승하면 대중의 마음속에는 조정 후 추가 4양 상승에 대한 환상이 자리잡게 되는데 이때를 이용하여 적절한 언론 기사를 흘려 포장한 다음 바닥에서 매수한 물량을 모두 퍼부어 버리는 것이다. 작은 세력은 4양 정도 작은 이익에도 움직인다.

이는 앞서 말한 손자병법 36계 가운데 제28계 상옥추제(上屋抽梯)의 절묘한 활용이다. 호재성 기사로 대중을 지붕 위로 유인한 다음 바닥에서 매집한 물량을 퍼붓고, 이후 악재성 기사를 흘려 투매를 유발하는 것이다.

■ 그림 8 [일] 안랩(053800) (2009/01/06～2013/01/03)

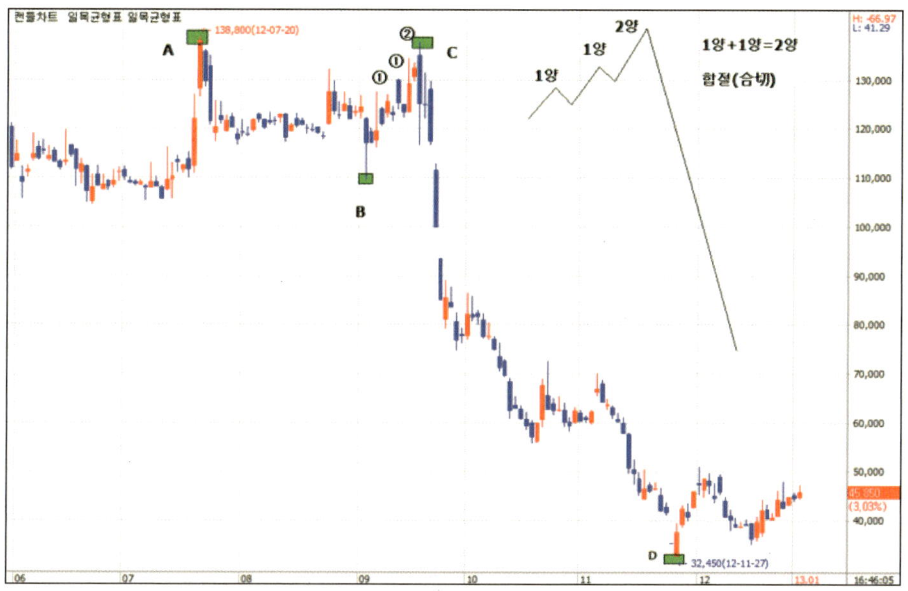

주가 하락에도 경로가 있다

1차 하락→1차 반등→2차 하락→투매성 갭 하락

주가가 하락하는 경로는 1차 하락, 1차 반등, 2차 하락, 2차 반등 그리고 3차 하락이다. A천정에서 B바닥까지 1차 하락이고 B바닥에서 C천정까지 1차 반등이다. C천정에서 1차 하락, B바닥을 붕괴시키면서 D까지 2차 하락으로 본격 진입하는 것이다. 2차 하락에서는 투매성 갭 하락이 빈번하게 나타난다. 안철수라는 잘 포장된 상품에 유혹된 대중들이 점차 환상에서 깨어나면서 나타나는 현상이다.

절대 매수하지 말아야 할 타이밍이 있다

1차 하락→1차 반등(하락이 시작된 천정 부근일 경우)

A천정에서 B바닥까지 1차 하락 후, B에서 C천정까지 1차 반등하는 모습을 잘 살펴보라. 1차 하락 폭의 90프로 정도를 되돌림한 위치이다. 1차 하락 후, 1차 반등에서는 거의 이런 패턴을 보인다. 주식투자에서 실패하지 않는 첫 번째 요령이 바로 이것이다. 1차 하락한 후, 1차 하락 시작 천정 부근 위치에서는 매수하지 않는다는 것이다. 2차 하락에서는 매도할 수 없는 하락이 나타나기 때문이다.

06

합(合)을 만들고
새끼를 치는 중(中)짜 세력

초과 이익을 실현하는 방법, 루카스 익절

4양(1+1+2) 상승 + 7양(1+1+2+1+2) 상승=11양 상승

양봉 1개와 또 다른 양봉 1개를 더하여 양봉 2개를 만든 다음 단기 이익을 실현하는 것이 1양+1양=2양 합절(合切)이다. 1양, 1양, 2양 흐름은 피보나치 수열이다. 피보나치 수열은 0, 1, 1, 2, 3, 5, 8, 13, 21로 진행한다. 주식을 매수하여 이익을 실현하는 가장 단순한 방법이 바로 2합 익절(益切)인 것이다.

2합 익절(益切)이란 피보나치 수열을 이용하여 주식을 상승시킨 다음 합(合)이 완성된 시점에서 이익을 실현하는 것이다. 1양+1양=2양, 합 4양(=1+1+2) 시점에서 익절하거나, 1양+2양=3양, 합 6양(=1+2+3) 시점에서 익절하거나, 2양+3양=5양, 합10양(=2+3+5) 시점에서 익절하는 것이다.

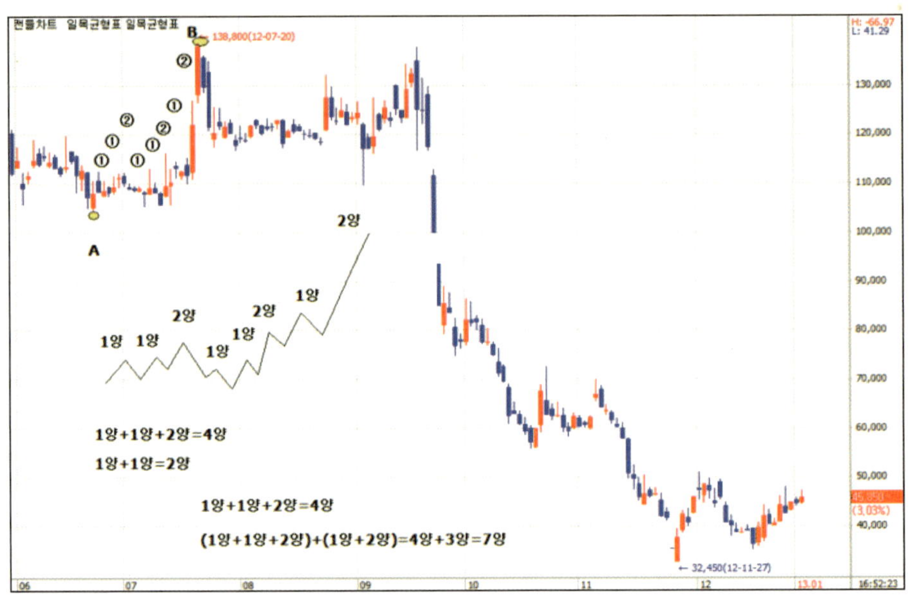

초과 익절(益切)이란 인접한 2개, 또는 3개 양봉 덩어리 내부 양봉 알갱이 숫자보다 초과한 시점에서 이익을 실현하는 것을 말한다. 이러한 초과 익절은 루카스 익절과 피보나치 익절 두 가지 패턴이 대표적이다.

루카스 수열은 피보나치 수열을 4합 계산한 수열이다. 예를 들면 0, 1, 1, 2, 3, 5, 8, 13, 21에서 0+1+1+2=4이고 1+1+2+3=7이며 1+2+3+5=11이므로 4, 7, 11로 진행하는 수열인 것이다.

루카스 익절(益切)이란 1양+1양+2양=4양 상승 후 추가 4양 상승을 기다리는 것이 아니고, 1양+1양+2양+1양+2양=4양+3양=7양 상승이 나타날 때를 기다려 익절하는 것이다. 바닥에서 모두 합하여 11양(=1+1+2+1+1+2+1+2) 상승 시점을 노리는 것이다.

진정한 천정에서 수익을 내는 방법, 피보나치 익절

5양(3+2) 상승 + 8양(6+2) 상승=11양 상승

■ 그림 10 [일] 종합(1001)   (1980/01/04~2013/01/02)

　　3양 상승 다음 2양 상승인 경우 추가 5양 상승에 익절하는 것이 2합 익절이다. 그러나 매수세가 강한 경우 3양, 2양 다음 5양을 초과 상승하는 경우가 발생한다. 이때 적용하는 방법이 2합 초과 익절이다.

　　피보나치 익절(益切)은 3양+2양=5양 상승 다음 추가 5양 상승이 나타나는 것이 아니고 6양+2양=8양 상승이 나타날 때를 기다려 익절하는 것이다. 바닥에서 모두 합하여 13양(=2+3+6+2) 상승에 익절하는 것이다. 3양, 2양 상승 다음에는 3양+2양=5양 상승이 적정한 2합 상승이다. 그러나 5양보다 1양 큰 6양이 상승하는 경우 2양 추가 상승 시점이 진정한 천정이 되는 것이다.

기대심리가 강하면 급상승 급하락이 일어난다

5양(3+2) 상승 + 8양(6+2) 상승 = 13양 상승(8음 조정)

　　시장이 강할 경우에 3양+2양=5양 상승 후, 추가 5양 상승이 나타나는 것이 아니고 5양 상승의 1.6배인 8양 상승이 나타난다. 이는 향후 추세적 상승에 대한 대중의 기대심리가 매우 강한 경우, 시장이 적절한 조정 후 나타날 추가 상승을 미리 앞당겨 실현시킬 때 나타나는 현상이다. 피보나치 익절(益切)은 2양, 3양 다음 5양 상승이 아닌 8양 상승을 기다려 익절하는 것이다.

　　피보나치 익절(益切) 천정에서는 적절한 2합 상승을 초과한 상태이므로 매우 급한 하락 조정이 나타난다. 이 경우 나타나는 현상이 3양+2양+6양+2양=13양 상승의 후반부 6양+2양=8양 상승 부분이 모두 음봉으로 전환되는 것이다. 2합 초과 상승의 경우 후반 2군데 상승 부분에 매수한 사람들이 모두 투매해야 바닥이 나타난다.

07

합(合)을 만들어 전체를 한번 더 올리는 대(大)짜 세력

 **바닥을 두 번 들어 올리는 효과를 지켜보라**

양 2합 상승 + 양 2합 상승 = 4합 상승, 전합(全合) 상승

A바닥에서 2양+3양=5양 상승은 2합 상승이다. 2합 상승분을 한 번 더 상승시킨 것이 3양+2양=5양 상승이다. 총 바닥 10양(=2+3+3+2) 상승인 것이다. 바닥 10양 상승이 한 번 더 반복된다고 생각해 보라.

바닥 20양 상승이 된다. A바닥에서 B천정까지 바닥 21양 상승인 셈이다. 이는 C바닥에서 D천정까지 바닥 13양 상승의 1.618배, 즉 피보나치 수열의 확장이다.

캔들차트 일목균형표 일목균형표
H: -10.51
L: 330.83
31
18
21양
13양
D
C
B
2,231.47(11-04-01)
A
②
⑤
②
②
②
③
③
②
2양+3양=5양
3양+2양=5양
5양+5양=10양
2양+2양=4양
5양+2양=7양
4양+7양=11양
10양+11양=21양
← 463.54(01-09-03)
2,200.00
2,100.00
1,900.00
1,800.00
1,700.00
1,600.00
1,500.00
1,400.00
1,300.00
1,200.00
1,100.00
1,000.00
900.00
800.00
700.00
600.00
500.00
2000 2001 2002 2003 2004 2005 2006 2007 2008 2009 2010 2011 2012

테마주일 경우 놀라운 초과 상승이 일어난다

양 2합 상승+ 양 2합 상승 = 4합 상승, 전합(全合) 초과 2.5배 상승

■ **그림 13** [일] 안랩(053800)   (2009/01/06~2013/01/03)

1양+1양=2양 상승은 양 2합(合) 상승이다. 양 3개를 합하여 1양+1양+2양=4양 상승이 한 번 더 반복되면 바닥 8양 상승(1+1+2+4)이 된다. 그런데 이 4양 상승을 한 번 더 들어 올렸는데, 양 상승의 2.5배를 상승하게 되는 경우가 있다. 이것이 10양(4양+2양+4양) 상승이다.

1양+1양+2양=4양 상승을 한 번 더 들어 올린 과정에서 나타난 2양+4양=6양 상승을 한 번 더 상승시켜 (2양+4양)+(2양+4양)=12양 상승이 되면서 부수적으로 나타난 현상이다. 급등 주식의 경우 이렇게 바닥 양 2합 상승의 2.5배를 추가로 들어 올리는 패턴도 출현하는 것이다. 시대적 테마주에서 나타나는 현상이다.

급등하는 주식은 상승이 반복된다

양 2합 상승+ 양 2합 상승 = 4합 상승, 전합(숯슴) 초과 1.6배 상승

▣ **그림 14** [일] KG모빌리언스(046440)　　　　　　(2009/01/06~2013/01/03)

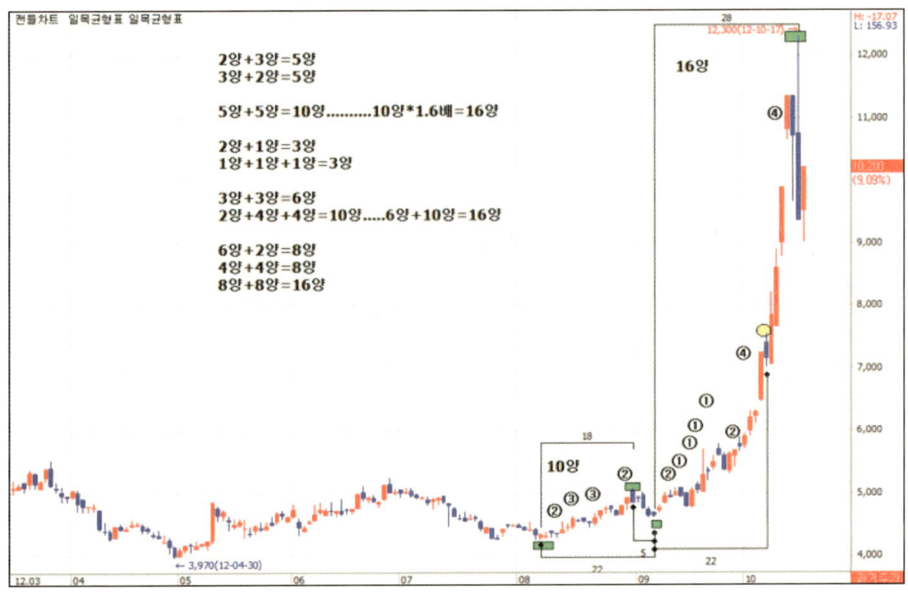

　　2양+3양=5양 상승은 양 2합(合) 상승이다. 이런 2양+3양=5양 상승을 한 번 더 들어 올리면 바닥 10양(2+3+3+2) 상승이다. 양 3개를 합하여 1양+1양+2양=4양 상승을 한 번 더 들어 올리면 4양 상승이 되는데 4양 상승의 2.5배를 상승한 것이다.

　　2양+3양+3양+2양=10양 상승을 한 번 더 들어 올린 과정에서 나타난 것이 (2+1)+(1+1+1)+(2+4+4)=3양+3양+10양=16양 상승이다. 급등 주식의 경우 바닥 양 2합 상승의 1.6배를 추가로 들어 올리는 패턴도 출현하는 것이다. 이 역시 시대적 테마주에서 나타나는 현상이다.

08

부분적 추가 상승 패턴을 만드는 먹튀 세력

 **조정 바닥에서는 저가 매수세가 가세한다**

양 2합 상승[(5양+1양)+(5양+1양)]=12양

바닥에서 5양 상승 후, 1양 상승이 추가되면 5양+1양=6양 상승이다. 5양+1양=6양 상승을 한 번 더 반복하면 (5양+1양)+(5양+1양)=12양 상승이다. 바닥에서 10양 이상 상승할 경우 적절한 조정 바닥에서 저가 매수세가 가세하여 추가 신고가 상승이 나타난다.

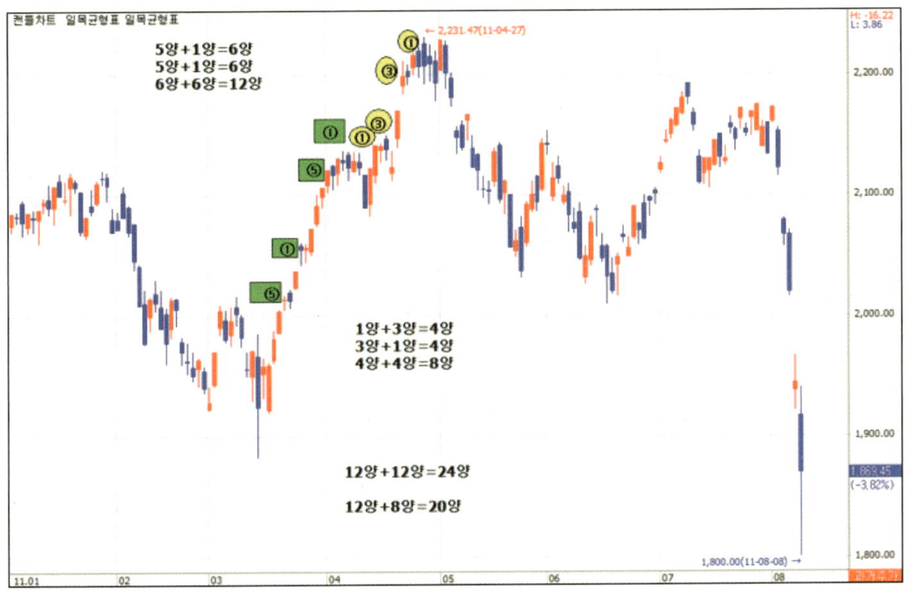

먹튀 세력이 들어오면 대 투매 패턴이 나타난다

양 2합 상승에서 66% 추가 상승(양2합×1.66배 상승 효과)

바닥에서 5양, 1양 상승을 한 번 더 반복하면 (5양+1양)+(5양+1양)=12양 상승이다. 바닥에서 10양 이상 상승할 경우 적절한 조정 바닥에서 저가 매수세가 가세하여 추가 신고가 상승이 나타난다. 이렇게 바닥 12양 상승 전체를 한 번 더 들어 올릴 경우 바닥 24양 상승이 되고, 바닥 12양 상승의 66% 수준만 추가 상승할 경우 바닥 20양 상승이 된다.

　바닥 12양 상승을 부분적으로 한 번 더 들어 올린 바닥 20양 상승은 바닥 24양 상승에 비해 상대적으로 취약하여 1차 하락, 1차 반등 천정에서 갭 하락하는 대 투매 패턴이 나타난다. 이는 먹튀 세력이 만든 천정의 결과로 인한 것이다.

09

주가 상승은
봄, 여름, 가을로 진행된다

3단계 주가 상승 형태에 주목하라

초기 상승→가속 상승→감속 상승

초기 상승은 바닥에서 최초로 나타나는 상승 즉, 봄이다. 이는 1양 또는 2양 상승이다. 초기 상승은 1양+2양=3양 이거나 1양+2양=3양 상승이 두 번 타나난 6양(=1양+2양+1양+2양) 형태를 띤다. 초기 상승이 바닥 5양 상승을 초과하는 순간부터 급상승이 가능한 영역을 노크한 것이다.

다음 단계의 상승은 가속 상승이다. 이는 초기 상승을 벗어나 여름으로 들어가는 과열 국면으로 볼 수 있다. 이 국면에서 나타나는 특징은 초기 상승에서 형성된 작은 양봉들을 모두 합한 규모로 연속 양봉 상승이 나타나는 것이다. 초기 상승 국면에서 나타난 양봉 수는 1양+2양+1양+2양=6양이므로 가속 상승은 연속 6양 상승이라 할

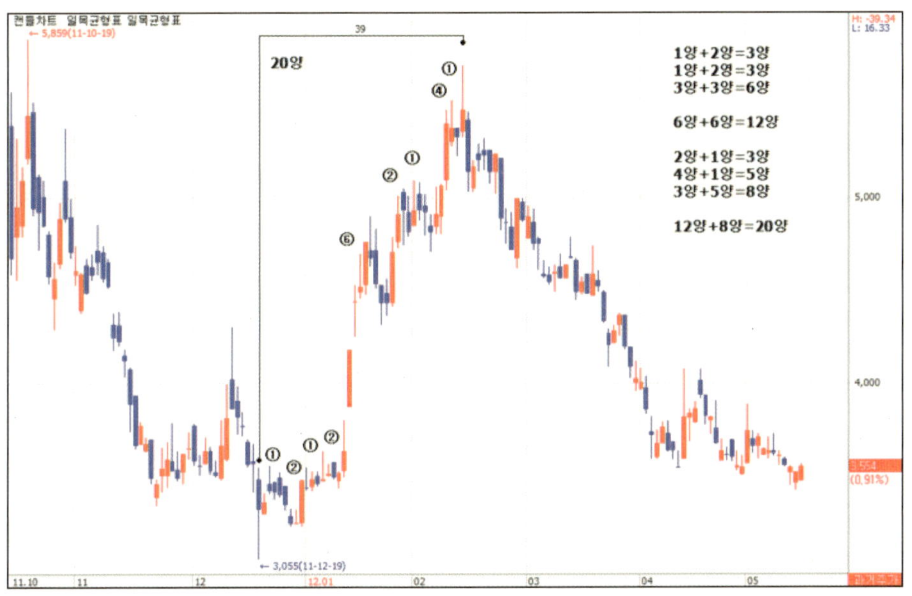

수 있다.

다음 단계가 감속 상승, 즉 가을에 비유되는 시기로 가속 상승 이후 추가 상승이 나타나는 구간이다. 일반적으로 감속 상승은 초기 상승과 가속 상승을 더한 숫자보다 작은 규모로 나타난다. 초기 상승(토막 6양=1+2+1+2)과 가속 상승(=연속 6양)을 더한 12양 상승의 약 2/3(8양 상승) 정도로 감속 상승이 나타나는 것이다. 이럴 경우 전체 상승은 12양+8양=20양 상승이 된다.

8양[(2양+1양)+(4양+1양)]이 추가되는 것이다.

불완전한 상승이 일어나는 이유가 있다

바닥 20양 상승(12양 상승+8양 상승)=천정

바닥 20양 상승으로 천정이 되는 패턴은 상승을 시작한 바닥이 모두 붕괴되는 패턴에서 빈번하게 나타남을 볼 수 있다. 이는 바닥 12양 상승에서 12양 상승의 66% 수준인 8양 상승만 추가된 불완전 상승, 즉 먹튀 상승이기 때문이다.

10

주가 운동은 3박자 운동이다

 **초기 상승도 3단계로 이루어진다**

1차 상승→1차 반락→2차 상승→2차 반락→3차 상승

A바닥에서 B천정까지 초기 상승을 세분하면 다시 3단계 상승으로 구분된다. A바닥에서 P천정까지 1차 상승, P천정에서 Q바닥까지 1차 반락, Q바닥에서 R천정까지 2차 상승이다. R천정에서 S바닥까지가 2차 반락이며, S바닥에서 B천정까지가 3차 상승이다. 3차 상승 천정에서는 익절해야 한다.

첫 박자에 매수하고, 두 박자에 익절하라

1차 반락(1차 상승의 61.8%)→**2차 상승**(1차 상승의 261.8%. 신고가 천정)

3차 상승 천정에서 나타나는 현상은 마지막 상승인 3차 상승 시작점 S바닥을 붕괴시키거나 돌파된 1차 상승 천정인 P천정을 다시 건드리는 것이다. B천정에서 C바닥까지 1차 상승의 61.8% 수준 정도로 큰 1차 반락 후 2차 상승이 나타난다. 2차 상승은 1차 상승 폭의 261.8% 신고가 수준에서 형성되는 것이 일반적이다. 따라서 D천정은 A바닥에서 B천정까지 1차 상승 폭의 261.8% 신고가 천정이다.

　주가 운동에서 나타나는 3박자 운동은 1차 상승, 2차 상승, 3차 상승을 말한다.

1차 반락에 매수하여 2차 상승 천정에 익절하여 휴식을 취하는 것이 가장 쉬운 투자 방법이다. 그렇다면 1차 반락 바닥을 알아보는 방법은 무엇일까? 1차 상승 천정 B에서 3차 상승 시작점 S바닥을 붕괴시킨 위치부터 살펴보자. 강한 1차 상승 내부, 약한 1차 상승 천정 P를 건드리는 구간을 참고로 움직인다.

주식 투자도 3박자로 하라

3박자 투자(매수→매도→휴식)

주식투자에서 수익을 만들고 발생한 수익을 유지하기 위한 가장 간단하면서도 중요한 투자법은 매수하고 매도하고, 쉬어야 한다는 것이다. 주식은 1차 상승과 1차 반락 구간에서 매수해야 한다. 2차 상승은 1차 상승 천정을 돌파하는 것으로 확인할 수 있다. 매도 타이밍은 2차 상승 천정을 돌파하는 3차 상승 시기이며, 이 후는 쉬는 것이 제대로 된 투자이다.

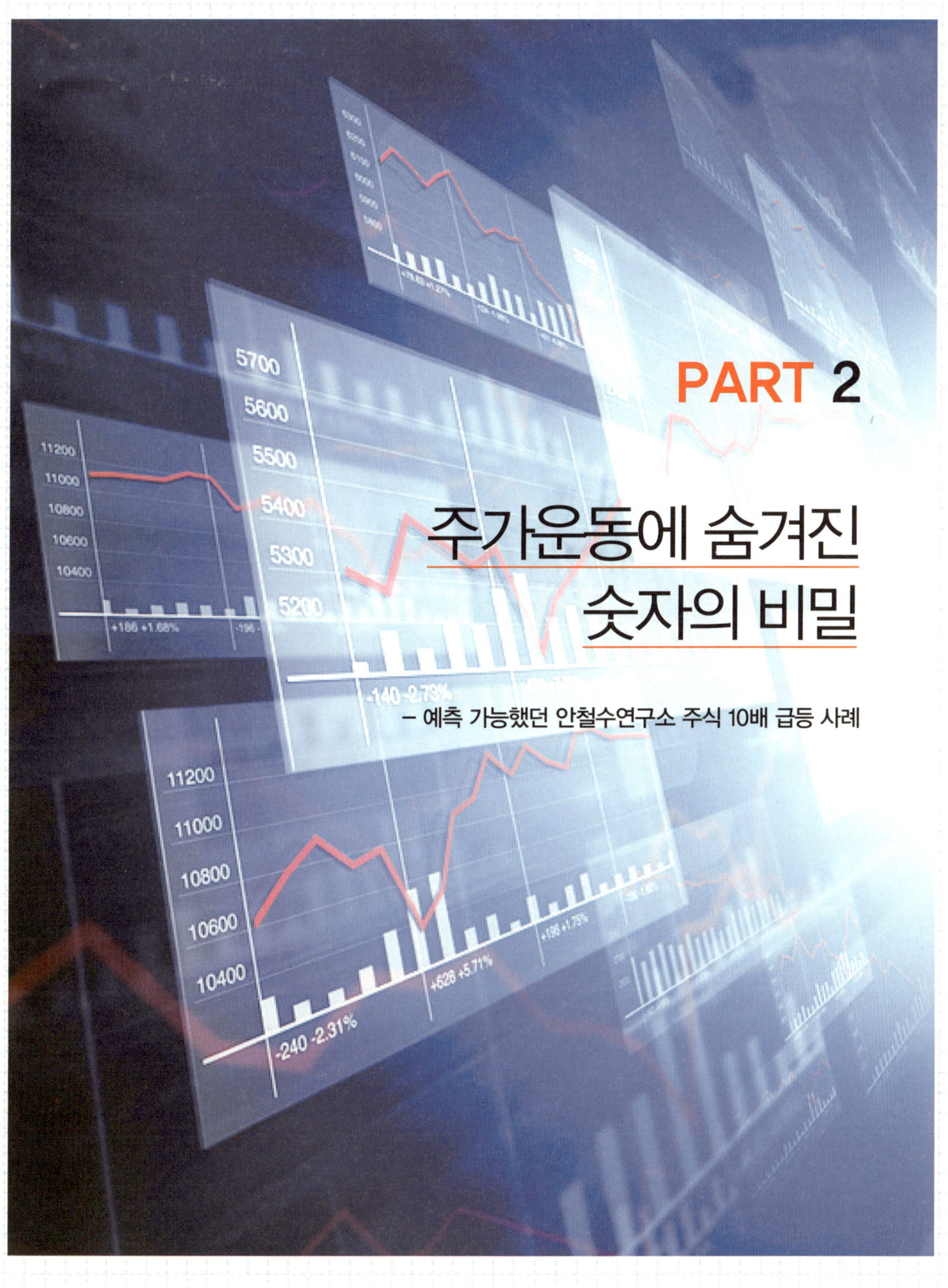

PART 2
주가운동에 숨겨진
숫자의 비밀
– 예측 가능했던 안철수연구소 주식 10배 급등 사례

01

바닥은 어떻게 확인하는가

PART 1에서는 수학 공식으로만 알았던 피보나치 수열이 주가의 운동 원리를 정확하게 예측한다는 사실을 보여주었다. 차트 속에서 어떻게 상승 에너지가 쌓이고, 하락 에너지가 생기는지 자세히 설명했다. 즉 주가가 상승 에너지를 쌓을 때는 하나, 하나, 둘, 셋의 형태를 보여주며 하락할 때 역시 같은 방식으로 하락한다. 차트에서 이런 상승과 하락의 흐름을 감지할 수 있다면 수익을 내는 것은 쉬운 일일 것이다. 이제 PART 2에서는 실제 사례를 가지고 피보나치 공식과 주가운동원리를 설명하고자 한다. 2008년 말부터 2012년 말까지 안철수연구소(안랩)의 주식은 10배 급등했다. 이 사례를 피보나치 공식에 대입해 하나하나 분석해보기로 하자. 피보나치 숫자 하나하나가 주가운동을 예측할 수 있는 지표가 되므로, 이런 흐름을 알고 있는 사람이라면 안철수연구소 10배 급등도 충분히 예측할 수 있었다.

　　주가 바닥(B)은 마지막 하락(A~B)을 시작한 전 고점(A) 천정을 돌파한 것으로 확인된다.

　　B바닥 좌측 A천정을 C 위치에서 돌파하면서 B가 바닥인 것이 잠정적으로 확인된다. 왜냐하면 A천정까지 상승을 시작한 전 저점 바닥이 B에서 붕괴된 상태에서는 바닥이 확인된 연후에야 하락 추세가 뒤집히면서 전 고점 A천정이 돌파되기 때문이다.

　　일반적으로 하락 추세란 전 저점 바닥이 붕괴된 상태에서는 전 고점이 돌파되지 않는 것을 의미하는데 전 저점 붕괴된 바닥에서 시작된 상승이 전 고점을 돌파시키면 하락 추세가 아니기 때문이다.

　　그리고 C천정에서 11일간 조정 후, D위치에서 C천정을 돌파하면서 상승 추세 진입 가능성이 강화된다. 일반적으로 상승 추세란 천정이 돌파된 상태에서 바닥이 지지되는 상태를 의미한다. 주식투자는 상승 추세가 확인된 연후에 하는 것이 안전하다.

왜냐하면 주가 바닥이 확인된 후에는 단기 천정에 매수한 사람도 조금 기다리게 되므로 하락 기간보다 짧은 기간에 전고점이 돌파되는 것이 일상적이기 때문이다.

B바닥이 진바닥이기 때문에 전고점 A천정에서 매수한 사람도 30일 경과 후에는 이익 상태로 진입하고 B바닥에서 시작한 상승이 상승 추세의 시작이기 때문에 A천정을 돌파한 C천정에서 매수한 사람도 15일 경과 후 이익 상태가 되는 것이다.

상승 에너지는 어떻게 형성되는가

상승 추세 천정 확인은 천정이 상향되는 상태에서 직전 바닥이 붕괴되는 것이다(1차 하락).

일반적으로 C천정이 A천정보다 높은 상태에서 D바닥이 B바닥보다 낮은 상태가 되면 C가 상승 천정일 가능성이 크다. 천정이 올라간 상태에서 바닥이 낮은 경우는 C가 천정일 때만 나타나는 현상이기 때문이다.

C가 천정일 경우 D바닥에서 상승이 C천정을 돌파하지 못할 것이므로 C보다 낮은 위치에서 매도가 증가하면 C보다 낮은 E위치에서 반등 천정(1차 반등)이 되는 것이다. 하락 추세는 천정이 낮은 상태에서 바닥이 낮게 형성되는 것이다. E천정이 C천정보다 낮으므로 F바닥이 D바닥보다 자연히 낮게 형성되는 것이다(2차 하락).

F바닥에서 반등은 F바닥이 D바닥보다 낮은 상태의 바닥에서 형성되는 반등이므로 E천정보다 낮은 G위치에서 반등 천정이 된다(2차 반등).

C천정, E천정, G천정 등 3군데의 천정 이후 하락할 시기에는 상당히 많이 하락한

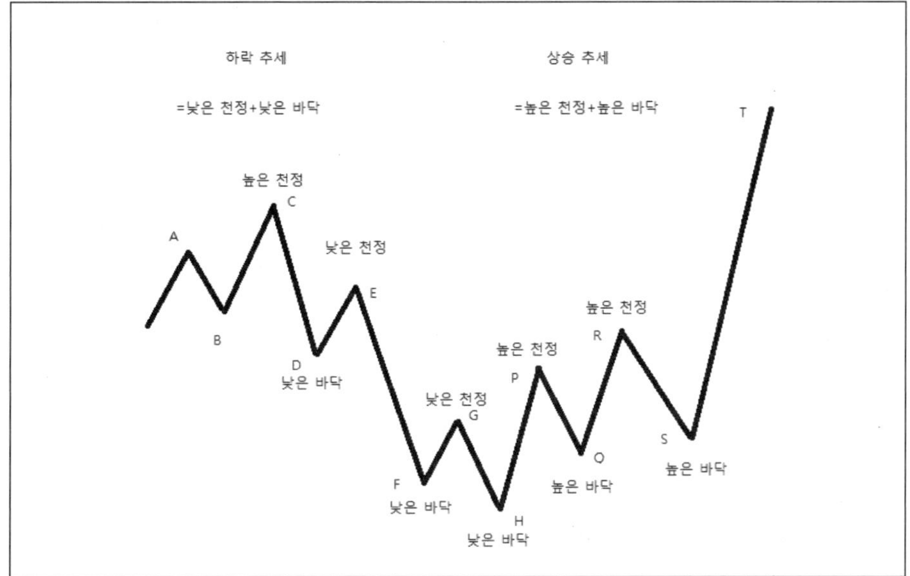

상태이므로 C천정, E천정에서 매도한 사람들이 다시 매수 시기를 노리는 상태가 되므로 F바닥이 약간 붕괴된 H에서 바닥이 형성된다(3차 하락).

C천정, E천정, G천정 등 3군데 천정에서 매도한 사람들이 모두 매수하다 보니 G천정을 돌파한 상태까지 상승이 진행되어 P에서 천정이 형성된다. 주식투자의 진정한 비결은 3차 하락에서 매수로 대응하는 것이다.

H바닥이 F바닥보다 낮은 상태에서 P천정이 G천정보다 높게 형성되는 것은 H바닥이 진 바닥일 가능성을 암시하는 것이다. 바닥이 확인되면 상승 추세로 진입하는데 상승 추세에서는 천정과 바닥이 함께 상승한다.

P천정이 G천정보다 높으므로 Q바닥이 H바닥보다 높게 되고 Q바닥이 H바닥보다 높으므로 R천정이 P천정보다 높고, R천정이 P천정보다 높으므로 S바닥이 Q바닥보다 높다. 상승추세 형성의 결과 급등이다.

03

급등주는 단기 천정에 매수해도 된다

급등 종목의 특징은 단기 천정에 매수해도 기다리면 돈을 버는 것이다.

A천정 20150원에 매수한 사람이 C천정 21200에 매도할 경우 수익률은 5.2% (=21200/20150)이다. C천정 21200에 매수한 사람이 D천정 21650에 매도할 경우 수익률은 2.1%(=21650/21200)이다. 바닥을 확인하고 상승 추세에 진입한 주식은 단기 천정에 매수한 경우에도 기다리면 수익이 실현된다.

다만 유의할 점은 전 고점 돌파 비율이 약할 경우 기다리는 시간이 길어지게 되는 것이다. C천정의 신고가 비율이 5.2%인 상태에서 D위치에 도달하여 다시 신고가가 될 때까지 14일이 걸린데 반해 신고가 비율이 2.1%로 약화된 D천정에서 E위치까지 상승하여 다시 신고가가 될 때까지 걸린 시간은 48일이다.

신고가 비율이 약화되는 경우 천정이 되거나, 위의 경우와 같이 천정이 되지 않더라도 다시 신고가가 될 때까지는 3배 이상의 시간이 필요하다(48일/14일=3.4배).

급등주의 또 다른 특징은 시간이 오래 경과한 상태에서 신고가 발생하고, 곧바로 급등한다는 것이다. 급등이란 신고가 발생 후 돌파된 전 고점 위로 상승이 상당히 큰 폭으로 진행되는 것이다.

B바닥 16500에서 매수한 사람이 D천정 21650에 매도할 경우 수익률은 31.2%(=21650/16500)이다. 그런데 D천정 21650에서 매수한 사람이 F천정 28950에 매도할 경우 수익률은 33.7%(=28950/21650)이다.

D천정에 매수하여 다음 천정인 F천정에 매도한 사람의 수익률 33.7%가 최초 바닥인 B바닥에서 매수하여 D천정에 매도한 사람의 수익률 31.2%보다 크게 나타나는 것은 투자 심리가 달구어진 상태에서 상승 가속이 진행된 때문이다.

D천정을 돌파한 E위치에서 F천정까지는 17일이 경과했다. 이는 C천정에서 매수하여 D천정에 매도하기까지 걸린 시간인 14일을 초과하는 것이다.

급등 주식에 투자하는 경우 신고가 이후 이전 천정을 돌파하기까지 걸린 시간 이상 보유하면, 높은 수익률로 보상받게 되는 것이다.

04

추세선은 바닥 위치를 잡아준다

증권회사 홈 트레이딩 시스템에서 기본적으로 제공해 주는 차트는 20선, 60선, 120선이 표시된 이동평균선 차트이다. 이동 평균선 차트에서 가장 중요한 것은 다음의 3가지 이평선의 방향성이다.

이평선에는 각각 별명이 붙어 있다. 〈그림 4〉에서 청색으로 표시된 20일선은 '심리선', 흑색으로 표시된 60선은 '수급선', 핑크색으로 표시된 120선은 '경기선'이다. 이동평균선이란 해당 기간의 종가를 모두 더하여 그 기간으로 나눈 종가 평균선이다. 하락하던 이동평균선이 상승으로 반전되기 위해서는 주가가 단기간 큰 폭으로 해당 이동평균선 위로 급등하거나, 바닥이 지지된 상태에서 해당 기간 이상 상승 추세를 유지해야 한다. 주가가 바닥을 형성한 후 하락하는 20일선 위로 일정 폭 이상 상승하거나, 바닥 형성 후 일정 시간 이상 바닥 가격 위에서 지지된 상태를 유지하면 하락하던 20일선이 상승으로 반전된다. 추세를 반전시킬 수 있는 최소 필요 조건은 주가가 심리선인 20일선 위에 위치하고 20일선이 하락에서 상승으로 반전된 상태이다.

　　B바닥에서 C천정까지 상승 기간은 24일이다. 주가가 20일선 위로 상승 후 조정 과정에서 20일선이 지지될 경우 바닥에서 20일 이상 상승하는 표본적인 모델이다.

　　B바닥에서 D천정까지 상승 기간은 37일이다. 이는 C천정에서 나타난 11일간의 하락 조정에 의해 주가가 상승하는 20일선 아래로 일시 붕괴된 상태에서 상승하는 20일선의 상승 탄력에 의해 다시 20일선 위로 4일간 솟구치면서 전 고점 C천정을 돌파한 것이다.

　　20일선, 60일선, 120일선과 같이 3개 이동평균선으로 시장을 판단할 경우 20일선이 120일선을 상향 돌파한 후에는 주가가 20일선을 일시 붕괴한 상태에서 20일선에 의해 상향 돌파된 120선 부근에서 지지되는 것이 상승 추세가 유지되는 필요조건이다.

　　주가가 하락 조정을 마무리하고 전 고점 D천정을 돌파하는 신고가 E를 형성하는 과정에서 상향 반전된 20일선이 60일선을 상향 돌파한 경우 F천정에서 급락 조정시 20일선에 의해 상향 돌파된 60일선 부근에서 지지하는 것이 바로 G바닥이다.

05

상승 대칭 돌파 후,
돌파된 전 고점이 지지된다

B바닥 16500에서 매수한 사람이 D천정 21650에 매도할 경우 수익률은 31.2%(=21650/16500)이고, D천정 21650에서 매수한 사람이 F천정 28950에 매도할 경우 수익률은 33.7%(=28950/21650)이다.

B바닥에서 C천정까지 상승 폭 만큼 D천정을 기준으로 추가 상승하는 것이 상승 대칭 상승이다. 상승 대칭 상승은 최초 바닥에서 주가 상승 폭이 천정을 기준으로 상향 이동하는 것이다.

D천정에 매수하여 다음 천정인 F천정에 매도한 사람의 수익률 33.7%가 최초 바닥인 B바닥에서 매수하여 D천정에 매도한 사람의 수익률 31.2%보다 크게 나타나는 것은 상승 대칭을 초과한 상승이다.

주가가 최초 상승 천정을 기준으로 상승 대칭 이상 상승하는 경우는 투자 심리가 매우 달구어진 상태를 의미한다. 즉 단기간에 정상적인 상승을 초과한 과다 상승 상태이므로 일시적 주가 거품을 해소해주는 과정이 필요하다.

　거품 해소 방법은 단기간 주가 급락 후 하락 기간보다 더 짧은 기간에 전 고점을 다시 돌파하는 것이다. F천정에서 G바닥까지 단기 급락하는 과정에서 지지된 위치는 60일 이동평균선이다. 20일선이 60일선을 상향 돌파하면서 급등 국면으로 진입한 것이므로 20일선에 의해 상향 돌파된 60일선이 지지되어야 하는 것이다.

　3가지 이동평균선 조합으로 시장을 판단하는 경우, 3가지 이동평균선이 해당 기간이 짧은 순서대로 위에서 아래로 정 배열되는 것이 장기 상승국면으로 진입하기 위한 필요 조건이다. 위에서 아래로 20일선, 60일선, 120일선의 순서대로 배치될 경우 큰 폭의 단기 급락에도 주가가 상승 추세를 유지하는 기본 구도가 형성되는 것이다.

　B바닥에서 D천정까지 상승 폭보다 D천정에서 F천정까지 상승 폭이 큰 단기 천정 F에서 나타난 급락이 지지된 G 바닥 위치는 돌파된 전 고점 D부근 지지에 의한 것일 뿐만 아니라 정 배열된 20일선, 60일선, 120일선 가운데 하위 2개 이동평균선인 60일선과 120일선의 지지에 의한 것이기도 하다. 상승 대칭 이상 상승한 후 돌파된 전 고점 부근이 지지되는 조정을 거친 후, 급등하는 것이 급등주의 특징이다.

06

급등주는 반락보다
더 크게 상승한다

 급등 주식의 특징은 반락보다 큰 상승을 보이는 것이다.

A바닥에서 B까지 1차 상승은 T천정에서 A바닥까지 하락폭의 절반, 즉 약 0.5배 신고가 상태이다.

즉 하락폭보다 작은 신고가 상승이다. 1차 상승은 심리적으로 아직 덜 달구어진 상태이므로 신고가 폭이 작은 것이다.

C바닥에서 D천정까지 2차 상승은 B천정에서 C바닥까지 1차 반락 폭보다 1.5배 또는 2.5배 신고가 상승이다.

2차 상승은 천정도 상승하고 바닥도 상승하여, 심리적으로 잘 달구어진 상태이므로 반락보다 큰 상승을 보이게 된다.

반락보다 큰 상승을 보일 때 나타나는 것이 피보나치 비율이다. 피보나치 비율은 피보나치 수열을 구성하는 비율을 말한다.

앞에서도 설명했듯이 피보나치 수열은 0, 1, 1, 2, 3, 5, 8, 13, 21, 34…로 구성된다.

피보나치 비율이란 피보나치 수열 간의 비율인데 3에서 좌측 2로 진행하면 0.66(=2/3)이 되는데 이는 기본 축소비율이며, 3에서 한 칸 우측 5로 진행하면 1.66(=5/3)이 되어 확장 비율이고, 3에서 두 칸 우측 8로 진행하면 2.66(=8/3)이 되어 가속 비율이 된다.

정리하자면 피보나치 비율은 기본 축소 비율 0.66, 확장 비율 1.66, 가속 비율 2.66이 대표적이다. 이를 좀 더 간단하게 표시하면 축소비율은 0.5배이고, 확장 비율은 1.5배이며, 가속 비율은 2.5배가 된다.

투자 심리가 덜 달구어진 상태에서는 하락 폭의 0.5배 정도 신고가 상승하고, 심리가 많이 달구어진 상태에서는 반락 폭의 1.5배 신고가 또는 반락 폭의 2.5배 신고가 상승하는 것이 기본 패턴이다.

07

주가 운동은
프렉탈(fractal) 운동이다

프랙탈의 의미를 사전은 이렇게 설명하고 있다. 'a curve or pattern that includes a smaller curve or pattern which has exactly the same shape.' 이 의미는 같은 패턴이 보다 작은 규모로 또는 보다 큰 규모로 반복되는 것으로서, 복잡하게 보이는 도형도 결국 단순한 구조의 반복이라는 것이다. 더 쉽게 말하자면 부분 안에 전체의 모습이 압축되어 나타나고, 전체 안에 부분의 모습이 확대되어 존재한다는 것이다.

주가 운동이 프랙탈 운동이라는 의미는 직전 과거에 나타난 패턴을 참고로 현재 패턴이 형성된다는 것이다. 왜냐하면 미래는 불확정 상태이므로 확정된 상태인 직전 과거 패턴을 참고로 매우 유사하거나 약간 약화 또는 약간 강화되는 패턴을 반복한다.

C천정에서 D바닥까지 반락 폭의 161.8% 신고가 위치가 E천정이고, C천정에서 D바닥까지 반락 폭의 261.8% 신고가 위치가 F천정이다.

이는 차트6에서 나타난 패턴과 유사하다. 직전 과거에 나타난 패턴이 반복적으로 출현하므로 프랙탈 패턴인 것이다.

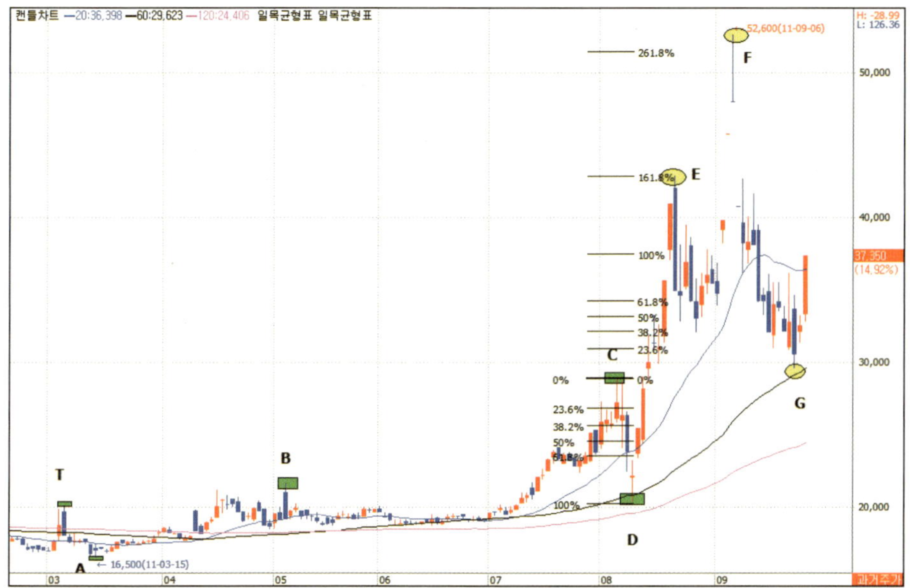

　C천정에서 D바닥까지 하락 과정에서 지지 작용을 하는 것은 돌파된 천정 B위치이다. D바닥은 돌파된 B천정을 살짝 붕괴시킨 상태이다. F천정에서 G바닥까지 하락 과정에서 지지 역할을 한 것은 돌파된 전 고점 C천정이다.

　D바닥과 G바닥의 차이점은 무엇일까? D 바닥은 돌파된 전 고점 B천정을 살짝 건드린 반면, G바닥은 돌파된 전 고점 C천정을 간발의 차이로 건드리지 않은 상태에서 바닥을 형성한 것이다.

　돌파된 전 고점을 건드린 바닥에서 나타나는 상승보다 돌파된 전 고점 천정을 건드리지 않는 것이 더욱 매수 심리가 달구어진 상태를 의미한다. 돌파된 전 고점 B천정을 건드린 D바닥에서 F천정까지 나타나는 상승보다 돌파된 전 고점 C천정을 건드리지 않은 G바닥에서 더 급상승될 것을 예측할 수 있다.

　피보나치 수열에서 우측 한 칸은 확장비율1.618로 수렴하고, 우측 두 칸은 가속비율 2.618로 수렴하는 것이다.

08
하락이 축소되는 바닥에서는 반드시 급등한다

F천정에서 G바닥까지 하락하는 과정에서 음봉 캔들 수는 모두 10개이다.

F천정에서 G바닥까지 10개 음봉은 덩어리 단위로 각각 3개, 4개, 2개, 1개로 구성된다. 음봉 캔들 숫자를 덩어리 단위로 계산하는 것은 하락 에너지 변화를 느끼기 위해서다.

음봉 3개에서 음봉 4개로 진행된 것은 하락 확장이다.

음봉 4개에서 음봉 2개로 축소된 것은 절반 축소이다.

음봉 2개에서 음봉 1개로 축소된 것도 절반 축소이다.

음봉 4개 덩어리 3음, 4음, 2음, 1음 진행을 하락 에너지 변화라는 관점에서 파악하면 하락 에너지의 발생 시작, 하락 에너지 확대, 하락 에너지 축소, 하락 에너지 축소의 개념이 된다.

즉, 하락 에너지가 처음 보다 증가하는 국면이 나타난 다음 하락 에너지 축소 국면으로 진행되고, 하락 에너지 축소 국면이 한 번 더 나타나 하락 에너지가 더 이상 약

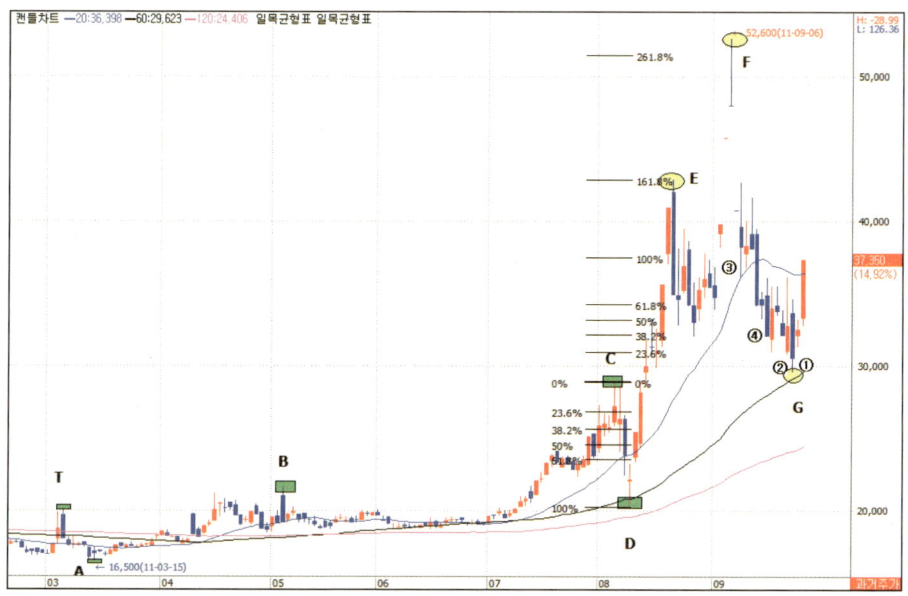

화될 수 없는 막바지 상태에서 급등으로 진행되는 것이다.

　F천정에서 G바닥까지 10음봉 하락 과정에서 형성된 3음, 4음, 2음, 1음 운동을 덩어리 운동 또는 양자(量子) 운동이라고 한다. 양자는 물리학적 개념인데 퀀텀(QUANTUM)이라고 하며 이를 줄여 퀀텀(QUANTUM)의 첫 글자를 따서 큐(Q)라고 부르기로 한다.

　이 개념을 원용하여 C천정에서 D바닥까지 하락은 1음, 1큐 하락으로 그간 상승을 마무리하는 급락인데 이는 당구 게임에서 한 큐로 게임 끝낸다는 의미로 기억하면 도움이 될 것이다. 그리고 F천정에서 G바닥까지 10음봉 하락은 4큐 하락이다.

　D바닥에서 F천정까지 4양, 3양, 1양, 2양, 2양을 합한 12양 상승은 5큐 상승인데 C천정에서 D바닥까지 1큐 하락을 빼고 남은 4큐 상승 거품을 해소하기 위해서는 F천정에서 G바닥까지 4큐 하락 조정이 필요하다. 거품을 해소하는 과정은 새로운 급등 국면으로 진입하기 위해서 반드시 필요한 과정이다.

09

하락이 축소되면 상승이 확장된다

F천정에서 G바닥까지 10음봉(3음+4음+2음+1음) 하락하는 과정에서 막바지 하락은 2음 하락에서 1음 하락으로 하락 축소된 것이다.

하락 축소된 바닥에서 급등이 출현하는 것은 자연스러운 것이다.

하락 축소 바닥에서 급등으로 진입하기 위해서는 단계적 상승 확장이 나타난다.

2음 하락 후 1양 상승에서, 1음 하락 후 2양 상승이 출현한 것이 1차적 상승 확장이다.

즉 2음 하락에서 1음 하락으로 하락 운동이 축소되는 과정은 자연적으로 1양 운동에서 2양 운동으로 상승이 확장되는 과정으로 연결된다는 의미이다.

G바닥 이전 1양 상승에서 G바닥 이후 2양 상승으로 진행은 상승 확장이고 좀 더 자세하게는 1양 상승에서 2양 상승으로 진행이므로 상승 에너지가 2배로 확장되는 것이다.

바닥 직전 1양 상승 운동에서 바닥 이후 2양 상승 운동으로 상승이 2배 확장되는

진행은 바닥 직전 2음 하락이 1음 하락으로 축소되는 패턴과 함께 대부분의 급등 패턴에서 매우 빈번하게 나타나는 필수 진행 경로이다.

단기 급락 조정이 마무리되는 바닥에서 1양 상승이 2양 상승으로 상승 에너지가 2배 확장되는 것이 1차적 상승 확장이고 2양 상승 운동 후, 한 번 더 상승 운동이 확장되는 것이 2차적 상승 확장이다.

1양 운동에서 2양 운동으로 상승 운동이 2배 확장되는 것이 1차적 상승 확장이라면 2양 운동을 한 번 더 2배 확장한 것은 4양 상승 운동이 될 것이다.

즉 요약하면, 1양 운동이 2양 운동으로 2배 확장된 것이 1차적 상승 확장이고, 2양 운동에서 4양 운동으로 2배 확장된 것은 2차적 상승 확장이다.

10

양(陽) 에너지가 더해지면 본격적 상승 확장이다

　T천정에서 A바닥까지 하락은 10음 하락이다.

상승 추세에서는 하락 조정기에 형성된 음봉 캔들 수보다 하락 조정을 마무리한 바닥 이후 상승 양봉 캔들 수가 확장되는 것이 일반적이다.

A바닥에서 B천정까지 상승 양봉 수는 12양봉 캔들이다. A바닥에서 B천정까지 12양봉 형성하는 과정에서 나타나는 패턴이 피보나치 수열의 기본 구성원리인 2합 상승이다.

피보나치 수열의 기본 확장 패턴은 현재 위치의 숫자와 현재 위치 좌측 즉 직전 과거 숫자를 더하여 미래의 확장 숫자를 패턴화 된 공식으로 추정해 보는 것이다.

피보나치 수열 0, 1, 1, 2, 3, 5, 8, 13을 2배하면 0, 2, 2, 4, 6, 10, 16, 26이다.

A바닥에서 B천정까지 12양봉 캔들 형성 구조는 2양+4양+2양+4양=12양봉 캔들이다.

　　처음 2양봉 상승에서 2번째 4양봉 상승을 더하면 다음 확장 양봉 캔들 수는 2양 상승과 4양 상승으로 더한 6양 상승이 되는 것이 적정하다. 이 경우 2양 상승과 4양 상승을 더한 6양 상승은 연속 6양 상승이 가장 이상적이나 띄엄띄엄 나타나는 형태로 6양 상승도 가능하다.

　　2양 상승과 4양 상승을 더한 6양 상승이 예상 가능한 확장 상승패턴인데 2양 상승과 4양 상승을 더한 6양 상승이 다시 2양 상승+4양 상승 패턴이 반복 재현된 것이 A바닥에서 B천정까지 12양 상승이다.

　　즉 2양, 4양 상승으로 이후 6양 확장상승이 기대되는 상황에서 2양, 4양, 2양, 4양 상승이 되는 것이다.

　　C바닥이 형성된 것은 돌파된 전 고점 T의 지지에 의한 것이다.

　　D가 천정인 것은 A바닥, C바닥에서 지지된 60일선이 E에서는 붕괴된 결과이다.

11

천정 후에는
마지막 상승 시작점이 붕괴된다

처음 시작으로 다시 돌아가자. 〈차트 1〉에서 주가 바닥이 형성된 것을 확인해주는 신호로 제시한 것이 마지막 하락을 시작한 천정을 돌파하는 것이다.

역으로 주가 천정을 확인해주는 신호는 주가 천정에서는 마지막 상승을 시작한 바닥을 붕괴시키는 것이다.

마지막 상승을 시작한 위치는 E바닥이다.

F천정에서 시작한 하락이 A바닥과 C바닥에서 지지 작용을 나타낸 60일선을 붕괴시키면서 G위치까지 하락시키게 된다. 따라서 F천정까지 상승한 마지막 상승 시작점 E바닥을 붕괴시킨 것이 F위치가 천정일 가능성을 암시해주는 신호로 작용하게 된다.

물론 F천정에서 시작한 하락이 최후 상승을 시작한 바닥 E를 붕괴시킨 후에도 F천정을 돌파하는 것이 절대로 불가능하다는 것은 아니다.

다만 F천정 이후 F천정까지 상승을 시작한 E바닥이 붕괴될 경우 F가 천정일 것이라는 가정 하에 어떤 일이 일어나는지 살펴보자. E바닥을 붕괴시킨 G바닥에서 반등 시 매도 물량이 증가될 경우 F천정보다 낮은 H위치에서 반등 천정이 형성된다. G바닥을 한 번 더 붕괴시키면서 하락추세가 형성되는 것이다.

일반적으로 하락추세의 정의는 천정이 하향하면서 바닥도 하향하는 것이다.

〈차트 11〉에서 2012년 1월 3일 F천정 167200 가격은 〈차트 1〉에서 2011년 3월 15일 B바닥 16500의 10.13배 가격이다(167200/16500=10.13).

한 달 거래일수가 약 20일 정도이므로 2011년 3월 15일 바닥에서 2012년 1월 3일 천정까지 10배가 된 것은 약 10달간 상승한 것으로 볼 수 있고, 이는 한 생명을 탄생시키기 위한 준비 기간과 유사하다.

주식투자는 긴 호흡으로 큰 승부를 노리는 것임을 잊지 말아야 한다.

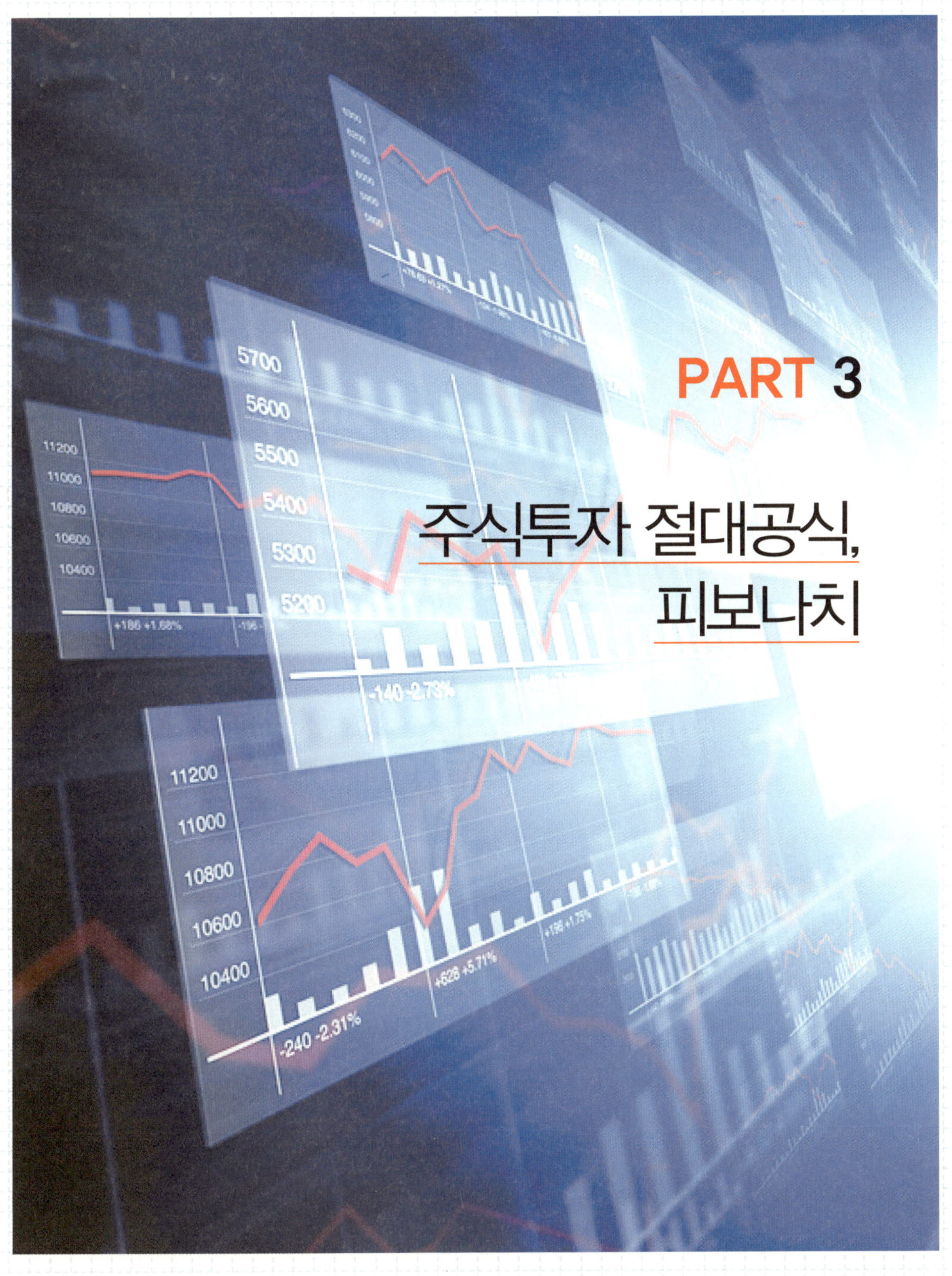

PART 3
주식투자 절대공식,
피보나치

큐+피보나치=큐보나치 원리

주가가 어떤 원리로 오르고 내리며, 어디가 바닥이고 천정인지 알고 싶다는 것은 모든 투자자들의 바람일 것이다. 그것을 알 수만 있다면 명가의 보도를 얻는 것과 다름없다. 이제 앞서서 설명되었던 모든 주가운동 원리의 기본이 되는 원칙에 대해 더 자세한 이론적 근거를 설명해 보고자 한다.

앞서서도 밝혔듯이 주가운동도 하나의 에너지로 볼 수 있다. 에너지 수준이 높아지면 주가가 올라가고, 낮아지면 하락한다. 에너지가 어떻게 모이고 흩어지는지를 계량화할 수 있다면 보다 안정적으로 수익을 창출할 수 있게 된다는 생각에서 탄생한 것이 큐보나치이다.

큐보나치, 어려운 말처럼 들리지만 쉽고 명확한 원리다. 큐보나치란 큐(Q)와 피보나치 수열의 합성어이다. 큐(Q)란 퀀텀(Quantum)의 약자로서 물리학에서 말하는 양자(量子)이다. 모든 에너지는 양자(量子), 즉 덩어리 단위로 전달된다. 세부 에너지들이 모여 덩어리가 되면서 비로소 하나의 의미를 전달할 수 있게 된다.

예를 들어 보자. '나는 당신을 사랑합니다'라는 문장은 '나는', '당신을', '사랑합니다'라는 2개+3개+5개, 모두10개의 글자와 3개의 의미 덩어리 형태로 상대방에게 전달된다. 각각의 글자나 각각의 의미 덩어리는 진정한 의미를 전하지 못한다. 3개의 덩어리가 합쳐질 때에야 비로소 의미가 명확해진다.

주식시장도 마찬가지다. 주식시장 에너지는 주가 캔들 알갱이와 그 색깔로 표현된다. 이 에너지 덩어리가 어떻게 움직이는지를 파악하면 주가의 운동원리가 계량화되기 시작한다. 그런데 이 에너지가 움직이는 모양, 즉 증가하고 감소하는 형태가 피보나치 수열의 배열과 맞아떨어진다는 것이다.

한마디로 정리하자면, 큐보나치란 시장의 에너지 덩어리가 움직이는 원리를 피보나치 수열을 이용해 수량화한 것이다. 큐보나치를 통해 주가가 어떻게 움직일지 숫자로 예측이 가능해진 것이다.

큐(Quantum, 양자)란 무엇인가

양자란 에너지가 덩어리 형태로 나타난 것이다. 주가는 에너지의 증감에 따라 상하로 움직이는데 주가를 움직이는 에너지의 변화가 주가 캔들에 색깔 덩어리 또는 색깔 스펙트럼 형태로 나타난다. 주가를 움직이는 에너지 변화는 색깔 덩어리를 구성하는 알갱이 숫자의 변화로 판단한다.

에너지 알갱이는 입자(粒子)이고 에너지 덩어리는 양자(量子)이다. 즉 양자(量子) 개념은 입자(粒子) 개념에 비해서 보다 스케일이 큰 개념이다. 양자의 양(量)은 헤아릴 양(量)이다. 즉 알갱이를 계량한다, 헤아린다는 의미가 된다.

'주가가 상승하는 경우 얼마만큼 상승한 것이고 앞으로 얼마만큼 상승할 것인가'에 대한 답변을 계량적으로 가능하게 하기 위해 것이므로 양(量)이라는 개념은 본래 단수가 아닌 복수의 의미를 가진다. 즉 양자(量子;Quantum) 내부에는 입자(粒子;Particle)

라는 보다 세밀한 개념이 내재한다.

양자(量子)는 덩어리 개념이므로 주가 운동에서 내부 입자가 연속적으로 같은 색깔의 스펙트럼을 유지해야 한다. 쉽게 말해 동일한 색깔의 캔들이 연속되어야 한다. 그 스펙트럼 내부에 다른 색깔의 캔들이 존재해서는 안 된다.

큐보나치 원리는 주가 양봉과 음봉 덩어리를 구성하는 양봉 알갱이와 음봉 알갱이의 숫자로 매수세와 매도세, 힘의 변화를 계량적으로 파악하는 것이다. 주가 운동 방식에 대해 정밀한 분석을 가능케 하는 이론이다. 즉 주가 운동 해부학이라 할 수 있다. 주가 캔들 양봉과 음봉은 매수세와 매도세간 세력균형의 변화를 반영하는 오묘한 운동방식을 나타낸다.

파란 봉과 빨간 봉의 의미

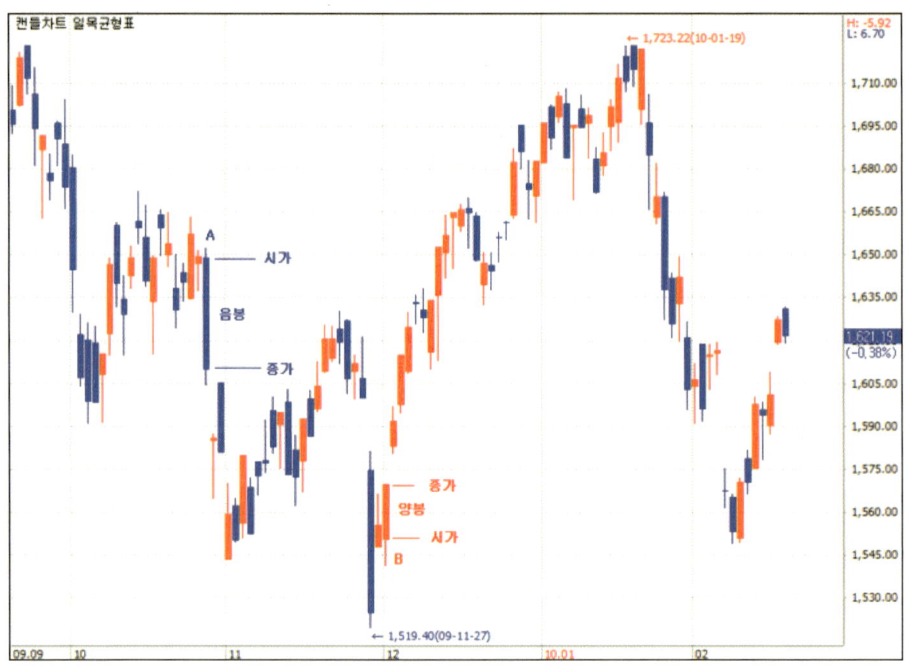

주가가 일간 단위로 움직인 궤적을 나타낸 것을 주가 캔들 일봉 또는 일간 차트라고 한다. 주가 캔들은 주가 상승 운동을 나타낸 양봉과 주가 하락 운동을 나타낸 음봉으로 구분된다. 위 차트는 차트 좌측이 코스피 지수 2009년 9월부터 기록된 일간 차트이다.

파란색으로 표시된 A캔들은 음봉이고, 빨간색으로 표시된 B캔들은 양봉이다. 음봉은 매도세력의 '돈질'로 인한 결과이고, 양봉'은 매수세력의 '돈질'로 인한 결과이다.

음봉은 종가가 시가보다 낮은 것을 의미한다. 즉 그날 종료 가격이 시작 가격보다 하락하여 주가가 내린 상태를 나타낸다. 캔들 색깔이 파란색으로 표시된 것은 한 대

맞아서 멍이 시퍼렇게 든 것을 나타낸다. 시가 부근에 매수한 사람들이 종가가 시가보다 하락하여 평가 손실 상태인 것을 의미한다.

양봉은 종가가 시가보다 높은 것을 나타내며 빨간색으로 표시하는데 이는 주가가 상승하여 아침 시가 부근에 주식을 매수한 사람의 얼굴이 기분 좋아서 흥분한 나머지 벌겋게 달아오른 것을 의미한다.

주가 캔들의 양봉은 종가가 시가보다 높은 상태이므로 매수 심리 또는 상승 에너지를 의미하고, 음봉은 종가가 시가보다 낮은 상태이므로 매도 심리 또는 하락 에너지를 의미한다.

에너지 덩어리를 보는 방법

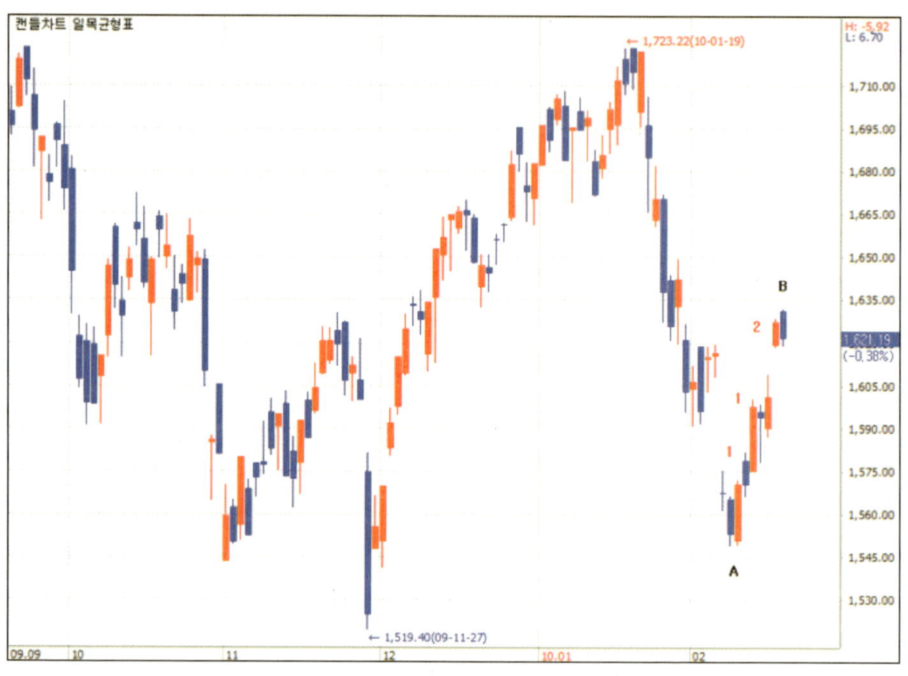

　A바닥으로부터 B위치까지 상승하는 과정에 형성된 빨간색 캔들 즉 양봉을 살펴 보면 양봉 4(=1+1+2)개가 관찰된다. 양봉 4개는 연속적으로 형성된 것이 아니라 띄엄띄엄 나타난다. 즉 양봉 1개, 양봉 1개, 그리고 양봉 2개가 덩어리 형태로 나타나는데 각각의 양봉 덩어리를 양자(量子)라고 한다. 이제부터 에너지 덩어리를 줄여서 큐(Q;Quantum)라고 부르기로 하자.

　A바닥에서 B위치까지 상승하는 과정에서 형성된 빨간색 양봉 덩어리의 갯수가 3개이므로 A바닥에서 B위치까지는 3큐 상승이라고 한다. A바닥 첫 번째 1양봉 좌측에 연속 2개의 음봉이 보이고 우측에는 1개의 음봉이 보인다. 빨간색 양봉 덩어리

가 좌우 음봉 덩어리에 의해 띄엄띄엄 형성되므로 덩어리라고 하는 것이다. 두 번째 1양봉은 좌측에도 음봉 1개이고 우측에도 음봉 1개이다. 그리고 그 다음 양봉 2개도 마찬가지로 좌우에 음봉 1개씩에 의해 띄엄띄엄 나타나 분리된 상태이다.

양봉 덩어리만 계산하므로 3큐 상승이다. 양봉 2개 다음 음봉이 출현하면서 1양, 1양, 2양 상승으로 구성된 3큐 상승 에너지 표출이 완료된 것이다. 양봉 좌우에 형성된 음봉은 주가가 상승하는 사이사이 잠시 쉬어가는 구간이라고 생각하므로 주가 상승 에너지 계산에 포함하지 않는 것이다. 음악에도 피아노의 흰 건반에 해당하는 '원음(原音)'이 있고, 검은 건반에 해당하는 '사이 음'이 있는 것과 마찬가지이다.

1옥타브를 도, 레, 미, 파, 솔, 라, 시, 도 8개의 음으로 볼 때 원음은 8개이고 사이 음은 5개이다.

빨간색 덩어리를 구성하는 빨간색 알갱이는 1개일 때도 있고 2개 이상일 때도 있다. 어느 경우에도 덩어리로 본다. 즉 덩어리 개념은 수학의 집합 개념이기도 하다. 원소가 1개 또는 그 이상인 경우 모두를 포함하는 개념이 집합이기 때문이다.

주가가 상승할 때 빨간색 덩어리의 갯수만 카운트하는 이유는 주가를 상승으로 밀어 올리는 역할을 양봉이 하기 때문이다. 종가가 시가보다 높은 캔들이 양봉이므로 주가 상승 에너지를 측정하기 위해서는 양봉 덩어리를 계산해야 하는 것이다.

에너지 알갱이와 덩어리 계산법

A바닥에서 B위치까지 진행하는 동안에 형성된 빨간색 캔들 즉 양봉의 갯수는 1개, 1개, 2개 모두 더하여 4개이다. 1개, 1개, 2개 즉 양봉 덩어리 3개가 3큐 상승하는 가운데 빨간색 양봉 알갱이 갯수는 4개가 된다. 양봉 알갱이 1개, 즉 개별 단위를 입자라고 한다. A바닥에서 B위치까지 양봉 덩어리가 3큐 상승하는 가운데 알갱이는 4개 상승이므로 양봉 덩어리(1큐) 당 평균 알갱이 숫자는 1.3개이다.

1.3비율은 1.00대비 기초확장이다. 기초 확장은 가장 초보적인 확장인데 이는 3큐 상승 가운데 1군데는 1양봉 아닌 2양봉으로 구성된다는 것을 의미하기 때문이다. 3큐 상승에 입자 5개는 기본확장(5/3=1.66)이고 3큐 상승에 6양봉은 2배 확장(6/3=2)이다.

이는 양봉 덩어리 1개 당 평균 양봉 2개가 형성되는 상태를 의미한다. 그래서 2배 확장이다. 3큐 상승에 7양, 8양은 가속확장이다. 3큐 7양 상승은 기초 가속(7/3=2.3)이고, 3큐 8양 상승은 기본 가속(8/3=2.6)이다.

A바닥에서 B위치까지 빨간색 양봉 알갱이 수를 카운트 할 때도 파란색 음봉은 계산하지 않는다. 양봉 알갱이 1개, 1개, 2개가 상승하여 매수심리 즉 상승 에너지를 표출하는 동안 그 사이사이에 잠깐씩 쉬어가는 곳이 파란색 알갱이 즉 음봉이라고 보는 것이다. 에너지 알갱이와 덩어리를 계산하는 이유는 주가운동을 선도하는 세력의 머리 속을 파악하기 위함이다.

〈그림 2〉의 A바닥에서 B천정까지 1양, 1양, 2양 상승이 띄엄띄엄 나타나는데 3큐 4양 상승이다. 큐는 덩어리 개념이므로 4개의 양봉이 띄엄띄엄 3개의 덩어리를 이루면서 주가 상승을 나타내는 것이다. 이것이 큐보나치 원리의 큐 개념이다.

그리고 큐보나치 원리에 포함된 피보나치 수열에 대해 설명해 보겠다. 1양+1양=2양으로 표현되는 주가 상승 운동이 가속적으로 진행되는 방식은 피보나치 수열에 의한다. 각각의 양봉 캔들 숫자가 상승의 강약을 의미하므로 속도를 더한다는 것은 양봉 덩어리 내부의 알갱이가 가속적으로 증가한다는 의미다.

피보나치 수열이 적용되는 방식

아라비아 숫자로 대표되는 인도 수학을 유럽에 전파한 사람이 이탈리아의 수학자 피보나치다. 피보나치 수열은 금리 계산법 중 늘어난 이자에 다시 이자가 붙는 복리계산에 유용하다. 피보나치수열은 선행하는 두 가지 숫자의 합이 다음 숫자가 되는 복리 수열로 0, 1, 1, 2, 3, 5, 8, 13, 21, 34, 55, 89, 144, 233, 377, 610……으로 진행된다. 좌측 진행은 축소 진행이고 우측 진행은 확장 진행이다.

1부터 시작하는 자연수열 10개는 1, 2, 3, 4, 5, 6, 7, 8, 9, 10이고
1부터 시작하는 피보나치 수열 10개는 1, 1, 2, 3, 5, 8, 13, 21, 34, 55이다.

자연수열과 피보나치 수열은 1, 2, 3까지는 동일하다. 자연수에서 1, 2, 3은 앞의 숫자에 같은 숫자 1을 더해서 다음 숫자를 만드는 등차수열이고, 피보나치 수열에서 1, 2, 3은 앞의 두 숫자를 더해서 다음 숫자를 만드는 등비수열이다.

등차수열이란 좌측숫자와 우측 숫자의 차이가 항상 같다는 의미이고, 등비수열이란 좌측숫자와 우측 숫자의 비율이 항상 같다는 의미인데 우측숫자가 좌측 숫자대비 항상 일정 비율로 증가하기 위해서는 현재 숫자가 현재 시점 좌측의 최근(最近) 두 개 숫자의 합으로 구성되어야 한다.

등차수열은 수열의 좌측 숫자에 같은 숫자인 공차(公差)를 항상 더해서 우측 숫자를 만드는 수열이고, 등비수열은 공비(公比;common ratio)를 항상 곱해서 우측 숫자를 만드는 수열이다. 자연수열은 공차가 1인 등차수열이고, 피보나치 수열은 수열이 진행될수록 공비가 황금비율 파이(φ)=1.61803398874989…로 수렴하는 수열이다.

피보나치 수열 1, 1, 2, 3, 5, 8, 13, 21, 34, 55, 89…에서 좌측에서 우측으로 곱하기 적용되는 비율은 확장비율인 1.618이고 우측에서 좌측으로 곱하기 적용되는 비율은 축소비율 인 0.618이다. 황금비율이라는 용어는 1.618과 0.618에 공히 적용되는 용어인데, 1.618은 확장 황금비율이고 0.618은 축소 황금비율이다.

그리고 0.618과 1.618을 10배한 6과 16은 각각 축소 황금수와 확대 황금수라고 한다. 무언가 현재 상황을 작게 변동시키고자 할 때는 6만큼 움직이고 크게 변동시키고자 할 때는 16만큼 움직여야 한다는 의미이다. 그러므로 숫자 6은 최소 변동에너

지 개념이다.

확장 황금비율1.618과 축소 황금비율 0.618을 곱하면 1(1.618×0.618)이 되고 더하면 2.236(1.618+0.618)이 된다. 2.236은 제곱하면 5가 되는 숫자이다. 즉 2.236=$\sqrt{5}$이다. 확장 황금비율 1.618과 축소 황금비율 0.618을 10배 하면 각각 16.18과 6.18이 되는데, 소숫점을 뗀 16과 6을 각각 확장 황금수와 축소 황금수라하고 16과 6을 더한 22를 합 황금수라 한다. 합(合)은 더하기, 즉, 가속 개념을 의미한다.

확장 황금비율 1.618=($\sqrt{5}$+1)/2로 표시되는데 1.618=(2.236+1)/2=3.236/2이다. 즉 1.618은 3.236비율의 절반 비율이다. 축소 황금비율 0.618=($\sqrt{5}$−1)/2로 표시되는데 0.618=(2.236−1)/2=1.236/2이다. 즉 0.618은 1.236비율의 절반 비율이다. 확장 황금비율 1.618과 축소 황금비율 0.618을 각 각 두배한 3.236과 1.236에 10을 곱하고 소숫점을 뗀 32와 12를 각각 확장 두배 황금수와 축소 두배 황금수라고 한다.

주식시장에서 피보나치는 법칙일까, 규칙일까

피보나치 수열을 주가 운동에 적용하는 과정에서 주의해야 할 점은 피보나치 수열과 피보나치 비율이 항상 언제나 작용되지는 않는다는 것이다. 그런 의미에서 주식시장에 적용되는 피보나치 수열과 피보나치 비율은 법칙이라기 보다는 주가 운동이 진행되는 과정에서 자연스럽게 도출되는 규칙이라고 보는 것이 보다 적합할 것이다. 그러나 피보나치 수열과 피보나치 비율이 매우 높은 적중도를 보이므로 때로는 법칙으로 불러도 전혀 손색이 없을 정도로 생각되는 경우가 빈번하다.

다만, 피보나치 수열과 피보나치 비율을 실제 주식거래에 적용시켜 수익을 창출하는 것이 사람마다 편차를 보이는 것은 적용하는 사람의 경험치가 각각 다르기 때문이다. 피보나치 수열과 피보나치 비율을 자신의 주식거래에 적용시켜 수익을 창출하고자 하는 이는 적용과정에서 나타나는 약간의 편차를 자신만의 원칙으로 보완하는 과정이 다만 필요한 것이다.

타이쿤 수열과 루카스 수열을 알아야 하는 이유

피보나치 수열과 피보나치 비율이 주가운동은 물론 우리의 자연환경에 빈번하게 나타나는 것은 그것이 보는 사람의 마음을 편안하게 해주고 심리적 안정감을 주기 때문일 것이다. 주가 운동의 관점에서 살펴보면 일단 운동을 시작한 주가는 특정 시간대에 도달할 때까지 운동을 지속하려는 경향을 보이고, 특정 시간대에 도달한 후에는 이제까지와는 반대 방향으로 새로운 운동을 하는 경향을 보인다. 이는 그 특정 기간이 심리의 안정화와 매우 깊은 연관관계를 가지기 때문이다.

즉 주가 상승기에는 특정 기간대까지 올라가야 더 이상 상승 모멘텀이 작용되지 않는 고공 균형 상태에 도달하게 되고, 주가 하락기에는 특정 기간대까지 내려가야 더 이상 하락 모멘텀이 작용하지 않는 바닥 균형 상태에 도달하게 되는 것이다. 특정 기간대에 도달할 때까지는 주가 운동 자체가 현재 위치에서 안정감을 느끼지 못하고 추가로 더 움직여야 할 유인을 느끼게 된다는 의미이다. 이는 투자자의 심리가 만들어내는 결과물인데 피보나치 수열은 이같은 거래자의 심리상태를 적시해주는 지표이다.

심리의 안정화란 그때그때의 상황에 의해 결정되고, 주가 운동의 안정화란 거래 당시의 경제적 환경에 크게 좌우되기 마련이므로 피보나치 수열과 피보나치 비율을 상황에 적절하게 활용하는 노력이 무엇보다 필요하다.

경제적 상황논리에 맞추어 피보나치 수열과 그 비율을 적절하게 적용하기 위해서는 피보나치 수열의 확장이 필요하다.

피보나치 수열의 첫 번째 확장은 피보나치 수열을 두 배로 확장하는 것이다. 이제부터 피보나치 두 배 수열을 타이쿤 수열로 부르기로 하자.

피보나치 수열은 1, 1, 2, 3, 5, 8, 13, 21, 34, 55, 89, 144이다.

타이쿤수열은 2, 2, 4, 6, 10, 16, 26, 42, 68, 110, 178, 288이다.

타이쿤 수열은 피보나치 수열의 각 숫자에 2를 곱한 것이다. 피보나치 수열을 두 배한 효과로 인해 피보나치 수열 34와 55 중간에 42라는 숫자가 새롭게 제시된 것이다. 26이라는 숫자가 제시된 것도 특색이다. 20대에 두 개의 숫자가 선택 대상으로 제시된 것이다.

피보나치 수열을 두 배로 한 타이쿤 수열은 피보나치 비율을 숫자화 한 것이다. 즉 피보나치 비율 1.618+2.618=4.236이 피보나치 두 배 수열에서 16+26=42가 된 것이다. 이것의 효용성은 사용자의 경험치에 의해 좌우될 것이다.

피보나치 수열의 두 번째 확장은 루카스 수열이다. 루카스 수열은 피보나치 수열보다 진행 속도가 빠른 경우에 적용되는 수열이다.

피보나치 수열은 1, 1, 2, 3, 5, 8, 13, 21, 34, 55, 89, 144이다.

타이쿤수열은 2, 2, 4, 6, 10, 16, 26, 42, 68, 110, 178이다.

루카스 수열은 2, 1, 3, 4, 7, 11, 18, 29, 47, 76, 123이다.

타이쿤 수열과 루카스 수열에 의해 피보나치 수열 34와 55 사이에 42와 47이 추가된다. 55와 89 사이에도 76이 추가된다. 피보나치 수열, 타이쿤 수열, 루카스 수열에 의해 100을 돌파한 순간 제시되는 숫자는 110, 123 그리고 144이다. 110 부근과 120 부근, 그리고 140 부근이 주가 상승과 하락시 중요 분기점 또는 목표치로 제시되는 것이다.

피보나치 수열이 1에서 2를 거쳐 진행되는 것과 달리 루카스 수열은 1에서 2를 거치지 않고 바로 3으로 간다. 그만큼 속도가 빠른 진행이다. 주가 상승 과정에 이를 적용해 보면 피보나치 수열의 경우 바닥에서 1양, 2양, 3양으로 지속 상승 확장 모델인 반면 루카스 수열은 2양에서 1양으로 상승 축소 후 3양, 4양, 7양으로 상승 가속이 되는 패턴이다.

루카스 수열은 상승 축소 후 확장 가속 이라는 패턴을 통해 시장에 작용하는 두 개의 상반된 에너지를 수열에 반영하는 모습을 보인다. 2에서 1로 축소는 0.5비율 즉 0.618비율이고 1에서 3은 3.0비율 즉 1.618비율의 두 배이다. 즉 0.618 조정 후 3.236비율로 확장하는 것이다. 캔들의 숫자에 이를 적용하면 10캔들 정도 상승 천정에서 5~6캔들 반작용 후 30~32캔들이 추세 방향으로 진행하는 것이다.

피보나치 수열은 숫자가 증가하는 정배열이다. 피보나치 수열을 역배열 한 것이 역 피보나치 수열이다.

피보나치 수열은 0, 1, 1, 2, 3, 5, 8, 13, 21, 34, 55, 89, 144, 233, 377, 610이고 역 피보나치 수열은 610, 377, 233, 144, 89, 55, 34, 21, 13, 8, 5, 3, 2, 1, 1, 0이다.

바닥에서 상승이 확장되기 시작하는 패턴은 1양+1양=2양 또는 1양+2양=3양 진행이고, 바닥에서 진행된 주가 상승이 상승 에너지 축소로 천정을 형성해가는 패턴은 3양, 2양, 1양, 1양 상승 진행이다. 1양, 1양 다음은 0이다. 이는 1양, 1양 이후 상승과 축소 진행이 없다는 의미이므로 2양, 1양, 1양 또는 3양, 1양, 1양 천정에서 급락으로 진행되는 경우에 해당하고, 이런 경우는 빈번히 볼 수 있다.

모든 에너지 흐름의 대원칙, 황금비율

고대 그리스 철학자 플라톤에 의하면 황금비율 파이(φ)는 '삼라만상을 지배하는 힘의 비밀을 푸는 열쇠'이다. 주식시장의 운동 상태인 상승, 하락 과정을 자연을 구성하는 원리인 황금비율과 황금 나선 구조의 관점에서 분석해보면 "우주에 존재하

는 모든 것은 살아 움직이며, 그것들이 끝없이 생장, 팽창하는 규칙은 황금비율"이
라는 결론에 도달하게 된다.

고대 그리스 수학자 피타고라스가 황금비율을 '우주의 비밀(The Secret of the
Universe)'이라고 한 것도, 황금비율이 우주의 비밀을 푸는 열쇠라고 보았기 때문이다.

수학적 분석방법을 통해 우주 운행의 질서를 지배하는 메카니즘을 결정론적 인과
율이라 밝혀 물리학의 새로운 지평을 연 뉴턴도 자신이 창안한 뉴턴 물리학의 기본
패러다임이 '정확한 초기 조건만 알게되면 피보나치 비율에 따라 황금 나선 구조에
의해 운동의 결과가 기계적으로 얻어진다'고 보았다.

우주와 천지만물이 어떤 설계자에 의해 창조된 거대한 컴퓨터 프로그램과 같고 그
프로그램 언어가 피보나치 수열에 의해 나타난 황금비율이라는 것이다. 기하학의 아
버지인 유클리드가 계산한 황금비율과 그 기하학적 구조는 자연계와 동물계 뿐만이
아니라 우주와 은하계에도 그대로 적용되고 나타난다고 한다.

우주에 존재하는 모든 것에는 성장 패턴과 내재된 질서가 존재하는데 그 기준 가
운데 하나가 황금비율이다. 황금비율과 황금비율에 의해 구성되는 피보나치 수열을
근본 바탕으로 주식 시장을 분석한 결과가 이 책인 것이다.

02

피보나치 수열에 숨겨진 비밀

피보나치 수열은 복리계산 방식이다. 복리계산이란 원금에만 이자가 붙는 것이 아니라 늘어난 이자에도 다시 이자가 붙는 기하급수적 증가 방식을 의미한다. 기하급수적 증가방식을 이루기 위해서는 같은 숫자가 똑같이 증가하는 것이 아니라 증가하는 숫자 자체가 점차로 증가해야 한다. 이러한 복리 계산 결과는 숫자를 나열한 수열에서 직전 두 숫자를 더하여 다음 숫자를 만드는 방식으로 구현된다. 그러므로 합산(合算)수열 또는 이합(二合)수열인 것이다.

자연계의 일반적인 증식 패턴이면서 복리 증가 방식을 대표하는 피보나치 수열은 주가 운동 가속화 과정에서 매우 빈번히 나타나는 급등 진행 패턴이기도 하다.

형님 매수, 동생 편승 패턴

– 피보나치 수열 첫 번째 증가 방식(1+1=2)

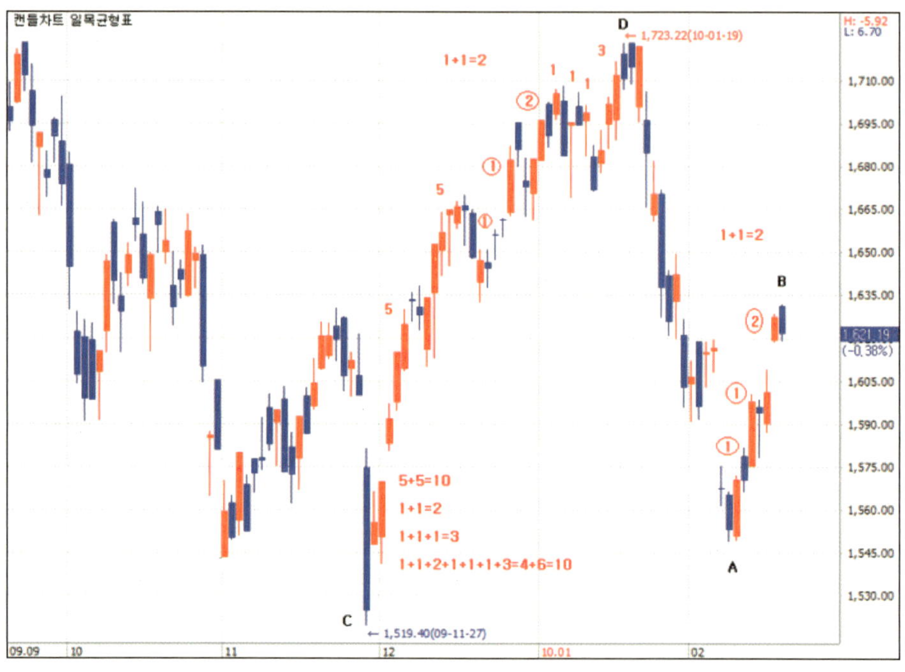

　　복리증가 방식을 구현한 피보나치 수열에서 최초 증가 방식은 1+1=2이다. 이는 가장 단순한 방식이면서 가장 근원적인 방식이다. 피보나치 수열이 직전 두 숫자를 더하여 다음 숫자를 구하는 복리방식인데 숫자 가운데 가장 작은 숫자가 1이므로 더 이상 작을 수 없는 1과 1을 더하여 2를 얻는 것은 가장 단순하면서도 안정적인 출발이자 가장 멀리 내다보는 방식이다. 가장 근원적이고 가장 장기적인 증가 패턴의 시작이 되는 것이다.

주가 운동에서 2합 진행 방식의 또 한 가지 의미는 1양+1양=2양 상승 가속운동과 같은 2합 운동이 상승 가속 완성된 시기가 첫 번째 이식 매도 기회가 된다는 것이다. 2합 운동의 이러한 의미를 제대로 이해하기 위해서는 아래 날짜의 상승 운동 방식을 살펴보는 것이 도움이 된다.

2009년 11월 27일 바닥에서 첫 상승은 5연속 양봉이다. 그리고 두 번째 상승도 5연속 양봉이다. 피보나치 수열이 진행되는 2합 상승이란 바닥 이후 첫 양봉 덩어리인 5양봉 상승과 5양봉 상승을 더하여 10양봉 상승이 후속으로 진행되는 것이다.

숫자 5는 한 손의 손가락 5개를 의미하는 레벨1(1, 2, 3, 4, 5)의 최대수이고, 숫자 10은 두 손의 손가락 10개를 의미하는 레벨2(6, 7, 8, 9, 10)의 최대수이다. 먼저 양손 손바닥을 위로 하고 편 상태에서 왼편 엄지 손가락부터 오른편 새끼 손가락까지 차례대로 구부리면서 1, 2, 3, 4, 5, 6, 7, 8, 9, 10을 카운트해보자. 그 다음 손등을 위로 한 상태에서 구부린 손가락들을 왼편에서 오른편으로 차례대로 다시 펼치면서 1, 2, 3, 4, 5, 6, 7, 8, 9, 10을 카운트하면 뒤에 카운트한 1, 2, 3, 4, 5, 6, 7, 8, 9, 10은 11, 12, 13, 14, 15, 16, 17, 18, 19, 20이 된다.

즉 금융시장이 구성되는 기본원리는 큰 형님들이 바닥에서 주식을 매수하면 동생들이 뒤따라서 형님들의 포지션을 좇아 추격 매수하고 더 이상 따라서 살 동생들이 없는 상태가 되면 형님들이 바닥에서 매수한 주식을 점차적으로 매도하면서 이익을 실현하는 구조로 진행된다. 즉 형님들은 항상 돈을 벌고 뒤따라서 매수한 동생들은 덤터기를 쓰게 되는 구조이다. 다만 눈치 빠른 동생들은 형님들이 매도하기 시작할 때 같이 매도하면서 형님들 따라서 이익을 실현하게 되나 눈치 없는 동생들은 바닥에서 손절매하여 피박을 쓰게 되는 구조이다.

주식시장에 대해 공부하는 것은 큰 형님들이 돈질을 하는 원리와 방식에 대해서 배우는 것이며 양자물리학의 퀀텀 원리와 피보나치 수열을 결합한 큐보나치 이론은 큰 형님들 가슴속 깊은 곳의 음흉한 비밀을 읽어내는 기법을 알려주는 최적의 이론이다. 숫자 20을 설명해 보자.

바닥에서 큰손 형님들이 5개, 5개 합하여 10개를 왕창 매수하여 하부 구조를 형성한다. 그러면 뒤늦게 동생들이 조막손으로 1개, 1개, 2개 합해 4개와 1개, 1개, 1개, 3개 합하여 6개, 즉 10개를 추가로 매수하여 상부구조를 이룩한다. 하부구조 10개와 상부 구조10개가 만들어지는 것이다. 이렇게 바닥에서 20개 정도의 양봉으로 천정을 형성하는 것은 주식시장의 변할 수 없는 생태구조라 할 수 있다.

이 경우 추가 되는 10개의 양봉은 연속 10개의 양봉이 진행되거나 띄엄띄엄 10개의 양봉이 진행되는 어느 경우도 무방하다. 다만 10개의 양봉이 연속 출현하는 경우보다는 띄엄띄엄 출현하는 것이 일반적일 것이다. 띄엄띄엄 출현하는 것은 상승 에너지가 약한 상태를 의미하므로 상승 완료 후 나타나는 하락이 보다 강력한 모습이 될 것이다. 10개의 양봉이 분산되어 형성되는 추가 상승 양봉 덩어리의 갯수가 많을수록 상승 에너지가 약한 상태이다.

실제 바닥에서 시작한 5양봉, 5양봉 이후 출현한 양봉 덩어리를 살펴보면 1양, 1양, 2양, 1양, 1양, 1양, 3양 모두 합하여 추가 10개의 양봉이 7개의 양봉 덩어리로 띄엄띄엄 분산되어 형성된 상태에서 천정이 된다. 추가로 형성된 10개의 양봉을 자세히 살펴보면 1양+1양=2양, 1양+1양+1양=3양 상승 패턴이다. 즉 5양봉, 5양봉 이후 추가된 10개의 양봉 구성에서도 두 군데 또는 세 군데 양봉 덩어리 내부 알갱이를 더하여 다음 양봉 덩어리 내부 양봉 알갱이 갯수가 결정되는 방식이다.

1양+1양=2양 패턴은 2합 상승이고, 1양+1양+1양=3양 패턴은 3합 상승 패턴이다. 2합 상승, 3합 상승은 모두 합산 방식이다. 즉 에너지가 증가하는 방식은 두 군데, 세군데 또는 그 이상의 에너지 덩어리 내부 알갱이 숫자를 더하여 다음 상승이 진행된다.

C바닥에서 D천정까지 모두 합하여 20개의 양봉으로 천정이다. 바닥에서 천정까지 전체 20개의 양봉은 최초 5양봉의 4배이고 최초 5양봉과 다음 5양봉을 더한 10양봉의 2배이다. 즉 초(初) 4배이고 2합 2배이다. D천정에서 A바닥까지는 9음봉이다. 이는 C바닥에서 D천정까지 20양봉 숫자의 절반 정도에 해당하는 것이다. 즉 최초

5양, 다음 5양 이후 추가된 10개의 양봉이 모두 하락으로 전환된 상태에서 하락이 완료된 것이다.

최초 2번의 상승 양봉 덩어리 내부 10개의 양봉 알갱이 상승은 형님이 매수한 것이고, 그 이후 1양, 1양, 2양, 1양, 1양, 1양, 3양 등 7개의 양봉 덩어리에서 형성된 추가 10개의 양봉 상승은 세력을 추종한 편승 매수세라고 볼 때 천정 이후 편승 매수세가 모두 떨어져 나간 상태에서 큰 형님의 새로운 매수세가 A바닥에서부터 새롭게 시작되는 것이다. D천정에서 A바닥까지 9음봉이고 A바닥 매수 시점은 9음봉 익일 시가 하락 출발이므로 D천정에서 10번째 음봉을 기다린 매수세력이 선취 매수한 결과 종가가 양봉으로 전환된 것이다.

C바닥에서 D천정까지 5양, 5양, 1양, 1양, 2양, 1양, 1양, 1양, 3양 모두 합하여 20양봉 상승은 양봉 덩어리 9개의 상승이므로 9큐 상승이고, D천정에서 A바닥까지 2음, 1음, 2음, 1음, 1음, 2음 모두 합하여 9음봉 하락은 음봉 덩어리 6개의 하락이므로 6큐 하락이다. 6큐 하락은 9큐 상승 대비 66%(=6/9=2/3) 반락이다. 반락이란 상승 후 전 저점이 지지되는 조정을 뜻하는 용어이다. 1, 1, 2, 3, 5, 8, 13, 21, 34, 55, 144, 233, 377, 610으로 전개되는 피보나치 수열에서 좌측 한 칸 이동은 축소 황금비 61.8% 비율로 수렴한다. 9(3×3)큐 상승 후 6큐(2×3) 하락은 3큐 상승 후 2큐 하락과 같은 의미가 되고, 이는 확장 피보나치 수열 2, 3에서 3, 2로 진행되는 역 피보나치 수열 즉 축소 피보나치 수열이 되는 것이다.

주식시장은 친절하다

– 피보나치 수열 두 번째 증가 방식(1+2=3)

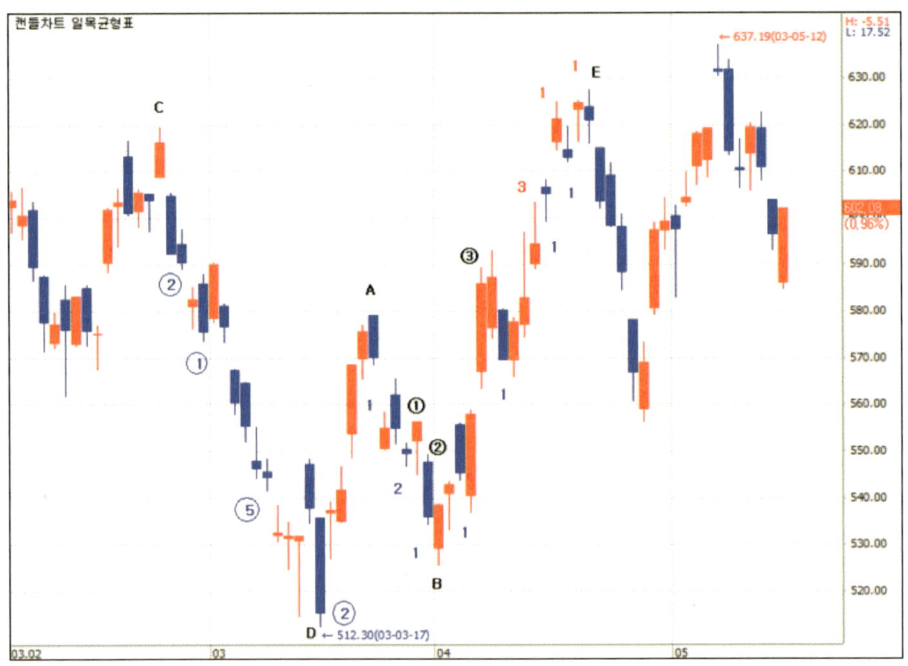

주가가 하락하는 과정에서 하락 에너지의 증감은 음봉 덩어리를 구성하는 알갱이 숫자로 계산한다. 즉 2음봉 다음 1음봉이 되는 것은 하락 에너지의 축소이고, 1음봉 다음 5음봉이 되는 것은 하락 에너지의 확장이다. 위 차트는 2003년 3월 17일 지수 512.30바닥을 형성하는 과정을 보여준다. 2월 천정에서 3월 17일 바닥까지 하락하는 과정에서 2음, 1음, 5음, 2음 하락으로 음봉 덩어리 4개로 구성된 4큐 10음(=2음 +1음+5음+2음) 하락 패턴을 보여준다.

2음 하락에서 1음 하락은 하락 에너지의 축소이므로 단(短) 박자이고 1음 하락에서 5음 하락은 하락 에너지의 확대이므로 장(長) 박자이다. 2음, 1음, 5음, 2음 하락 박 자는 장단장단(長短長短) 박자이다. 장단(長短)을 맞춘다는 것이 바로 이것이다.

하락 에너지가 축소되는 바닥에서 상승 에너지가 증가하면 바닥을 형성하게 되나, 하락 에너지가 축소되는 바닥에서 상승 에너지가 증가하지 못하면 추가 하락으로 진 행된다. 2음, 1음 바닥에서 상승이 2음, 1음 중간 반등인 1양 반등보다 증가한 2양 반등이 될 경우 상승 에너지가 증가된다.

그러나 2음, 1음 하락 에너지 축소 상태에서 반등이 1양 반등으로 2음, 1음 중간 1양 반등보다 증가하지 못한 상태가 되면 약하디 약한 약약(弱弱)반등 천정이 되어 이후 장단 박자가 지속되며 하락이 확장된다.

하락은 장단(長短)을 따지고 상승은 강약(强弱)을 따진다. 이것이 박자의 원리이다. C천정 좌측 3양봉 상승 이후 상승 에너지가 축소되는 강약 박자가 출현하여 1양봉 반등이 4번째 나타난 모습은 매수세가 증가하지 못하고 정체상태를 보인다는 것인 데 이는 그 후의 5음봉 연속 급락이 나타난 원인이 된다. 매도세가 정체 상태를 보이 면 연속 3양봉 이상 연속 급등이 나타나고, 매수세가 정체상태를 보이면 연속 3음봉 이상 급락이 출현하는 것이다.

C천정 이후 첫 번째 2음 하락에서 세 번째 5음 하락은 피보나치 수열 2, 3, 5에서 와 같이 2칸 확장이다. 2음 하락에서, 1음 하락으로 하락 에너지가 축소되는 상황에 서 상승 에너지가 확장되지 못하여 하락 에너지가 다시 증가하는 것이다. 이는 실망 매물로 인한 두 칸 하락 확대이다. 첫 번째 2음 하락에서 세 번째 5음 하락으로, 두 번째 1음 하락에서 네 번째 2음 하락이 된 것은 모두 실망 매물로 인한 하락 장이다. 2음 하락에서 5음 하락은 피보나치 수열 1, 2, 3, 5에서 2칸 확장이고, 1음 하락에서 2음 하락은 한 칸 확장이다. 하락 에너지가 2음, 5음 두 칸 확장에서 1음, 2음 한 칸 확장으로 하락 확장 비율이 축소된 것이 급등으로 전환된 원인이다.

A천정에서 B바닥까지 1음, 2음, 1음 모두 합하여 4음(1음+2음+1음) 3큐 하락하는

과정을 살펴보면 하락 추세에서 상승 추세로 반전되는 과정에 대해서 많은 것을 배우게 된다.

먼저 배우게 될 첫 번째 원리는 C천정에서 D바닥까지 2음, 1음, 5음, 2음으로 4개의 음봉 덩어리 내부 음봉 알갱이 모두 합하여 10음봉 4큐 하락이 A천정에서 B바닥까지 4음봉 하락해 양자(量子) 하락이 입자(粒子) 하락으로 전환된 것이다. 큰 개념에서 작은 개념으로 스케일이 축소되었다.

천정에서 첫 번째 음봉 덩어리는 1음 하락이고 두 번째는 2음 하락이다. 이는 하락 에너지 확대이다. 그러므로 1음, 2음 다음 1음 하락과 2음 하락의 차이에 해당하는 1양봉 반등이다. 즉 하락 에너지가 확대된 만큼 반등을 주고 다시 하락 추세로 진행되는 것이다.

이 원리가 바로 상보성(相補性)의 원리이다. 음 하락이 지나치면 양 반등으로 그 지나친 부분을 보듬어주면서 "이제 다시 하락해도 불만 없지?" 하고 확인한 다음 다시 기존의 추세대로 진행한다. 서로 다른 양 상승과 음 하락이 서로 보완관계를 이루면서 주가 운동의 오묘한 부분을 이루어 가는 것이다. 음 하락이 지나치면 양 상승으로 보듬어주고, 양 상승이 지나치면 음 하락으로 시원한 기운을 불러와 과열된 시장에 다시 생기를 불러일으키는 것이다.

이것이 시장이 친절하다는 평가를 받게 되는 원리이다. 시장은 지나친 욕심이 어느 정도 자제되는 환경에서는 상하로 본전을 하게끔 반등과 반락을 적절히 해주면서 운동하므로 매수세도 돈을 벌고 매도세도 돈을 벌게 되는 것이다. 다만 상하 요동을 견딜 수 없을 정도의 포지션을 가지면 문제가 있다.

A천정에서 B바닥까지 1음, 2음, 1음 합하여 4음 하락은 C천정에서 D바닥까지 2음, 1음, 5음, 2음 합하여 10음 하락에 비해 40% 수준 하락이다. 즉 반락이다. 반락이란 하락 에너지가 약화되어 전 저점이 지지되는 조정을 말한다. 1음 하락에서 2음 하락으로 하락 에너지 증가 후 1양 반등인데 반해, 2음 하락에서 1음 하락으로 하락 에너지 축소 후 나타나는 반등은 2양 상승이다.

하락이 축소되면 최소한 축소된 하락분이 상승분으로 전환되는 것이 적정한 것이다. 2음 하락에서 1음 하락으로 1음이 축소된 것이므로 1양 반등에서 2양 반등으로 축소된 하락 에너지가 상승 에너지로 전환되는 것이다. 이것도 상보성의 원리이다. 음 하락의 변화 가운데 양 상승의 변화를 불러 일으키는 기운이 내재하는 것이다.

1음 하락에서 2음 하락으로 하락 에너지가 증가하면 피보나치 수열에서 좌회전하여 2, 1, 1이 되어 반등이 1양 상승이 되고, 2음 하락에서 1음 하락으로 하락 에너지가 축소한 상태에서는 피보나치 수열보다 급하게 진행되는 루카스 수열과 같이 2음 하락과 1음 하락을 더한 3양 상승이 나타나는 것이 적정한 움직임이 된다.

2양 상승 다음 익일 시가 상승시 3양 상승이 시현된 것이므로 선취 매도가 출회하여 종가가 음봉이 된 것이다. 캔들 색깔은 음봉이나 주가 수준은 상승인 '상승 음봉'은 익일 시가 하락시 종가 양봉으로 뒤집기할 가능성을 기대하는 심리가 반영된 것이다. 상승 음봉 익일 시가 하락 후 종가 양봉 반전 패턴은 종가 수준이 전일 음봉 고가 수준을 돌파해야 익일 시가 상승에 대한 기대심리를 불러일으킨다.

B바닥 직전 2음 하락에서 1음 하락으로 하락 에너지 축소 후 1양봉 상승에서 2양봉 상승으로 상승 에너지가 확대된 것은 자연스러운 것이다. 하락 에너지 축소가 상승 에너지 확대를 불러온 것은 선순환 구조로 진입한 것을 의미한다. 선순환구조란 하락 에너지 축소 상태로 바닥을 형성하여 그 후 상승 에너지 확대로 진행되고 상승 에너지 확대 후 하락에너지가 증가하지 않는 정체상태를 이루면서 구조적인 상승 추세로 진입하는 것이다.

B바닥 이전 2음 하락에서 1음 하락으로 하락 에너지가 축소된 다음 1양 반등이 2양 반등으로 상승 에너지 확대 후 1음 하락이 재현된 것은 상승 에너지 확대 후 하락 에너지가 다시 증가하지 않고 정체상태를 나타내는 것이다. 그러자 2양 상승이 3양 상승으로 상승 에너지 확장이 나타난다. 1양 상승에서 2양 상승으로 상승 에너지 확대 후 1음 하락으로 과열된 열기를 식힌 다음 3양 상승으로 확대재생산 구조가 정착된 것이다. 피보나치 수열 1, 1, 2, 3, 5에서 1양, 2양, 1음 좌회전 바닥에서 1양, 2양,

3양 우회전 상승이다.

B바닥 직전 1양 반등에서 2양 반등으로 상승 에너지 확대 후 1음 하락이 2음 하락으로 확대되지 않는 것은 단단한 바닥이다. 2음 하락에서 1음 하락은 하락 에너지가 축소되는 장단(長短) 바닥이고 1음 하락에서 1음 조정으로 하락이 확대되지 않고 정체상태를 보이는 것은 단단(短短) 바닥이다. 단단 바닥은 더 이상 짧아질 수 없는 바닥이라는 의미이기도 하고 무너지지 않는 매우 단단한 바닥이라는 의미이기도 하다.

B바닥 즉, 최초 1음 바닥에서 2양 상승이다. 이후 재차 나타난 1음 바닥에서 3양 상승이다. 하락이 확장되지 않고 정체 상태를 보이는 바닥에서는 상승이 확장되는 것이 자연스러운 것이다. 2양 상승에서 3양 상승은 피보나치 수열 우회전 한 칸 확장이다. 이는 1양+2양승=3양 상승이다.

3양 상승으로 1차 상승 천정 즉, A천정을 돌파하면서 2차 상승으로 진입이다. 다만 3양 확장 익일 1음 급락은 2양 상승에서 3양 상승으로 1양 확장되면서 뜨거워진 열기를 식히기 위한 자연스러운 과정이다. 총을 쏘다가 너무 뜨거워진 총신을 식히기 위하여 찬 물을 한 바가지 퍼붓는 것이다. 그래야 다시 총을 쏠 수가 있기 때문이다.

B바닥 좌측 1음 바닥에서 2양 상승이 나타나고 2양 상승 이후 조정도 1음 반복으로 매도 압력이 정체 상태이므로 다음 1음 바닥에서 상승이 확장되며 2양 다음 3양 상승이다. 이는 피보나치 수열 1, 1, 2, 3, 5에서 2양 우측, 3양 상승이므로 1칸 확장 즉 1.618배 확장에 해당한다.

3양 상승 이후 조정도 1음 하락으로 완료될 경우 피보나치 수열로 볼 때 다음 상승은 3양 상승의 1.618배 확장인 5양 상승이 적정하다. 이는 피보나치 수열 1, 1, 2, 3, 5에서 숫자 3의 우측 한 칸이 5가 되기 때문이다. 연속 5양봉은 상당히 강력한 상승이므로 현실적으로 출현하기가 쉽지 않다. 그러므로 3양 상승 이후 피보나치 수열 1, 1, 2, 3, 5를 구현하기 위한 5양 상승은 연속 5양 또는 띄엄띄엄 5양봉 모두 가능하다. 실제적으로 나타난 것은 3양, 1양, 1양 상승으로 5양 구현이다. 이로써 피보나치 수열 1, 2, 3, 5에 해당하는 1양, 2양, 3양, 5양이 완성된다.

B바닥 좌측 1음 바닥에서부터 1음 바닥, 2양 상승 그리고 1음 바닥, 3양 상승 패턴 다음 1음 바닥, 5양 상승 시현 과정에서 연속 5양이 출현하지 못하고 3양+1양+1양 =5양 상승이 됨으로써 실제적으로 1음 바닥에서 연속 상승은 3양 상승으로 제한된 모습이다. 이 경우 1음 바닥에서 3양 상승보다 강한 4양 또는 5양 상승으로 진행되지 못하고 3양 상승이 반복되며 상승이 정체되는 모습이다.

상승이 정체되는 모습을 보인 1음 바닥, 3양 상승 이후에는 1음 바닥, 2양 상승(=1양+1양)으로 천정이다. 1음 바닥, 2양 상승도 연속 2양 상승이 아닌 1양 상승, 1음 하락, 1양 상승으로 띄엄띄엄하게 2양 상승한다. 즉 1음 바닥, 1양 상승이 두 번 시현된 후 급한 하락이다. 1음 바닥, 1양 상승 패턴이 두 번 반복 출현 후 형성된 E천정에서 천정 이전 3양+1양+1양=5양 상승 매수분이 모두 하락 전환된 양 3합 하락이다. 양 3합 하락이나 음 3합 상승은 박스권 등락에서 빈번하게 나타나는 패턴이다.

확장패턴을 주목하라

– 피보나치 수열 세 번째 증가 방식(2+3=5)

■ 그림 5 [일] 종합(1001)   (1980/01/04~2012/06/29)

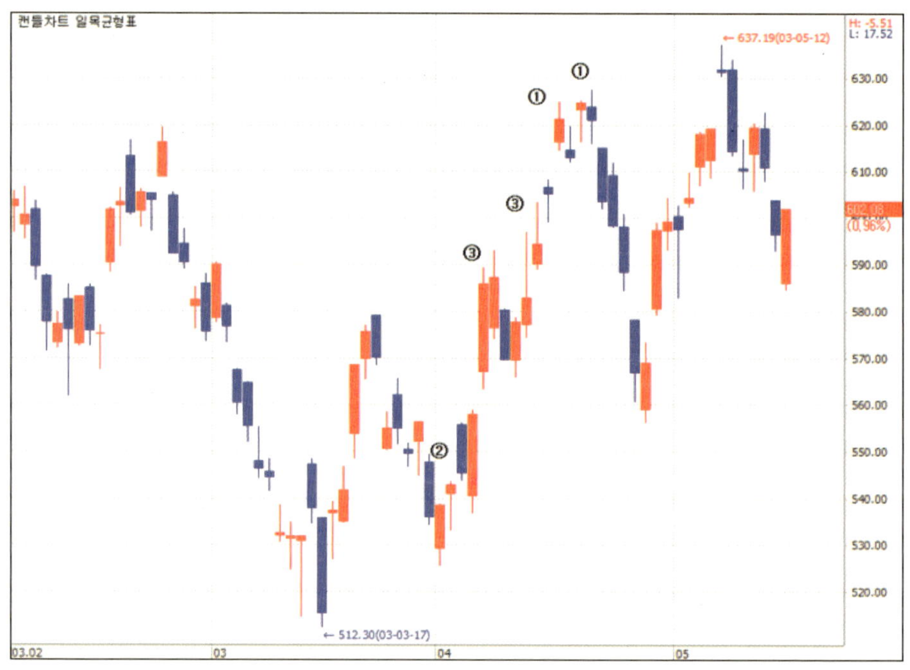

1양 상승에서 1음 조정일 경우 이는 2양 상승으로 진행될 가능성에 대한 암시이다. 이는 피보나치 수열이 1, 1, 2로 진행하기 때문이다. 1양+1음=2양 상승이다. 양상승과 음 하락이 융합하여 확장 상승이 진행되기 때문이다. 마찬가지로 2양 상승에서 1음 조정일 경우 3양 상승에 대한 암시가 된다. 왜냐하면 루카스 수열이 2, 1, 3, 4, 7, 11, 18, 29, 47, 76, 123으로 진행하기 때문이다. 2양+1음=3양 상승이 된다. 양상승과 음 하락이 결합하여 새로운 확장 상승 기운을 만들어내기 때문이다.

2양 상승에서 3양 상승으로 진행 후 다음 확장 상승은 2양+3양=5양 상승이다. 왜 나하면 피보나치 수열이 2, 3, 5로 진행하기 때문이다. 2양 상승에서 한 칸 확장인 1.618배 비율을 곱하면 3양 상승이 되고, 3양 상승에서 한 칸 확장인 1.618배 비율을 곱하면 5양 상승이 되기 때문이다. 2양+3양=5양 상승인데 5양=3양+1양+1양 상태 로 띄엄띄엄 진행되는 5양 상승은 매수세가 분산된 패턴으로서 5양 완성 후 5음 급 락이다.

일반적으로 확장에는 3가지 확장 패턴이 존재한다. 2양 상승에서 3양 상승으로 되 는 것은 축소 확장이다. 2에서 3으로 증가하는 것은 1이 증가하는 것인데 증가하는 1이 원래 수 2보다 작기 때문이다. 2에서 4로 확장하는 것은 두 배 확장이며, 2에서 5로 확장하는 것은 확대 확장이다. 왜냐하면 2에서 5로 확장할 때 증가하는 숫자 3이 원래 수 2보다 크기 때문이다.

2양봉 상승에서 3양봉 상승으로 한 칸 확장 후에는 1음 조정이다. 그러나 2양 상 승 다음 3양 출현하고 난후 5양(3양+1양+1양) 추가 상승 천정에서는 5음봉 하락이다. 이는 두 칸 확장 상태에서 천정이 될 경우 큰 폭의 하락 조정이 출현할 가능성에 대 한 암시이다. 2양 상승 다음 3양+3양+1양+1양=8양 상승이다. 이는 피보나치 수열 1, 2, 3, 5, 8에서 2양 상승 대비 3칸 확장이다. 2양 상승에서 8양 상승과의 차이에 해당하는 6음봉 하락으로 거품을 빼는 과정에서 5음봉 익일 시가 하락시 6음 시현인 데 선취 매수 개입하여 종가 양봉이다.

시장은 곡선으로 움직인다

– 피보나치 수열 네 번째 증가 방식(3+5=8)

■ 그림 6 [일] 삼성테크윈(012450)　　　　　　　　　(1988/01/04~2012/06/29)

　피보나치수열 1, 1, 2, 3, 5, 8, 13, 21에서 한 자리 숫자 가운데 가장 큰 숫자는 8이다. 8양 상승이 출현하기 위한 선결요건이 3양 상승하고 다음에 5양 상승하는 것이다. 3양+5양=8양 상승이 되는 것이다. 5양 상승 다음 3음 조정은 3양 상승이 방향을 바꾸어 3음 조정으로 전환된 것이다. 3양 천정 기운이 3음 바닥 기운으로 전환되며 5양 상승에서는 한 칸 확장이고 3음 바닥에서는 2칸 확장인 8양 상승 출현이다.

　일반적으로 8양 상승은 팔아야 할 상승이다. 8양 상승이 천정일 경우 8양의 절반인 4음으로 8양 상승 시작 위치에서 8양 상승 천정까지 공간이동 폭의 절반이자 8양 상승으로 돌파된 5양 천정 위치까지 조정이 출현한다. 시장은 항상 본전을 하려고 한다. 돌파된 기존의 천정으로 다시 하락하는 것은 전 고점 부근에서 매도한 거래자에게 재매수 기회를 주고자 하기 때문이다. 시장이 친절한 것은 곡선으로 진행하는 것이 직선으로 진행하는 것보다 자금력이 풍부한 주도세력의 이익에 부합하기 때문이다.

03

이합(二合) 상승의
12가지 기본 패턴

 **1양+1양=2양 (총합 4양)**

1양 상승, 4음 하락에서 1양 상승, 1음 하락은 하락 에너지 축소이므로 장단(長短) 바닥이다. 하락 에너지가 4음 하락에서 1음 하락으로 축소된 상태에서는 1양 상승에서 2양 상승으로 상승 에너지가 확대되는 것이 자연스러운 것이다.

상승에너지가 1양 상승에서 1양 상승으로 반복 후 2양 상승으로 확장된 것은 피보나치 수열 1, 1, 2 진행에 부합하는 것이다.

4음 하락에서 1음 하락으로 하락이 단축된 결과 4음, 1음 내부 1양 상승에서 외부 2양 상승으로 확장이 자연스러운 것과 같이 2양 상승 다음 3양 상승으로 상승이 확장된 익일 대 양봉 출현하며 5양 상승으로 진행된 것도 자연스러운 것이다.

하락이 축소된 바닥에서 추세적 상승으로 전환될 경우 음봉 덩어리 내부에서 외부로 먼저 상승 에너지가 확장되고 그 다음 외부에서 외부로 한 차례 더 상승 에너지가

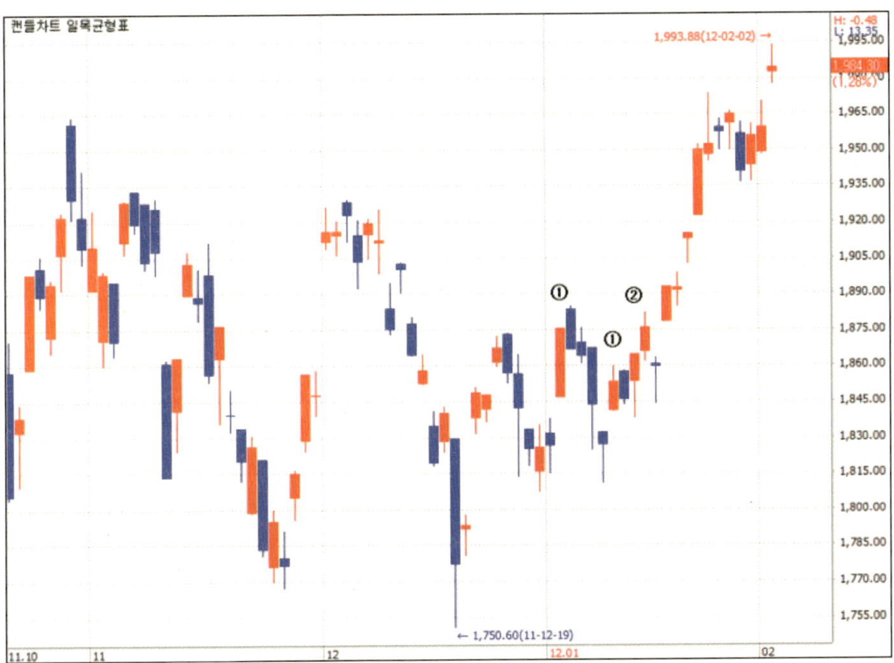

확충되는 것이 단장약강(短長弱强) 박자이다.

1양+2양=3양 (총합 6양)

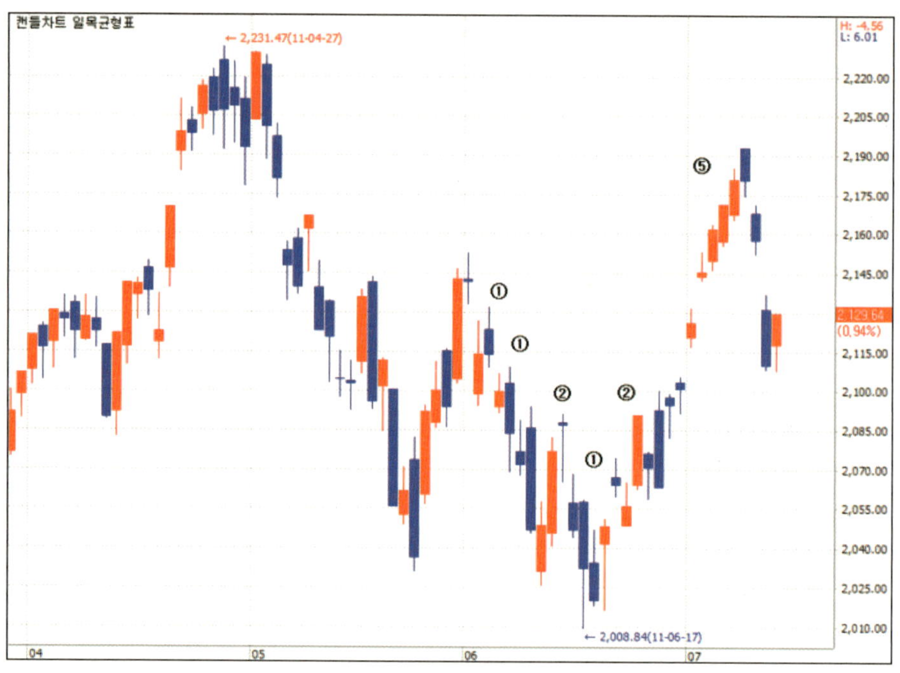

　피보나치 수열 1, 1, 2, 3에 부합하는 상승은 1양 상승, 1양 상승 다음 2양 상승이 출현하는 것이고 2양 상승 다음에는 3양 상승이 출현하는 것이다. 3양 상승이 연속 양봉의 형태로 나타나는 것이 이상적이나 1양+2양=3양 상승으로 출현하는 것도 무방하다. 1양+1양=2양 시점이 단기 이익 실현 시점인 것과 마찬가지로 1양+2양=1양+2양 시점도 종가 상승시점이 단기 이익실현 시점이다.

　1양+2양=3양=1양+2양 종가 이익 실현으로 인한 익일 급락 후 추가로 상승이 출현할 경우 3양 상승 다음은 5양 상승이다. 이는 피보나치 수열 1, 1, 2, 3, 5에 부합하는 것이다. 2양+(1양+2양)=2양+3양=5양 상승이 되어 1양, 1양, 2양, 3양, 5양 상

승으로 1, 1, 2, 3, 5로 확장 전개되는 피보나치 수열이 실현된 것이다. 1양+2양+5
양=8양 상승은 피보나치 수열 1, 1, 2, 3, 5, 8, 13에서 한 자리 숫자 가운데는 가장
큰 숫자이다. 작은 박스권 운동에서는 바닥 8양 상승 시점이 이익 실현 시점이 된다.

1양+3양=4양 (종합 8양)

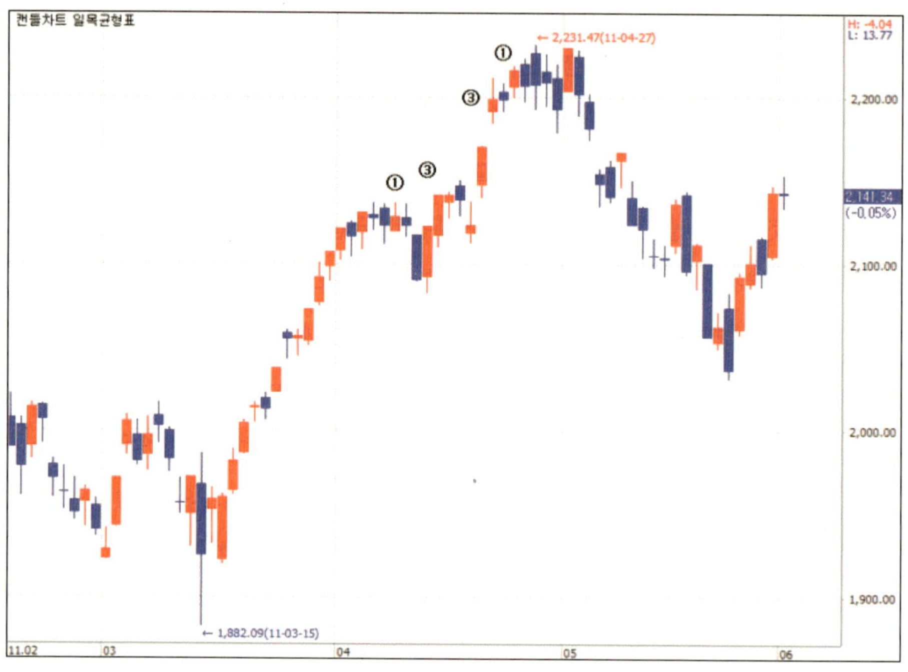

　　1양 상승 다음 2양 상승 출현은 1, 1, 2, 3, 5로 진행되는 피보나치 수열에 부합하는 것이다. 그러나 현실에서는 1양 상승 이후 3양 상승으로 연결되는 경우도 빈번하다. 이 경우 적용되는 것이 루카스 수열이다. 루카스 수열은 1양 상승에서 2양 상승을 건너뛰어 바로 3양 상승으로 진행하는 것이다. 이는 1, 1, 2, 3, 5로 진행되는 피보나치 수열에서 2칸 확장이다. 1, 3, 4, 7, 11, 18, 29, 47, 76, 123으로 진행되는 것이 루카스 수열이다.

　　1양+3양=4양 상승으로 진행되는 것이 2합 상승이다. 4양 상승이 연속 양봉 형태로 나타나는 것이 이상적이나, 1양+3양=4양, 2양+2양=4양, 3양+1양=4양 상승의

형태로 진행되는 것도 무방하다. 실제 나타난 패턴은 1양+3양=4양=3양+1양 진행
이다. 1양 상승에서 3양 상승은 상승 확장이나, 3양 상승에서 1양 상승 진행은 상승
축소이므로 상승 축소 천정 이후 하락 전환이다.

1양+4양=5양 (종합 10양)

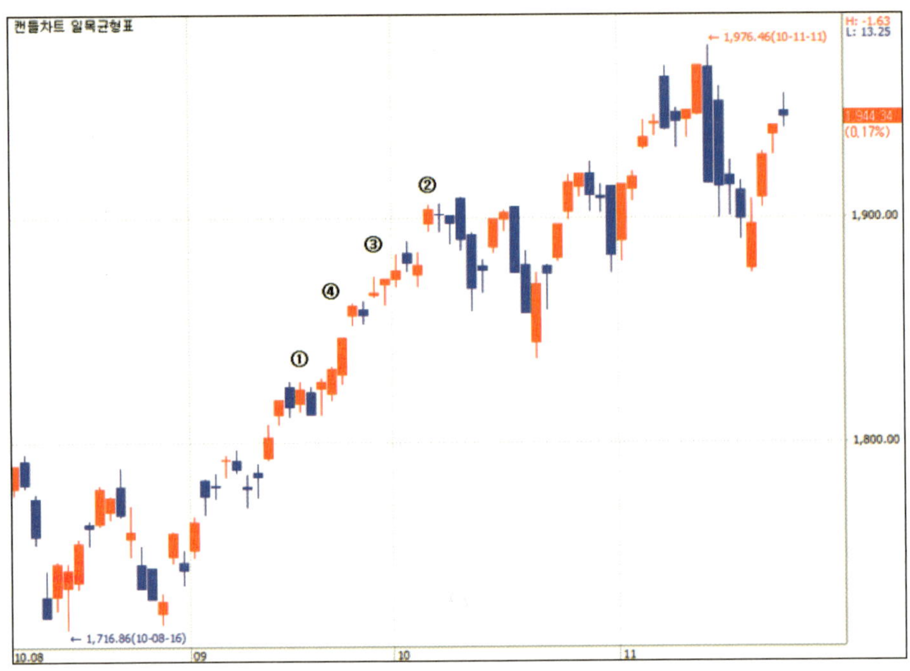

　　피보나치 수열 1, 1, 2, 3, 5, 8, 13 진행에서 숫자 1 다음 숫자 1 우측 한 칸인 숫자 2가 진행되지 않고 숫자 1 두칸 우측인 숫자 3이 출현하는 것이 루카스 수열이다. 그만큼 호흡이 거칠고 박자가 빠른 수열이다. 그런데 피보나치 수열보다 빠른 박자인 루카스 수열 1, 3, 4, 7, 11에서 숫자 3 대신 4가 출현하는 것이 1양, 4양 진행이다.

　　1양, 3양 진행 익일 시가 급등으로 종가 양봉이 된 패턴이 1양, 4양 상승 패턴이다. 이 경우 1양+4양=5양 상승이 추가 진행되는 것이 2합 상승이다. 5양 상승은 연속 5양봉의 형태로 진행되는 것이 이상적이나 띄엄띄엄한 형태로 양봉 5개가 불연속적으로 형성되는 것도 무방하다. 실제 진행은 1양+4양=3양+2양 형태로 5양 상승이 구현된다.

1양+4양+3양+2양=10양 상승이다. 10양 상승은 레벨2(6, 7, 8, 9, 10) 최대수이다. 3양 상승에서 2양 상승은 상승 에너지 축소이므로 그 후 격렬한 5음, 2, 합 7음 하락으로 구성된 2큐 조정이 관찰된다. 1양, 4양 상승 진행시 4양 상승 내부 3양 익일 시가 갭 상승 부분이 메워진 상태에서 2큐 조정이 마무리된 바닥이다.

1양+5양=6양 (총합 12양)

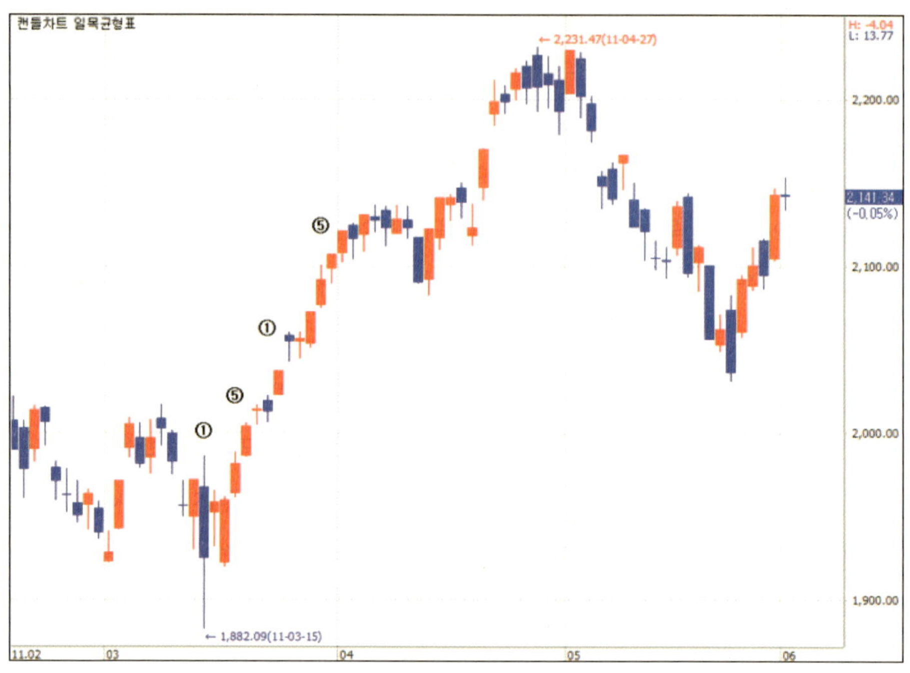

　피보나치 수열 1, 1, 2, 3, 5, 8, 13 진행에서 1, 1다음에 2가 아닌 3이 출현하는 것이 루카스 수열이다. 그만큼 호흡이 거칠고 박자가 빠른 수열이다. 그런데 루카스 수열보다 빠른 호흡을 보이는 것이 피보나치 수열 1, 1, 2, 3, 5, 8, 13에서 숫자 3 대신 5가 출현하여 1양, 5양 상승으로 진행하는 것이다.

　레벨1 상승은 1양, 2양, 3양, 4양, 5양 상승이고 레벨2 상승은 6양, 7양, 8양, 9양, 10양 상승이다. 레벨2 상승으로 진입하기 위해서는 두 군데 양봉 덩어리 가운데 한 군데에서 5양 상승 출현이 필요하다. 1양, 5양 상승으로 1양+5양=6양 상승이다. 이후 추가 6양 상승으로 모두 합해 12양 상승이 되어 레벨3 상승(=11양, 12양, 13양, 14양,

15양)으로 진입한다.

　10양 초과 상승은 2레벨 초과수로서 일반적으로 12양, 13양, 14양 부터 이식 매물
이 나온다. 2레벨 초과수, 즉 10양 상승을 초과하는 숫자 출현 시 단기 초과 매수가
되어 열기를 식히는 과정이 필요하다. 이후 3레벨(11양, 12양, 13양, 14양, 15양)을 넘어
바닥에서 4레벨(16양, 17양, 18양, 19양, 20양) 상승해 최대 수 20양 상승으로 천정이 형
성된다.

2양+3양=5양 (총합 10양)

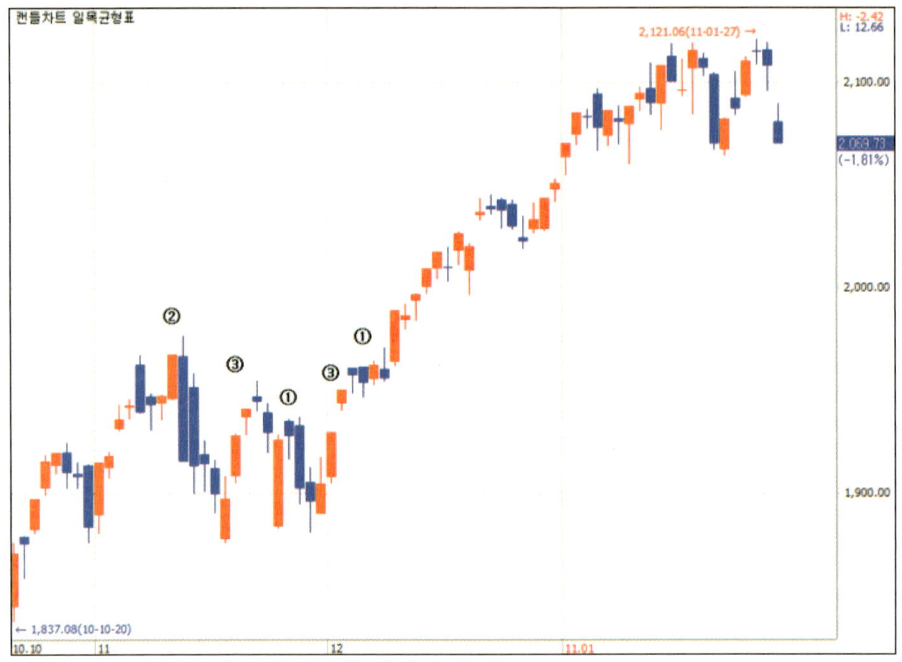

　2양, 3양 상승은 두 가지 의미를 가진다. 첫째 2양, 3양 상승 과정에서 매수한 거래자가 모두 매도할 경우 5음 하락이 발생한다. 연속 5음 또는 띄엄띄엄 5음 하락 모두 가능한데 실제는 2음+3음=5음 패턴이다. 최근 흡수한 에너지를 방출하면서 낮은 에너지 레벨로 내려가는 하락 양자 도약 패턴이다.

　2양, 3양 상승이 가지는 두 번째 의미는 2양+3양=5양 상승이므로 추가 5양 상승이 기대된다는 것이다. 연속 5양 상승 또는 띄엄띄엄 5양 상승 모두 가능하다. 실제는 2양+3양=1양+3양+1양 상승 패턴이다. 1양, 3양 상승 뒤 추가 1양 상승으로 2양, 3양 다음 추가 5양 상승이 완성된다.

2양+4양=6양 (총합 12양)

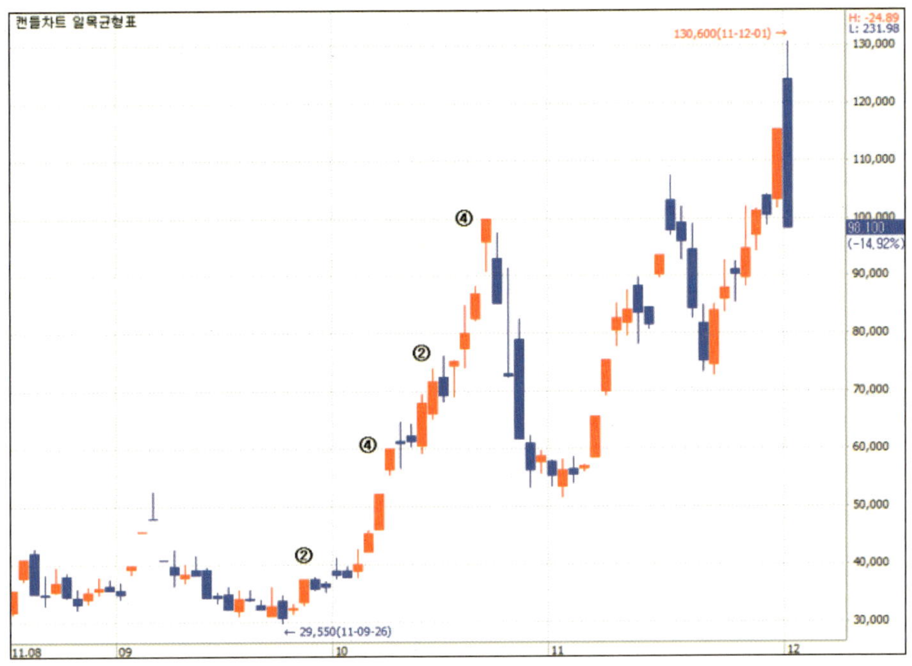

레벨2 상승(6양, 7양, 8양, 9양, 10양)으로 진입하기 위한 대표적인 패턴은 1양+5양
=6양 상승으로 진행하는 것인데 2양+4양=6양 상승도 빈번하게 출현하는 패턴이다.
2양 상승에서 2양 상승의 2배인 4양 상승으로 진행하여 2합+4양= 6양 상승을 완성
하고 그 후 추가 6양 상승을 출현시켜 총 12양 상승을 이루어내는 것이다.

초기 2양+4양=6양 상승 후 추가된 2양+4양=6양 상승은 천정 이후 음봉으로 전환
되는 것이 4큐 상승 천정 패턴의 일반적인 진행이다. 초기 6양 상승시 매수자로 안정
적인 하부 구조를 이루고 추가 6양 매수자들이 상부 구조를 이루게 되는데, 추가 상
승 매수자들이 모두 손절매를 하게 될 경우 6음(4음+1음+1음) 하락으로 손바꿈 바닥

이 된다.

초기 2양, 4양 상승 과정에서 4양 상승 내부 3양 상승 익일 시가 갭 상승 부분의 공간을 메운 위치가 2양+4양=6양=4음+2음 바닥이다. 그리고 그 위치는 초기6양 상승에서 4양 상승 양봉 시가를 붕괴시키고 3양 종가를 일시적으로 건드린 위치이기도 하다. 갭을 메운 후 갭이 새로 출현하는 방향으로 추세가 형성된다.

2양+5양=7양 (총합 14양)

  2양 상승에서 5양 상승으로 진행하는 것은 1, 1, 2, 3, 5, 8로 진행하는 피보나치 수열에서 두 칸 확장된 형태이다. 두 칸 확장 상태에서 천정을 형성하게 되면 2양 상승에서 5양 상승으로 진행시 초과 상승한 3양 상승이 3음 하락으로 전환된다. 그 후 2양 상승과 5양 상승을 더한 추가 7양 상승(3양+1양+1양+2양)이 진행된다. 추가 7양 상승 위치가 전 고점 미 돌파 상태일 경우 실망 매물이 증가하여, 2차 하락으로 진입하게 된다.

3양+4양=7양 (종합 14양)

　　2양+5양=7양 상승은 급격한 확장 상승을 대표하는 모델인데 반해 3양+4양=7양
=1양+1양+3양+2양 상승 진행 패턴은 2양+5양=7양 상승보다는 약간 완만한 상승
시세를 구성하는 패턴이다. 2양 상승에서 5양 상승은 2.5배 확장인데 반해 3양 상승
에서 4양 상승은 1.3배(=4/3) 확장이므로 그다지 급하지 않은, 확장 비율이 완만한 상
승을 유도해낸다.

▣ 그림 16 [일] 종합(1001)   (2008/07/03~2012/06/29)

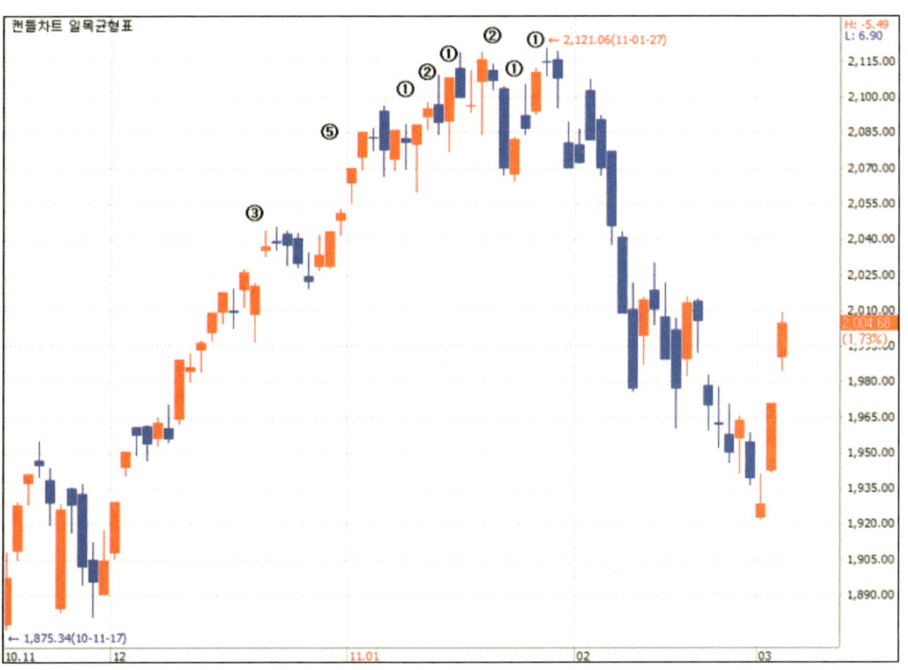

　　피보나치 수열 1, 1, 2, 3, 5, 8, 13에서 단 단위 숫자 가운데 가장 큰 것은 8이다. 피보나치 수열 3, 5, 8 순서대로 3양+5양=8양 상승이 진행될 경우, 모두 합해 16양(=3양+5양+8양) 상승이 진행되는 셈이다. 3양, 5양 상승 다음에 진행될 8양 상승은 연속 상승이 이상적이나 띄엄띄엄한 형태로 8개의 양봉이 형성되기도 한다.

　　1양+2양=1양+2양 상승으로 진행되어 3양, 5양 다음 추가 6양 진행이다. 나머지 2개의 양봉은 2양 상승이 1양 상승 두 개로 쪼개진 형태로 완성된다. 3양+5양=8양=(1양+2양)+(1양+2양)+(1양+1양) 진행이다. 3양, 5양 상승 다음 추가 8양 상승이 진행되는 과정에서 더하기 상승과 빼기 상승이 골고루 출현한 모습이다. 2양, 1양, 1양 진행은 빼기 상성, 다시 말해 역 피보나치 수열 13, 8, 5, 3, 2, 1, 1, 0의 진행이다.

■ 그림 17 [일] 종합(1001)　　　　　　　　　　　　　　(2008/07/03~2012/06/29)

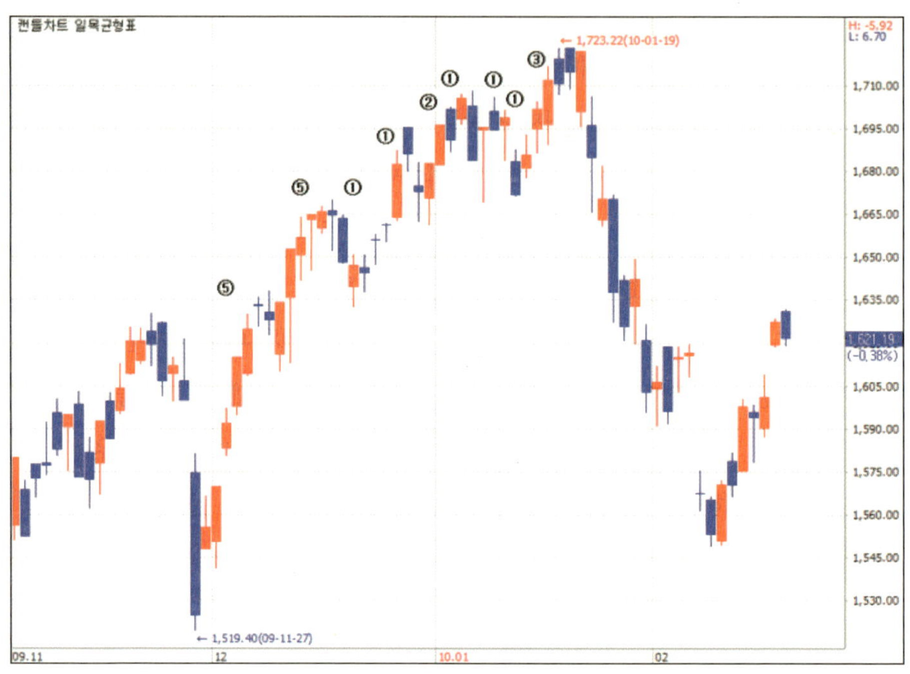

　레벨1은 1, 2, 3, 4, 5이므로 5가 레벨1의 최대수이고, 레벨2는 6, 7, 8, 9, 10이므로 최대수는 10이다. 레벨1 최대수 5와 5를 더하여 레벨2 최대수 10을 만드는 과정에서 출현하는 패턴도 더하기 상승이다. 1양+1양=2양 상승이고, 1양+1양+1양=3양 상승이다. 2합 2양 상승 즉, 합4양 상승과 3합 3양 상승 과정 즉, 합 6양 상승을 모두 하면 추가 10양 상승(1양+1양+2양+1양+1양+1양+3양)이다.

　주가를 상승시키는 방법은 두 가지이다. 처음에 약하게 점진적으로 상승을 시작해서 점차 상승 폭을 강화시키는 방법이 그 하나이고, 초반에 강력한 상승을 시킨 다음 추가 상승을 하는 과정에 조금씩 이익을 실현시키는 패턴이 다음이다. 초반에

5양+5양=10양 두 덩어리 상승 후, 추가 10양 상승 과정에서 이익을 실현시키다 보니 추가 10양 상승이 일곱 덩어리의 분산된 형태로 이루어진 것이다. 양봉 덩어리 9개, 즉 9큐 총합 20양 상승이다.

5양+6양=11양 (총합 22양)

레벨1(1, 2, 3, 4, 5) 최대수는 5이고, 레벨2(=6, 7, 8, 9, 10) 최대수는 10이며, 레벨3 최대수는 15(11, 12, 13, 14, 15)이다. 레벨2에서 레벨3으로 진입하기 위한 첫 상승이 11양 상승이다. 양봉 덩어리 두 개로 레벨3 최대수 11양(1+10=2+9=3+8=4+7=5+6) 상승을 만들기 위해서는 양봉 덩어리 하나에 최소 6양 상승이 필요하다.

5양 상승 다음 6양 상승이 출현한 것은 추가 11양 상승을 기대하는 심리의 반영이다. 6양 상승 다음 3음, 1음 조정은 상승 폭 50% 또는 60% 조정이다. 축소 피보나치 비율 61.8%는 상승 과정에서 주식을 편입하지 않고 조정을 기다리는 인내의 달인들에게 시장이 부여하는 선물이다.

5양+6양=11양 상승 다음 4음 조정은 루카스 수열 2, 1, 3, 4, 7, 11 진행에서 11의 두 칸 좌회전 수가 4이기 때문이다. 3음+1음=4음 조정은 6양 대비 61.8% 조정이고, 11양 대비 38.2% 조정이다. 61.8% 조정은 좌측 1칸 조정이고, 38.2% 조정은 좌측 두 칸 조정이다.

5양+6양=11양 상승 다음 추가 11양 상승 과정에서 더하기 상승이 나타난다. 1양 상승+3양 상승=4양 상승이다. 루카스 수열 1, 3, 4, 7, 11 실현이다. 또 다른 시각에서 관찰할 경우 1양+3양=4양 상승이고, 4양+3양=7양 상승으로 4양 상승+7양 상승=11양 상승이다. 1양+3양=4양 상승을 1.618배 하면 추가 7양 상승이고, 여기에 추가 11양(1양+3양+4양+3양)을 더하면 전체 22양 상승이 완성된 것이다.

1.618배 상승은 되먹임 과정에서 자연스럽게 산출되는 확장 비율이다. 1양+3양=4양 상승이 적정 2합 상승이나 1양 상승과 3양 상승을 합한 4양 상승에 3양 상승을 추가해 7양 상승을 만드는 것이다. 4양 상승을 만든 원인자 1양, 3양 상승 가운데 작은 숫자인 1을 더하여 5(1+4)를 만드는 것은 작은 되먹임이고, 4양 상승을 만든 원인자 1양, 3양 상승 가운데 큰 숫자인 3을 더하여 7(3+4)를 만드는 것은 큰 되먹임이다.

작은 되먹임 확장 비율은 1.25배 즉 1.382배 확장(기초확장)이고 큰 되먹임 확장 비율은 1.75배 즉 1.618배 확장(기본확장)이다. 2합 초과 즉, 되먹임은 두 개를 합한 상태에서 개별 요인들을 추가로 더하므로 합가(合加) 진행이라 할 수 있다.

04

이합(二合) 초과의 2가지 패턴

 **한 칸 초과** (1양+2양+5양=8양 상승)

피보나치 수열 1, 1, 2, 3, 5, 8, 13은 최근 좌측 두 개 숫자를 더하여 다음 숫자를 구하는 이합수열(二合數列)이다. 피보나치 수열에 의하면 1양+2양=3양 상승이다. 그런데 실제 주가 진행시 급한 상승이 진행되는 과정에서 1양, 2양 다음 5양 상승이 나타난다. 이는 1양, 2양 다음 3양 상승에서 3양 상승의 원인자로 작용한 숫자2를 추가로 더한 것이다. 그러므로 1양, 2양 다음 3양 상승을 뛰어넘어 5양 상승으로 직행한 것은 이합(二合)초과이다. 2양 상승에서 5양 상승은 2.5배 확장이며 피보나치 수열 1, 1, 2, 3, 5, 8, 13에서 두 칸 확장이다.

1양+2양=3양 관점에서 보면 3양 상승 대비 5양 상승은 1.6배 확장(5/3=1.6)이고 2양 대비 5양 상승은 2.5배 확장(5/2=25)이다. 1.6배 확장은 피보나치 수열에서 1칸 확장 비율이고 2.5배 확장은 두 칸 확장 비율이다. 피보나치 확장비율에서 1칸 확장비

율은 1.618배 확장이고, 2칸 확장비율은 2.618배 확장이며, 3칸 확장비율은 4.236배 확장이다.

　2합 초과의 진행 방식은 먼저 2합 상승을 시현한 상태에서 2합 결과물에 2합 원인자를 더하는 합가(合加) 방식이다. 즉 1양, 2양, 5양(=1양+2양+2양)이 되고, 1양, 3양, 7양(=1양+3양+3양)이 되는 것이다. 1양, 2양, 5양 상승은 피보나치 수열 1, 1, 2, 3, 5, 8, 13 진행의 실현이고, 1양, 3양, 7양 상승은 루카스 수열 1, 3, 4, 7, 11의 실현이다.

　1양, 2양, 5양 상승으로 진행된 2합 1칸 초과 천정에서 3음 급락은 1양+2양=3음 하락이 진행된 것이다. 2합 한 칸 초과 천정에서 최초 2합수 3(1양+2양)이 모두 음 하락으로 급락할 경우 이는 2합 한 칸 초과 상태로 천정을 형성한 것이라는 시장의 공감을 반영한 것이다. 3음 급락 바닥에서 추가적으로 나타난 반등이 약한 모습을 보이면서 2차 하락 진행이다.

두 칸 초과 (1양+4양+13양=18양 상승)

　　1양봉 이후 4양봉 진행 패턴에서 두 군데 양봉 덩어리, 즉 2큐 내부 알갱이 숫자를 더하면 5양봉이다. 1양+4양=5양봉이므로 다음 양봉 덩어리 내부 양봉 알갱이 숫자는 5양봉이 적정한 수준이다. 그러나 실제는 13양봉이다. 이는 피보나치 수열 1, 1, 2, 3, 5, 8, 13, 21에서 5 다음 숫자 8을 뛰어넘어 13으로 직행하는 것이므로 이합(二合) 두 칸 초과이다.

　　1양, 4양, 13양 상승으로 진행된 2합 2칸 초과 천정에서 4음(1음+3음) 하락은 1양, 4양, 13양 상승에서 두 번째 4양 상승이 4음 하락으로 전환된 것이다. 2합 두 칸 초과 천정에서 최초 2합수 5양(1양+4양)이 모두 음 하락으로 전환되지 않고 두 번째 상승인 4양 상승 부분만 하락으로 전환될 경우, 이는 조정 후 추가 상승이 진행될 것이라는 시장의 공감을 반영한 것이다.

13양 천정 6캔들 하락한 바닥은 1양, 4양, 13양 상승 가운데 2번째 상승인 4양 상승 천정을 건드린 위치이다. '시장은 질문하는 기계'라 볼 수 있다. 13양 상승에서 볼 때 4양 상승 천정은 전 고점이다. 4양 천정인 전 고점 돌파하여 13양 상승 시현 후 4음(=1음+3음) 하락으로 전 고점인 4양 천정까지 재차 하락한 것은 전 고점 부근에서 지지되면서 새로운 상승이 나타날 것을 진정으로 믿는가에 대해 질문을 하는 것이다. 믿은 사람들은 4음(=1음+3음) 하락 대비 1.618배 확장인 6양(2양+1양+3양) 상승으로 전 고점을 돌파하는 새 하늘을 경험한다.

주식투자에서 달성하는 수익은 자신을 믿고 시장을 믿은 것에 대한 보답이다. 일시적인 흔들림을 이기는 것은 믿음이고 시장은 믿음이 보상받는다는 것을 끊임없이 이야기한다. 시장에서 거래하면서 수익을 기대하는 이들은 먼저 시장을 믿고 자신을 믿는 훈련부터 하는 것이 필요하다. 더불어 항상 시장은 믿음을 테스트한다는 것을 명심해야 한다. 시장이 물어볼 때 부끄러움을 느낄 거래를 자제하는 것 또한 시장에 대한 또 다른 형태의 믿음이 될 것이다. 시장은 항상 테스트하므로 적절한 대비가 필요하다.

13양 천정에서 6캔들 하락한 바닥에서 8캔들로 신고가 형성은 1.3배 확장 수로 약한 신고가이다. 신고가이다. 약한 신고가는 하락 캔들 수보다 1, 3배, 1.6배, 또는 2.5배 확장 캔들 수로 신고가를 형성하는 것이다. 6캔들 하락에 대한 1.6배 확장은 10캔들 상승이다. 4음(1음+3음) 하락에 대한 6양(2양+1양+3양) 상승도 1.6배 확장이고, 2큐 하락(1음, 3음)에 대한 3큐 상승(2양, 1양, 3양)도 1.6배 확장이다.

05

삼합(三合) 상승

기초원리와 기본원리

피보나치 수열은 최근 두 숫자를 더하여 다음 숫자를 구하는 2합(合)수열이다. 그런데 주가 상승이 진행되는 과정에서 2합 계산을 초과하여 상승이 진행되는 경우 적용되는 것이 3합 상승이다. 2합 계산이 기초원리가 되고 3합 계산은 기본원리가 된다. 기본원리는 기초체력에 해당하는 기초원리에 어느 정도 적응 후 익히는 기본기에 해당한다.

'닥치고 매수' 그리고 '안녕'

주가 상승 기본원리는 매수세력이 자신이 원하는 위치까지 주가를 끌어올리는 것이다. 그런 과정에서 다소간 혼란이 발생하더라고 자신의 초지를 관철시키기 위해 일

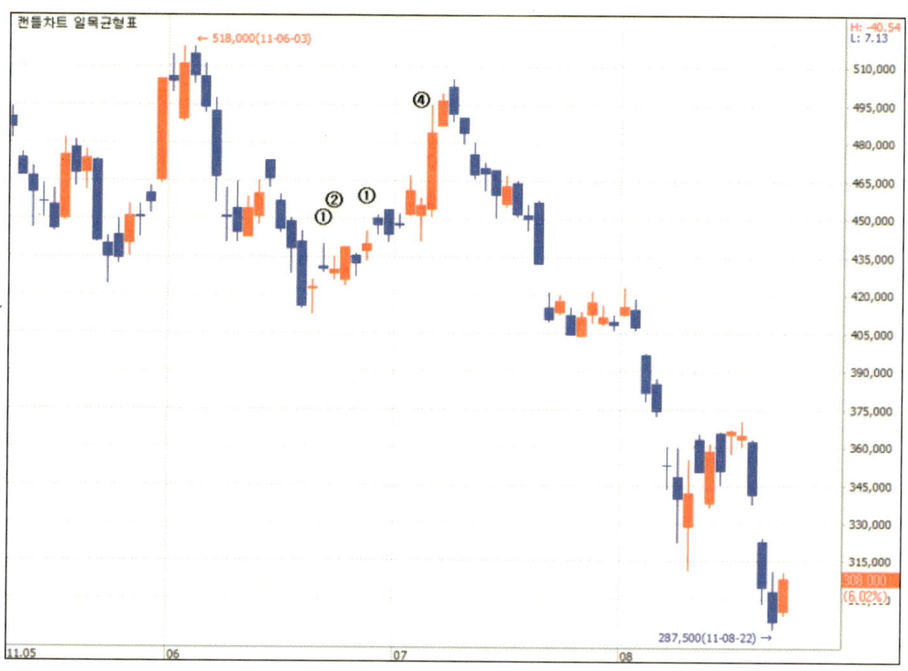

로매진(一路邁進)하는 것이다. 자신의 뜻을 관철시키기 위해 노력하는 것은 주식을 매수하고 또 매수하는 '닥치고 매수'이다. '닥치고'에 해당하는 3글자는 무엇일까? 1양, 2양, 1양 3큐 이후 1양, 2양, 1양 3큐 상승시에 추가로 매수하여 총합 8양 상승을 완성한 다음, 팔고 튀는 것이다. 4큐 8양 상승 천정이다. '닥치고 모두 합쳐 매수' 그리고 '안녕'이란 말이다.

팔부 능선에서 팔아라

8양에 어떤 의미가 담겼는지 아는가? 팔 냥으로 8양까지 끌어올린 것이다. '팔 냥으로'는 '팔 생각으로'의 경상도식 사투리다. 8(팔)이라는 숫자는 '판다' 와 발음이 비슷하다. 8양 상승 천정, 8큐 상승 천정 등 숫자 8과 연관된 이미지는 일단 이익을 실현하고 보자는 것이다. 이는 피보나치 수열 1, 1, 2, 3, 5, 8, 13에서 숫자 8이 두 자리 숫자인 13으로 진행하기 직전 최대수이기 때문이다.

현대중공업이 2011년 6월 3일 518,000원으로 천정 후 5음, 4음 2큐 9음 하락으로 바닥을 친 다음, 1양+2양+1양+4양=8양 상승한 것은 하락 음봉 수의 80% 이상 반등이기도 하고 천정에서 9음 하락한 공간 하락 폭 대비 80% 이상 반등한 것이기도 하다. 8부 능선에서 매도하여 이익을 실현한다는 것의 의미는 시간적으로 또는 공간적으로 모두 유용한 권고이다.

매도자가 모두 매수하면 천정이다

주가가 상승하는 메커니즘의 기본 원리는 하락할 때 매도한 사람들의 가격보다 높은 가격으로 재매수하는 것이다. 현대중공업 518,000천정 이후 5음 하락, 4음 하락으로 모두 합쳐 9음 하락 기간에 매도한 사람들이 전부 재매수를 완료할 경우 바닥에서 9양봉이 실현될 것이다. 이 때가 천정이다. 1양+2양+1양+4양=8양 상승 익일 시가 상승시 9양 시현이므로 팔고 튀어야 한다. 선취 매도이다. 선취 매도가 성공할 경우 기본적으로 1큐 하락에 3개의 연속 음봉이 출현한다. '한 큐에 끝내는 것이다'.

상승 양자도약 원리

매도자가 재매수하여 주가 상승을 완성하는 것을 양자물리학적으로 표현하면 최근 방출한 에너지를 흡수하면서 보다 높은 에너지 레벨로 상승하는 것이다. 최근 방출한 에너지란 천정에서 5음, 4음 하락한 것을 말한다. '최근'이라는 글자는 두 글자이다. 천정 2큐 하락에서 바닥을 형성하는 경우 바닥 좌측 2군데 음봉 덩어리를 구성하는 음봉 알갱이를 모두 더한 것만큼 양봉 상승이 나타나는 것이 상승 양자도약이다.

하락이 축소되는 바닥에 매수하라

1양, 2양, 1양, 4양 모두 합하여 8양 상승이 진행하는 과정에 나타나는 조정은 1음, 1음, 3음 조정이다. 가장 먼저 바닥 1양 상승 후, 1음 하락은 1양 직전 4음 하락이 1음 하락으로 축소된 것이다. 하락이 축소된 상태로 바닥이 형성될 경우를 살펴보자. 4음 하락에서 1음 하락으로 하락 축소 직전 하락인 4음 하락이 4양 상승으로 반전될 가능성에 대한 기대심리의 표현이다. 실제 4양 상승으로 천정이다. 4양 보다 작은 3양 상승으로 천정일 경우 적정 수준보다 약한 상승이고, 4양 상승보다 강한 5양 상승일 경우 강한 상승이다.

작은 것은 작은 것에 대응되고, 큰 것은 큰 것에 대응된다

4음 하락에서, 1음 하락으로 하락 축소 패턴을 이루면서 바닥을 형성할 경우 이는 4음, 1음 하락을 그대로 반전시켜 역으로 1양, 4양 상승으로 반전될 가능성에 기대를 걸어보는 것이다. 만약 1음 하락에 대한 대응이 2양 상승으로 될 경우는 4음 하락에 대한 대응은 5양 상승으로 될 가능성도 계산된다.

　실제 4음, 1음 바닥에서 2양, 1양, 4양 상승한 것으로, 이는 2양, 5양 상승으로 5음 바닥, 7양 상승이다. 상승이 2캔들 증가한 것이다. 이는 4음, 1음 하락에서 1음 대비 2양, 4음 대비 5양 상승한 것이다. 각각의 음양 대응마다 양 상승이 음 하락에 비해 한 캔들씩 증가하여 양 상승이 음 하락 대비 모두 2캔들 추가 상승했다. 소소(小小)대응, 대대(大大)대응의 결과 5음 바닥, 7양 상승이다.

상승 축소+빼기 조정

바닥 직전 4음 좌측 상승은 2양 상승이다. 2양 상승에서 4음 우측 1양 상승은 상승 축소이다. 상승 축소일 경우 하락이 확장되는 것이 자연스러울 것이나 4음 하락 이후 1음 바닥이다. 상승 축소 천정에서 하락 축소 바닥은 상승 반전 가능성에 대한 암시이다. 일반적으로 하락 축소 바닥은 2큐 상승 진행 기대심리의 표현이다. 2큐 상승 천정이 돌파되면 2합 상승으로 진행된다.

상승 확대+빼기 조정

바닥 1양 상승에서 2양 상승으로 진행될 경우 이는 상승 확장이다. 상승 확장 후 더워진 열기를 잠시 식히기 위해 하락하는 것이 빼기 조정이다. 양 에너지 빼기 조정은 2양 상승에서 1양 상승을 뺀 1음 하락으로 초과 상승한 1양 상승에 대한 반발 심리를 무마하고 재차 상승하여 신고가를 달성하기 위한 상보성 원리의 발현이다.

상승 축소+더하기 조정

바닥 1양 상승에서 2양 상승은 상승 확대이나 2양 상승에서 1양 상승은 상승 축소이다. 1양 상승에서 2양 상승으로 상승 확대 후 2양 상승에서 1양 상승을 뺀 1음 하락은 자연스럽다. 마찬가지로 2양 상승에서 1양 상승으로 상승 축소 상태에서는 1양 상승과 2양 상승을 더하여 3음 조정이 나타나는 것이 자연스러운 것이다. 2양, 1양 매수자의 매도에도 3음 하락이 약할 경우 역으로 1음, 3음 매도자가 모두 재매수에 나서면서 4양 상승이 나타난다.

하락 양자도약 원리

2양 상승과 1양 상승이 방향을 바꾸어 3음 조정이 되는 것은 하락 양자도약 원리이다. 하락 양자도약이란 최근 흡수한 에너지를 방출하면서 낮은 에너지 레벨로 내려가는 것이다. 최근 흡수한 에너지란 2양, 1양 상승을 말하고 방출이란 흡수한 것을 도로 내놓는다는 의미이다. 3음 하락운동에도 공간적으로 하락이 나타나지 않을 경우 상승 양자도약으로 반전된다.

대기 매수는 상승 분출하여 천정을 만든다

2양 상승, 1양 상승 다음 하락 양자 도약 원리에 의해 3음 하락이 나타난 상태에서도 공간적 하락은 전혀 나타나지 않은 상태이다. 이것은 하락시 매수하겠다는 대기 매수심리가 그만큼 강하다는 의미가 된다. 대기 매수세가 풍부한 상태에서는 주가 하락이 바로 나타나지 않고 대기 매수세가 모두 소진되는 상승 양자 도약 현상이 나타난 후에야 주가 하락이 나타난다.

상승 양자 도약 원리란 최근 방출한 에너지를 흡수하면서 한 단계 높은 레벨로 이동하는 것을 말한다. 현재 시점을 3음 바닥 위치로 고정하여 보면 3음 좌측 1음 조정과 3음 조정을 더한 음 2합, 4음 조정이 4양 상승으로 바뀌는 것이 상승 양자 도약의 결과이다. 즉 대기 매수세는 대기 매수의 분량만큼 양 상승이 분출되어야 직성이 풀리는 것이다. 나중에 천정을 치고 하락하는 것은 다음 일이 된다. 주가운동은 주식시장을 바라보는 심리가 이합집산하는 결과물, 그 이상도 그 이하도 아니다.

더하기 하락

현대중공업 518,000천정에서 5음, 4음 모두 2큐 9음 하락한 상태에서 바닥을 형성하고 1양, 2양, 1양, 4양 모두 4큐 8양 상승한 상태에서 천정이다. 주가가 전 저점을 붕괴한 바닥에서 나타난 반등이 전 고점 미 돌파 상태에서 천정을 형성하는 경우 2차 하락이 매우 큰 규모로 나타난다. 매우 큰 규모란 1차 하락과 1차 반등을 더한 크기로 2차 하락이 나타나는 것이다.

입자적 2차 하락이란, 1차 하락과 1차 반등을 입자적인 면으로 관찰하면 9음(5음+4음)하락과 8양(1양+2양+1양+4양)상승이므로 9음 하락과 8양 상승을 을 더한 17음 하락이 진행되는 것이다. 2차 하락 과정은 적정 하락 대비 오버슈팅도 빈번하게 나타난다. 다만 오버슈팅 후 나타나는 급반전에서 오버슈팅 부분은 해소되는 것이 일반적이다. 차트에 나타난 현실은 4양 천정 이후 16음 하락(5음+4음+1음+1음+5음) 익일 시가 하락으로 17음 하락 시현시 선취매수 개입으로 종가 양봉이다.

양자적 2차 하락이란, 1차 하락이 2큐 하락(5음+4음)이고 1차 반등이 4큐 상승(1양+2양+1양+4양)이므로 2큐 하락과 4큐 반등을 더한 6큐 하락이 나타나는 것이다. 차트에 나타난 현실은 4양 천정에서 5큐 하락에서 잠시 반등 후 8큐 하락이다. 8큐 하락은 6큐 하락대비 23% 과매도(8/6=1.23)이다. 2차 하락은 오버슈팅이 빈번하게 나타나는 구간이다.

06

사합(四合) 상승

숫자 3은 적정 상승

숫자 3은 상승국면에 적용될 때 적정 상승을 의미한다. 손등이 눈에 보이게 손을 들면 손가락 5개 가운데 3번째 손가락 즉 중지(中指)가 천정이다. 3양봉 상승이 바닥에서 첫 상승 때 중간 박스 천정을 의미하여 3양봉 당일 또는 익일 시가 상승시 바닥 매수자의 익절 기회가 되는 것이다. 숫자 3을 초과하는 상승은 오버슈팅을 의미한다. 바닥 4양 상승은 3양 상승 대비 오버슈팅이므로 4양 천정에서 4음 하락으로 4양 상승이 전부 상쇄된 상태에서 바닥이다.

3양 상승 후 상승 추세가 유지되기 위해서는 1음 하락 다음 2양 상승으로 전 고점 돌파가 필요하다. 손등이 보이게 손을 들고 손가락을 관찰하면 엄지, 검지, 중지 세 손가락으로 천정인데 검지, 중지는 붙은 상태가 자연스럽고 엄지는 떨어진 상태가 자연스럽다. 즉 엄지, 검지, 중지 세 손가락은 검지, 중지 두 손가락에 엄지 손가락이 별도로 추가된 모습이므로 숫자3는 숫자 2에 숫자 1이 추가된 것이다.

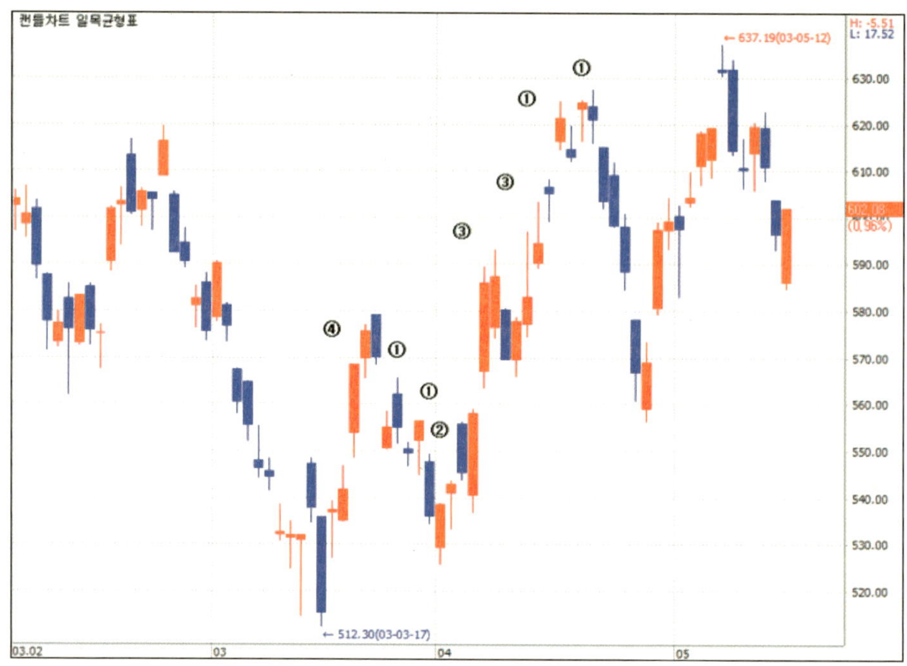

　즉 3양 상승은 2양 상승에 1양 상승이 초과된 것이므로 초과된 1양 상승이 방향을 바꾸어 1음 하락 후 3양 상승에서 1음 하락을 빼고 남은 2양 상승으로 다시 신고가를 형성하는 것이다. 그러면 3양 상승에 매도한 사람들의 재매수로 추가 3양 상승이 나타나 5양 상승(3양+1양+1양)이 시현되는 것이다. 이는 최초 바닥 2양 상승에 매도한 사람들이 3양, 1음 바닥에서부터 재매수하여 2양 신고가를 만들고 그 후 3양 상승시 매도자가 재매수에 가담하면서 5양 상승(2양+3양)이 되는 것이다. 양 2합 상승이다.

4합 상승은 추세적 상승

숫자 3이 최초 바닥에서 박스권 운동시 적정 상승이라는 의미는 3합 상승에도 적용된다. 양 3합 상승을 초과할 경우 이는 단기 과 매수 국면에 진입한 상태를 의미한다. 추세적 상승은 적정 박스권 상승을 돌파하는 것으로부터 시작하는 것이기 때문에 추세적 상승 국면에 진입하기 위해서는 양 4합 상승이 필수적이다.

코스피 지수 2003년 3월 17일 512.30바닥에서 4양, 1양, 1양, 2양 상승을 모두 합하면 8양 상승이다. 추세적 상승으로 진입하기 위해서는 양 4합 상승인 8양 상승의 2배인 16양 상승이 나타나야 하는 것이다. 4양+1양+1양+2양=8양 상승 이후 3양+3양+1양+1양=8양 상승이 추가되어 최초 4큐 8양 상승의 두 배인 16양 상승 완성이다.

4합 상승은 과 매수 천정

바닥에서 양 4합 상승 완성은 단기 매도 신호이다. 바닥 16양 상승을 완료한 천정에서 연속 5음 하락시 지지된 위치는 바닥 양 4합 위치이다. 즉 4양+1양+1양+2양=8양 완성된 익일 시가 상승 후 종가 음봉된 위치가 지지선으로 작용한 것이다. 상부구조는 무너져 불쏘시개가 되고 하부구조는 유지되는 것이 금융 피라미드 구조의 일반적인 패턴이다.

오합(五合) 상승

바닥 7큐 상승으로 양 4합 24양 상승

피보나치 수열에서 바닥 3양 상승 이후 5양 상승이 나타날 경우 추가 양 2합 상승 원리에 의해 8양 상승이 계산된다. 3양+1양+3양=7양 상승이므로 추가 1양 상승 시점이 바닥 8양 상승의 2배인 16양 상승이다. 그런데 추가로 상승이 나타날 경우 목표치 계산 방법은 바닥 3양 상승을 포함함 양 3합 상승이다. 이 경우 양 3합 상승은 3양+5양+3양=11양이므로 추가 1양+3양+7양 상승이 나타나는 것이다. 이마저 돌파할 경우 다음 상승 목표치는 바닥 양 4합 상승=3양+5양+3양+1양=12양 상승이다. 바닥 양 4합 상승=3양+5양+3양+1양=12양=3양+8양+1양 모두 합하여 7큐 상승으로 바닥 12양 상승의 2배인 24양 상승이 완성되어 1음 3음 급락 천정이 완성된 모습이다.

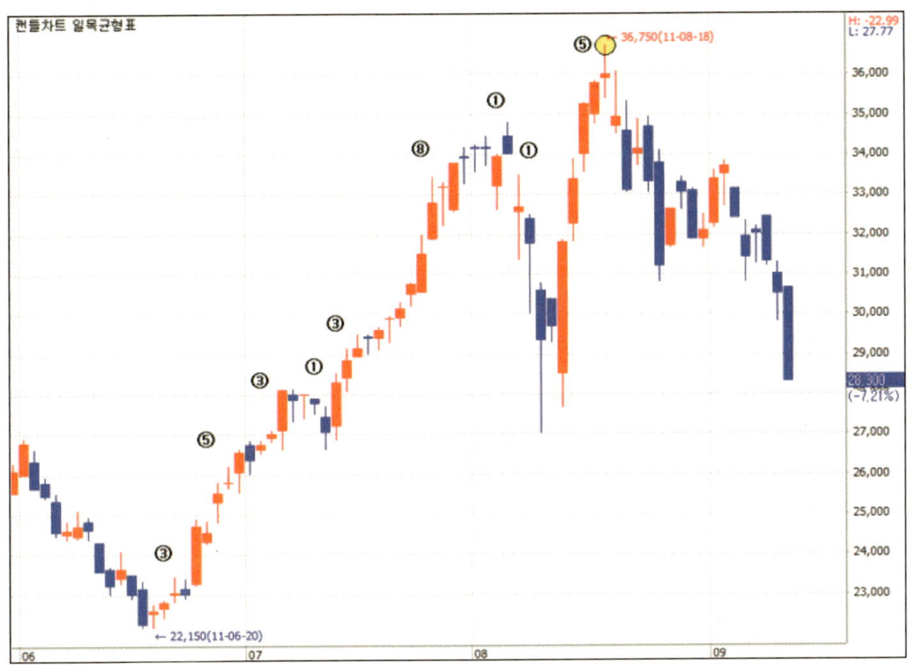

바닥 9큐 상승으로 양 5합 30양 상승

양 4합 상승 천정을 돌파하는 상승은 바닥 양 5합 상승이다. 3양+5양+3양+1양
+3양=15양 상승이다. 8양+1양+1양+5양=15양 상승이 추가 되어 바닥 9큐 30양 상
승이다. 양 5합 상승으로 완전 천정일 경우 마치 장수를 잃은 오합지졸처럼 속락하
는 모습이다. 바닥 9큐 상승은 2단위 숫자인 바닥 10큐 상승 이하에서는 최대한으로
상승한 상태이기 때문이다.

08

육합(六合) 상승

바닥 13큐 상승의 의미

피보나치 수열에서 두 자리 숫자로 진입하는 첫 번째 숫자는 13이다. 한 차원 높은
상승은 바닥 13큐 정도 상승하는 것으로 본다.

바닥 14큐 상승의 의미

손등이 보이게 오른손을 들어 다섯 손가락 마디를 모두 세어 보면 엄지 손가락은
2마디이고 나머지 네 손가락은 모두 마디가 3개이므로 5손가락 마디를 전부 합하면
2+12=14마디가 된다.

기초 확장수 13~14

자연수열 1, 2, 3, 4, 5, 6, 7, 8, 9, 10과 피보나치 수열 1, 1, 2, 3, 5, 8, 13, 21, 34, 55에서 같은 순서에 배열된 숫자는 1, 2, 3이고 이후 자연수열은 3에서 4로 전개되고 피보나치 수열은 3에서 5로 진행된다. 3에서 4로 진행하는 자연수열 확장 진행 비율은 4/3=1.33이다. 이를 초기 확장비율이라고 명명하고 1.33의 10배수인 13 또는 14를 초기 확장수라고 명명한다.

기본 확장수 16~17

3에서 5로 진행하는 피보나치 수열 확장 비율은 5/3=1.66이다. 이를 기본 확장 비율이라고 명명하고 1.66의 10배수인 16 또는 17을 기본 확장수라고 명명한다. 기초 확장수 13과 14는 2레벨(6, 7, 8, 9, 10) 최대수 10 대비 초과수이고, 기본 확장수 16과 17은 3레벨(11, 12, 13, 14, 15) 최대수 15 대비 초과수이다.

초과수 6, 7, 8

레벨1(1, 2, 3, 4, 5)의 최대수는 5이다. 레벨1의 최대수인 5합 상승을 돌파하는 것은 곧 보다 크고 새로운 차원으로의 진입을 의미한다. 6합 상승 이상, 7합 상승, 8합 상승은 모두 5합 상승 대비 초과 상승이므로 단계적인 익절 구간으로 진입한 상태임을 암시한다. 6합 상승 이상 상승시 단계적으로 익절하여 그 후 급락 구간에서 단계적으로 분할 매수한 다음, 보다 새롭고 큰 상승을 대비해야 한다.

바닥 14큐 27양 54캔들 상승 천정

바닥 6합 상승은 1양+1양+2양+2양+3양+4양=13양 6큐 상승이다. 그 후 1양+1양+3양+2양+2양+1양+3양=13양 7큐 상승이다. 6큐 상승과 7큐 상승을 모두 더하면 13큐 상승(6큐+7큐)이다. 이후 1양 추가 상승으로 바닥 14큐 27양 54캔들 상승이다. 피보나치 수열 1, 1, 2, 3, 5, 8, 13, 21, 34, 55에서 10번째 숫자가 55이다. 자연수열에서 1부터 10까지 더하면 55이다. 바닥에서 50캔들 이상 상승하는 것은 나무로 말하자면 잎이 무성한 나무이다. 큰 박스권 천정이라는 얘기다.

09

상승 진행 패턴의 두 가지 전형

단계적 상승 패턴

C바닥에서 1양, 1양, 2양 상승은 피보나치 수열 1, 1, 2, 3, 5, 8, 13의 반영이다. 차근차근 단계를 밟아 상승하는 것이다. 1양+1양=2양 상승은 양 2합 상승이다. A바닥은 1차 상승을 시작하는 바닥이고 C바닥은 2차 상승을 시작하는 바닥이다. 2차 상승은 1차 상승과 달리 상대적으로 길게 상승하는 것이므로 처음 상승 시작을 차분하게 하는 것이 순리에 맞다. 다만 순하게 시작한 2차 상승의 최종 공간적 크기가 1차 상승 대비 제대로 된 확장이 아닐 경우 매우 급하게 천정 후 하락이 나타나게 된다.

A바닥에서 시작한 1차 상승 양봉 캔들 수는 20개이고 B천정에서 하락한 음봉 캔들이 9개이므로 합하면 29개 양봉 상승에 근접한 상승을 만들어내는 것이 C바닥에서 시작하는 2차 상승의 일반적 패턴이다.

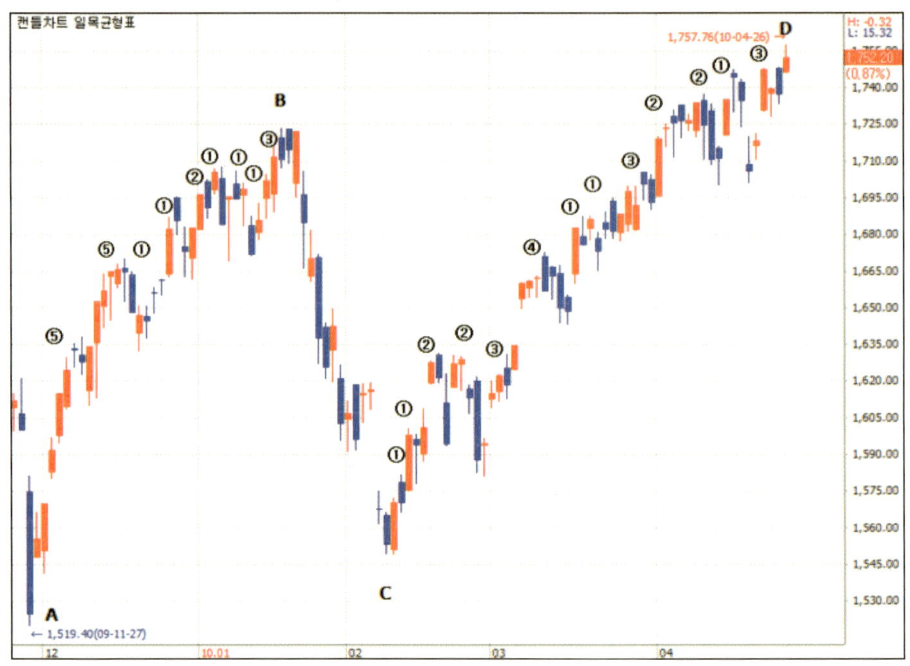

　실제 C바닥에서 D천정까지 양봉 캔들 수는 27양 상승이다. 1차 상승 양봉 캔들과 1차 반락 음봉 캔들 수가 융합하여 2차 상승 양봉 캔들 수가 되는 것은 상보성의 원리에 입각한 정반합 상승이다. C바닥 27양 상승은 20양 상승과 9음 하락을 더한 29양 상승 대비 2양봉 상승 미달 상태인데 이는 이후 급락을 암시한다.

초기 급등 패턴

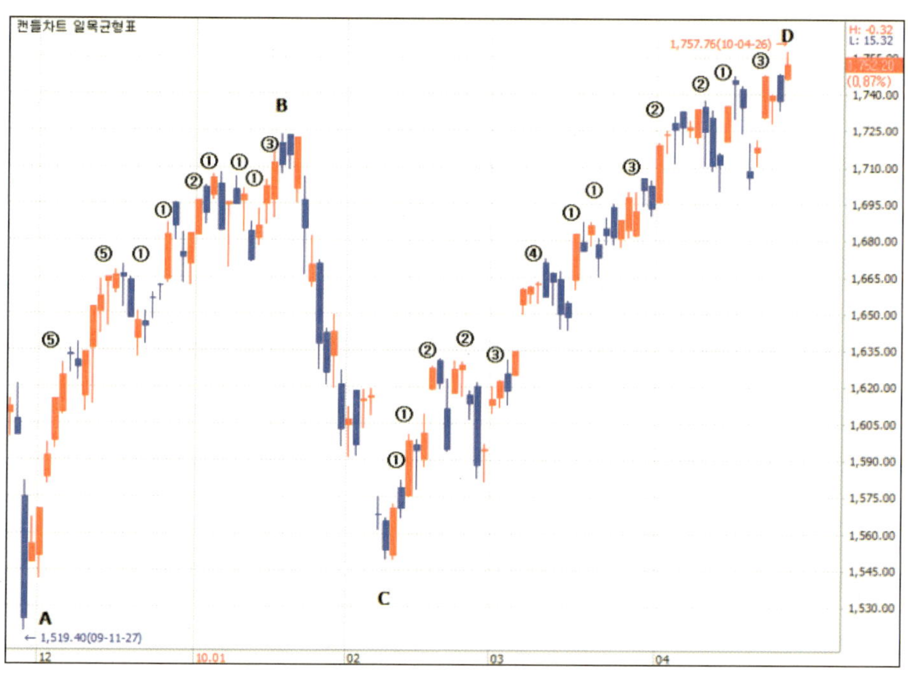

A바닥에서 시작하는 상승은 1차 상승이다. 1차 상승은 최후 급락 바닥에서 추세를 바꾸어 처음 상승하는 것이므로 그 기세가 맹렬한 것이 일반적이다. 첫 상승 양봉 캔들 수가 5양봉 상승인 것은 1레벨 상승 가운데 최대수를 잡은 것이므로 적절한 것이다. 첫 상승 5양봉 상승 기세가 너무 맹렬하여 첫 5양봉 상승 다음 상승도 5양 상승이다. 다만 다소 상승 탄력이 둔화된 모습이다.

첫 5양 상승과 다음 5양 상승을 더한 양봉 캔들 수는 10양봉 상승이다. 첫 5양 상승 대비 다음 5양 상승 탄력이 다소 둔화된 것이 이후 상승 진행에 시사점을 부여하여 첫 5양 상승과 다음 5양 상승을 더한 10양 상승이 초기 10양 상승 이후 추가로 다소 비틀거리는 모습으로 출현하여 합계 20양 상승이다. 초기에 급등시키고 이후 추가 상승을 이용하여 점차적으로 익절하는 모습이다.

　1차 상승 이후 나타나는 하락 조정인 1차 반락은 1차 상승 시작점 근처까지 내려오는데, 이는 근본으로 돌아가려는 주가 운동의 속성에 부합하는 것이다. 상승 기세가 꺾이면 항상 상승을 시작한 위치까지 하락하여 거품을 제거한 상태에서 새로운 상승을 도모하는 것이 2차 상승 시작점의 특징이다. A바닥 첫 양봉 위치가 지지선으로 작용한 상태에서 C바닥이 형성된다.

10

1차 상승+1차 반락=2차 상승

 **시간 운동**

A바닥에서 B천정까지 35캔들 상승이 1차 상승이다. 이는 피보나치 수열 13, 21, 34, 55 에서 34 캔들 상승에 준하는 것이다. 30대는 중형 박스권이고 50대는 대형 박스권이다. A바닥에서 B천정까지 35캔들 상승과 B천정에서 C바닥까지 16캔들 하락을 더하면 51캔들 상승이 적정하다. 그런데 C바닥에서 D천정까지 54캔들 상승은 적정 상승 대비 4캔들 초과 상승이다. 2차 상승에서는 일상적으로 적정 상승 대비 초과 상승이 진행된다.

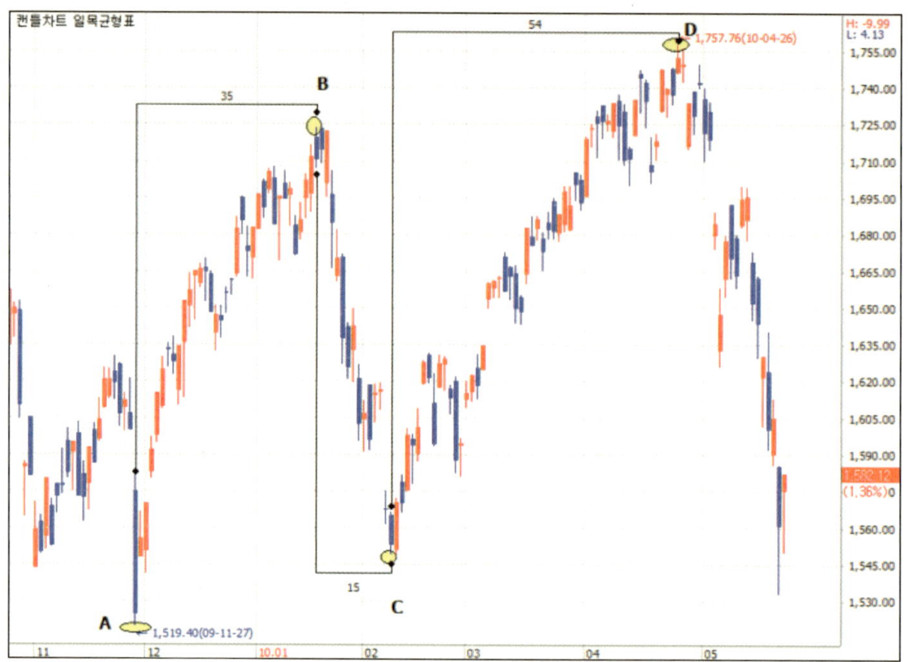
캔들차트 일목균형표
H: -9.99
L: 4.13
B
35
D
1,757.76(10-04-26)
54
A
1,519.40(09-11-27)
C
15
1,755.00
1,740.00
1,725.00
1,710.00
1,695.00
1,680.00
1,665.00
1,650.00
1,635.00
1,620.00
1,605.00
1,590.00
1,582.12
(1.36%)
1,560.00
1,545.00
1,530.00
11
12
10.01
02
03
04
05

입자 운동

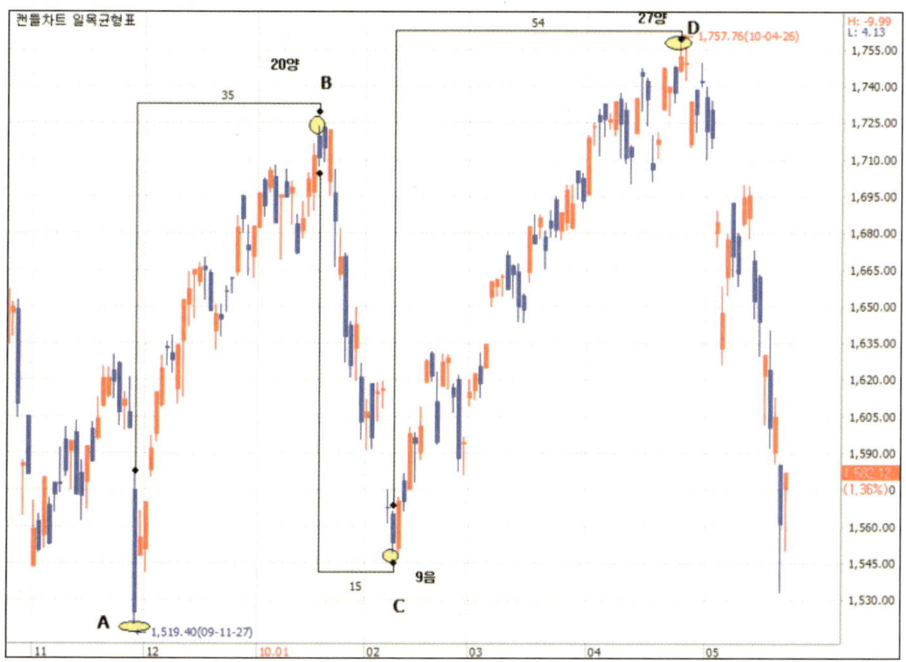

A바닥에서 B천정까지 20양 상승이다. 이는 피보나치 수열 1, 1, 2, 3, 5, 8, 13, 21, 34, 55, 89, 144에서 숫자 21에 상응하는 것이다. A바닥에서 B천정까지 35캔들 상승일 경우, 피보나치 수열 21, 34, 55에서 34 좌측 한 칸 숫자인 21양 상승이 적정하다는 것이다. 전체 시간 상승의 61.8% 수준이 양봉 캔들 숫자이고 0.382 수준이 음봉 캔들 숫자가 되는 것이 적정 구성이다.

A바닥에서 B천정까지 20양 상승과 B천정에서 C바닥까지 9음 하락을 더한 29양 상승(20양+9음)이 C바닥에서 천정까지 기대되는 적정 상승이다.

실제 C바닥에서 D천정까지 양봉 캔들 수는 27양 상승이다. 이는 적정 예상 상승

양봉 캔들 수 대비 2양봉 미달이다. 적정 상승 양봉 수보다 2양봉 축소된 상승 상태
로 D천정을 형성하여 결국 C바닥이 붕괴되는 조정이 자연스럽게 나타난다.

양자 운동

■ 그림 29 [일] 종합(1001)   (2008/07/08∼2012/07/04)

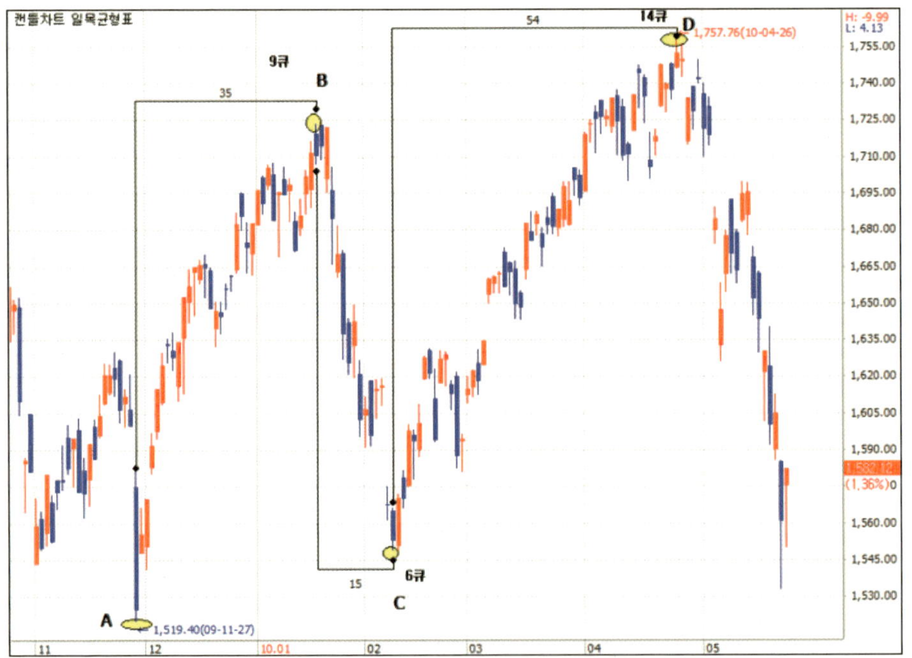

　　A바닥에서 B천정까지 9개의 양봉 덩어리 상승이므로 9큐 상승(5+5+1+1+2+1+1+
1+3)이다. B천정에서 C바닥까지 음봉 덩어리 6개(2+1+2+1+1+2)로 바닥이므로 6큐
하락이다. 9큐 상승과 6큐 하락을 더한 15큐 상승이 C바닥에서 계산되는 적정 상승
이다. 실제 상승은 C바닥에서 14큐(1+1+2+2+3+4+1+1+3+2+2+1+3+1) 상승이다. 적정

상승대비 1큐 상승 미달이므로 D천정 이후 C바닥을 붕괴시킨 하락 출현이다.

상승 확장 천정과 상쇄 하락

A바닥에서 B천정까지 9큐 하락이고, C바닥에서 D천정까지 14큐 상승이다. 14큐 상승은 9큐 상승에 비해 5큐 초과 상승이다. 2차 상승이 1차 상승에 비해 자연스러운 것이다. 2차 상승이 1차 상승에 비해 초과 상승한 부분은 2차 상승 천정에서 급락하면서 상쇄된다. D천정에서 5큐 10음(4+2+2+1+1) 하락으로 2차 상승의 거품이 제거되며 바닥이 된다. 4, 2, 2는 역 타이쿤 수열이며 2, 1, 1은 역 피보나치 수열이다. 모두 하락 에너지가 축소 수렴되는 수열이다.

1차 하락+1차 반등=2차 하락

 **시간 운동**

A천정에서 B바닥까지 중형 박스운동으로 35캔들 하락이다. 천정 35캔들 하락은 피보나치 수열 1, 1, 2, 3, 5, 8, 13, 21, 34, 55, 89, 144에서 숫자 34에 해당하는 것이다. 〈그림 27〉에서 바닥 35캔들 상승으로 1차 상승 천정을 형성한 것과 역 관계이다. 숫자 35는 확장수이다. 좌측 숫자 3에 비해 우측 숫자 5가 1.618배 확장이기 때문이다.

천정 35수 1차 하락과 16캔들 1차 반등을 더한 51수 2차 하락이 적정하나, C천정에서 D바닥까지 54캔들 하락이다. 2차 하락은 다소간의 오버슈팅이 빈번하나.

〈그림 27〉의 경우 35상승+15하락+54상승=104이고, 〈그림 30〉의 경우 35하락+16반등+54하락=105이다. 〈그림〉을 뒤집어 놓으면 거의 완벽에 가까운 대칭이다.

■ 그림 30 [일] 종합(1001)

PART 3

입자 운동

A천정에서 B바닥까지 23음 1차 하락과 B바닥에서 C천정까지 8양 1차 반등을 더하면 31음 2차 하락이 적정하다. C천정에서 D바닥까지 정확하게 31음 하락으로 2차 하락 완성이다. 23음 1차 하락은 피보나치 수열 1, 1, 2, 3, 5, 8, 13, 21, 34에서 숫자 21에 해당하는 것이다. 35캔들 1차 하락에 22음 하락은 피보나치 수열 34좌측 21에 해당하는 것이다. 35캔들=34+1이므로 22음=21+1이다.

양자 운동

    A천정에서 B바닥까지 11큐 23음(3+4+4+1+1+1+1+1+1+3+3) 1차 하락과 B바닥에서 C천정까지 3큐 8양(1+2+5) 1차 반등을 더하면 C천정에서 D바닥까지 14큐 31음(3+1+2+1+1+3+3+1+3+2+1+3+4+3) 하락이 정확하게 계산된다. 주가 운동을 분석하는 기존의 방법인 시간론으로 보면 35+16=51인데, 실제 2차 하락은 54로서 약간의 편차가 발생한다. 주가 운동을 에너지 관점에서 분석하는 입자론과 양자론은 편차 없이 정확하게 시장의 진실에 접근하는 모습이다.

12

3단계 상승과 큰 박스 운동

피보나치 수열 1, 1, 2, 3, 5, 8, 13, 21, 34, 55에서 최초 1을 포함해서 5번째 숫자가 5이고 10번째 숫자가 55이다. 숫자 5는 레벨1 최대수이고 숫자10은 레벨2 최대수이다. 자연수1에서 10까지를 더해도 55이다.

바닥에서 55캔들 정도 상승하는 것이 주가 상하 운동의 과정에서 매우 중요한 운동 방식이라는 의미이다. 사람의 인생에도 50대는 100세 인생에서 매우 중요한 의미인 것과 같은 이치다. 사람에게나 주가운동 모두에 있어 50대까지 살아서 활동하는 것은 중요한 표상이다.

사람은 50대까지 살면서 3번의 중대한 고비가 찾아온다고 하듯이 주가 운동에도 50대까지 상승하는 동안에 중대한 고비가 3번 발생한다. 이를 주가운동의 3단계 진행이라고 하고 5번 운동이라고도 표현한다. 3단계로 상승하니 그 사이사이 2번 휴식 기간도 포함되므로 모두 합쳐 5번 상하 요동하는 것이다.

3단계 진행은 시공간적 크기 면에서 중대소(中大小) 또는 소대중(小大中) 패턴으로 진행되는 것이 일반적이다. 중대소 패턴과 소대중 패턴의 공통점은 2차 운동이 가장 크다는 것이다. 차이점은 중대소 패턴의 경우 첫 번째 운동이 세 번째 운동보다 큰 반면, 소대중 운동은 세 번째 운동이 첫 번째 운동보다 크다는 것이다. 시간운동과 공간운동의 크기가 상대적으로 다를 경우 기준은 공간이다. 시간은 공간 변화를 달성하기 위한 필요 과정으로서의 성격을 가진다.

2와 3과 5는 피보나치 수열 핵심 숫자로서 21, 34, 55는 2, 3, 5의 11배 확장이다. 3은 5의 0.618에 해당하고 2는 5의 0.382에 해당한다. 즉 5번 상하 운동하는 동안에 상승 추세 진행 방향으로는 3번 운동하고 반대 방향으로는 2번 운동하는 것이다. 이는 바닥 5캔들 상승이 양봉 3개와 음봉 2개로 구성되어 주 추세 방향의 움직임이 61.8%를 점유하고 주 추세와 반대되는 방향의 운동이 38.2% 점유하는 원리가 된다. 바닥 5캔들 상승의 2배인 바닥 10캔들 상승시 6양+4음 조합이 되고 바닥 16캔들 하락시 10음+6양 조합이 된다.

주가가 상승하는 과정은 3단계 상승과 2번의 반작용을 포함한 5번의 운동과정을 포함한다. 1단계 상승과 2단계 상승 그리고 3단계 상승이 기본 에너지 시스템이고 2번의 조정 과정은 기본에너지 시스템이 운동하면서 부수적 또는 수동적으로 만들어내는 것이다. 조정 비율 가운데 핵심이 61.8% 조정과 38.2% 조정 그리고 23.6% 조정이다. 세 비율간의 관계는 23.6+38.2=61.8이고 38.2+61.8=100이다.

바닥 51 상승 패턴, 중대소(中大小) 상승

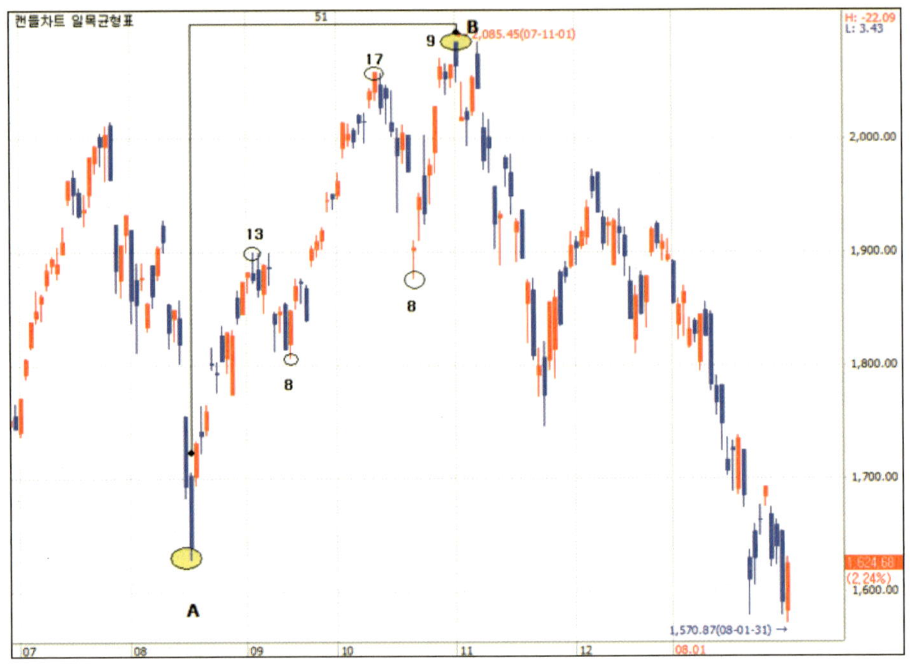

바닥에서 50여 개 상승하는 대형 박스 운동은 그 내부에 3번의 상승운동과 2번의 하락운동을 가지는 경향을 보인다. 3번의 상승운동을 각각 1차 상승, 2차 상승, 3차 상승이라고 하고 2번의 하락운동을 1차 반락 그리고 2차 반락이라고 한다.

〈그림 33〉에서 이를 운동 순서대로 나열하면 1차 상승(=13), 1차 반락(=8), 2차 상승(=17), 2차 반락(=8), 3차 상승(=9)이 된다. 13과 8은 피보나치 수열이다. 13캔들 상승의 61.8% 조정에 해당하는 8캔들 하락이 조정운동의 기본 패턴이다.

바닥 54 상승 패턴, 소대중(小大中) 상승

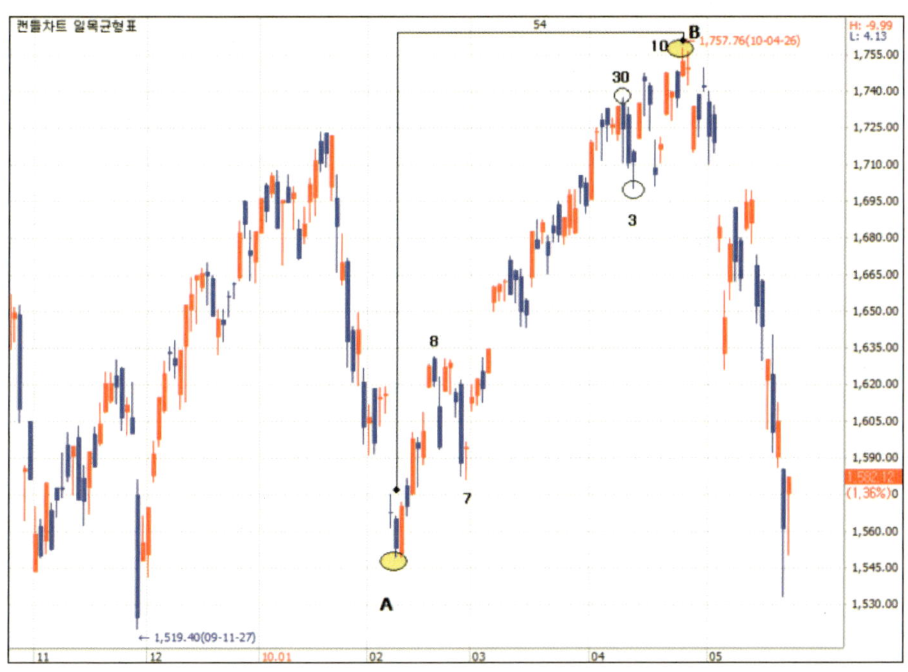

바닥 55캔들 정도 상승이 진행되는 대형 박스운동에서 1차 상승이 10캔들 이내,
즉 2레벨(6, 7, 8, 9, 10) 수준의 작은 운동일 경우 2차 상승은 상당히 길게 진행되는 경
향이다. 전체 상승이 피보나치 수열 55캔들일 경우 2차 상승이 55의 0.618배인 34캔
들 정도가 되는 것이다. A바닥에서 B천정까지 54캔들 진행하는 과정에서 2차 상승
이 30캔들인 것은 이러한 원리에 의한 것이다. 2차 상승 30캔들은 1차 상승 8캔들과
1차 반락 7캔들을 더한 15캔들의 2배이다. 3차 상승 10캔들=1차 반락 7캔들+ 2차
반락 3캔들이다.

바닥 59 상승 패턴, 중대소(中大小) 상승

　A바닥에서 B천정까지 전체 상승이 59캔들인 3단계 상승 운동에서 2차 상승이 29캔들인 것은 1차 상승이 그다지 크지 않을 경우 2차 상승이 전체 상승의 61.8% 수준을 점유하려는 원리에 의한 것이다. 즉 이를 활용하면 1차 상승이 그다지 크지 않고 2차 상승이 전 고점을 연속되는 갭으로 돌파하는 등 제대로 된 모습을 보일 때, 2차 상승이 30캔들 정도 될 때까지 매수 포지션을 보유하는 것이다.

　2차 반락이 12캔들인 것은 1차 상승의 12캔들 상승의 역회전이며, 3차 상승이 6캔들로 1차 상승보다 약한 것은 천정 이후 하락이 매우 가파르게 진행될 것임을 암시하는 것이다.

13

3단계 상승 중 1차 상승의 특징

 **바닥 51 상승 패턴**

주가가 피보나치 수 55캔들 정도 상승하려면, 기본 상승 가운데 10캔들 초과 상승의 첫 번째 경우인 13캔들 상승을 해야 한다. 1차 상승이 S바닥에서 A천정까지 13캔들 상승으로 확정 후, A천정에서 B바닥까지 8캔들 조정은 피보나치 수열 1, 1, 2, 3, 5, 8, 13, 21, 34, 55에서 13 좌측 한 칸에 해당한다. 좌측 한 칸은 피보나치 비율 61.8% 조정이다. 그래서 13캔들 상승과 8캔들 조정 후, 신고가로 2차 상승에 진입하는 것이 기본 패턴이다.

바닥 54 상승 패턴

피보나치 수열의 숫자 55는 최초 1 포함 10번째 숫자에 해당한다. 숫자 10은 계산 기
본수이다. 그러므로 바닥 55캔들 정도 상승하는 것은 상승 기본 캔들 수에 해당하는
것이다.

　주가가 3단계 상승 구조를 형성하면서 상승하다 보면 기본적으로 55캔들 정도 상
승하는 구도가 형성된다.

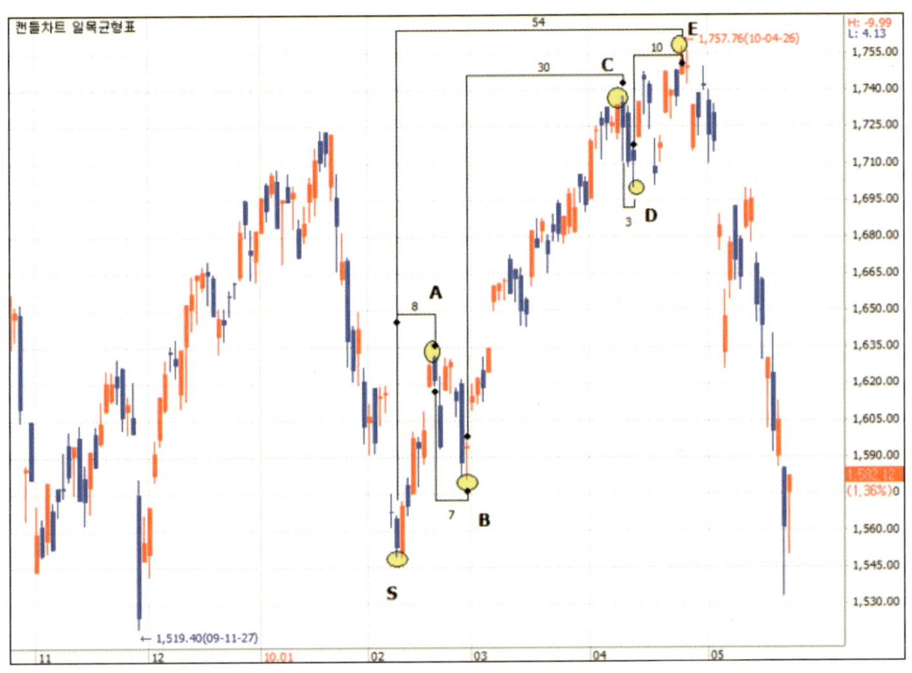

　그러기 위해서 필요한 1차 상승은 10캔들 정도이다. 피보나치 숫자 가운데 10캔들 좌우 숫자는 8과 13이므로 10캔들보다 큰 상승일 경우 13캔들 정도, 10캔들 보다 작은 상승일 경우 8캔들 정도 상승이 필요하다. S바닥에서 A천정까지 1차 상승은 피보나치 숫자 8이고, A천정에서 B바닥까지 1차 반락은 7캔들이다.

　일반적으로 1차 반락은 1차 상승의 1.618배 또는 1차 상승의 0.618배이다. 아니면 1차 상승과 거의 같게 진행되는 3가지 경우의 수가 존재한다. 1차 상승이 8캔들인 경우 1차 반락이 1차 상승과 거의 같은 수준으로 약간 짧게 진행될 때 1차 상승 수 8보다 1캔들 작은 7캔들 조정이 나타나게 되는 것이다.

바닥 59 상승 패턴

S바닥에서 A천정까지 1차 상승은 12캔들이다. 이는 피보나치 수열 1, 1, 2, 3, 5, 8, 13, 21, 34, 55에서 숫자 13에 준하는 숫자이다. S바닥에서 A천정까지 12캔들로 1차 상승 후 A천정에서 B바닥까지 4캔들 하락으로 1차 반락 조정이 된 것은 12캔들 1차 상승 대비 33% 조정이다. 이는 피보나치 비율 38.2% 조정 비율에 준하는 것이다. 1차 상승과 1차 반락 후, 1차 상승 천정을 갭 양봉 또는 대 양봉으로 돌파하면서 2차 상승으로 진입하는 것이다.

14

3단계 상승 중 1차 반락의 특징

 **바닥 51 상승 패턴**

S바닥에서 A천정까지 13캔들로 1차 상승 완성이다. 1차 상승이 3레벨 수(11, 12, 13, 14, 15)로 형성되고 1차 반락이 1차 상승보다 어느 정도 작은 숫자로 형성되는 경우, 1차 반락은 한 레벨 낮은 2레벨 수(6, 7, 8, 9, 10)로 형성되는 것이 일상적이다. A천정에서 B바닥까지 8캔들 조정은 2레벨 수(6, 7, 8, 9, 10) 가운데 하나로서 피보나치 수(1, 1, 2, 3, 5, 8, 13, 21, 34, 55)이기도 하다. 피보나치 수열에서 한 칸 좌측은 61.8% 조정이다.

컨들차트 일목균형표
51
17
13
9
A
B
C
D
E
S
8
8
2,085.45(07-11-01)
1,570.87(08-01-31) →
H: -22.09
L: 3.43
2,000.00
1,900.00
1,800.00
1,700.00
1,600.00
1,524.68
(2.24%)
07
08
09
10
11
12
08.01

바닥 54 상승 패턴

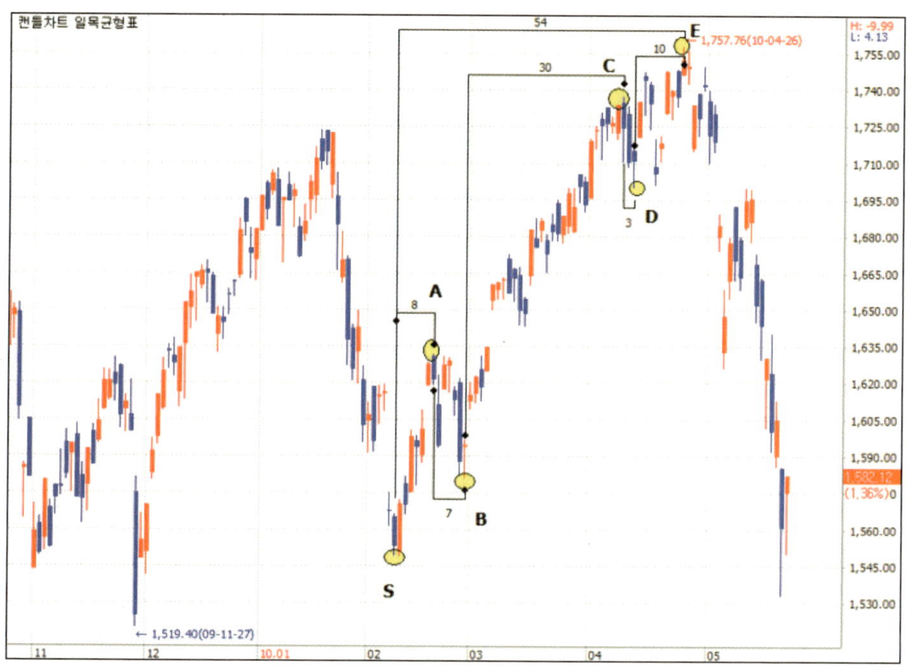

    S바닥에서 A천정까지 8캔들 상승은 1차 상승이고, A천정에서 B바닥까지 7캔들 하락은 1차 반락이다. 1차 반락이란 1차 상승 바닥이 지지되는 조정을 의미한다. 1차 반락이 1차 상승과 거의 비슷한 캔들로 형성되는 경우 1차 상승 캔들 수보다 1캔들 많거나 1차 상승 캔들 수보다 1캔들 작게 형성되는 것이 일반적이다. A천정에서 B바닥까지 7캔들 하락은 S바닥에서 A천정까지 1차 상승보다 1칸 작은 것이다.

바닥 59 상승 패턴

　S바닥에서 A천정까지 1차 상승은 12캔들이고 A천정에서 B바닥까지 1차 반락은 4캔들이다. 1차 상승이 2자리 숫자이고 1차 반락이 1자리 숫자일 경우 1차 상승 캔들에서 1차 반락 캔들 수를 뺀 숫자는 1차 반락 바닥에서 2차 상승 진입을 위해 필요한 최소 상승 숫자이다. B바닥을 기점으로 1차 상승 수 12캔들에서 1차 반락 4캔들을 뺀 8캔들 이내에 A천정을 돌파하는 것이 필요한데, B바닥 7캔들 상승으로 A천정 돌파하여 2차 상승 진입이다.

15

3단계 상승 중 2차 상승의 특징

 **바닥 51 상승 패턴**

2차 상승의 기본 특징은 1차 상승보다 상승 캔들 숫자가 증가하는 것이다. 기초 확장 비율은 1.33배 확장이고 기본 확장 비율은 1.66배 확장이다. 1.33배 확장은 3캔들에서 4캔들로 확장시 나타나는 비율이며(4/3=1.33), 1.66배 확장은 3캔들에서 5캔들로 확장시 나타나는 비율이다(5/3=1.66).

피보나치 수열 기준 3에서 5로 한 칸 확장 비율인 1.66배 확장은 피보나치 수열이 점차로 확장 진행되면서 1.61803398로 수렴한다. 1.618 확장 비율을 황금비율이라고 한다.

B바닥에서 C천정까지 17캔들 상승은 S바닥에서 A천정 대비 1.3배 확장(17/13=1.3)이면서 4캔들 확장(17−13=4)이다.

기초 확장 비율 1.3이 3캔들에서 4캔들로 확장되는 비율로부터 비롯되는 것과 2차 상승이 1차 상승 대비 4캔들 확장되는 것의 공통점은 숫자 4이다. 2차 상승이 1차 상승 대비 그다지 큰 숫자가 아닐 경우 1차 상승 대비 4캔들 정도 큰 숫자가 2차 상승 캔들 수가 되는 경우가 빈번하다.

B바닥에서 C천정까지 2차 상승 수 17캔들은 A천정에서 B바닥까지 8캔들 반락대비 2.1배 확장이다(17/8=2.125; 17=8×2+1). 2차 상승은 1차 상승 또는 1차 반락 대비 2배 정도 상승하는 것이 자연스러운 것이다. 왜냐하면 2차 상승이라고 하는 확장 상승의 기본 개념이 '2차 상승' 글자의 앞머리 숫자인 '2'에 포커스가 되기 때문이다.

바닥 54 상승 패턴

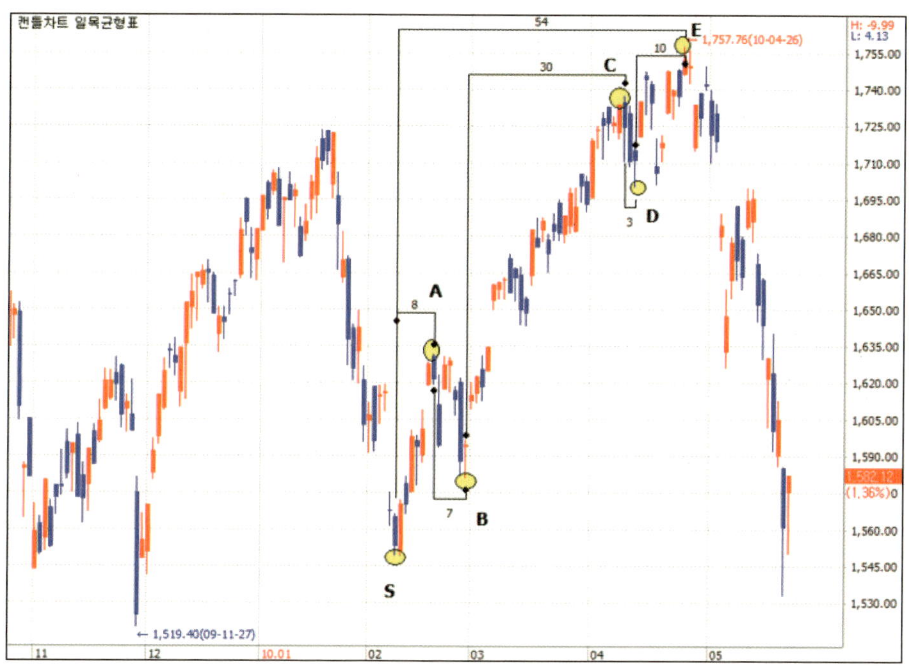

    S바닥에서 A천정까지 1차 상승 수 8캔들과 A천정에서 B바닥까지 1차 반락 7캔들을 더하면 15캔들이 되는데 B바닥에서 C천정까지 2차 상승 수 30캔들은 1차 상승과 1차 반락을 더한 15캔들의 2배에 해당한다. 이같이 1차 상승과 1차 반락이 그다지 크지 않을 경우 1차 상승과 1차 반락을 더한 숫자 또는 그보다 큰 규모로 진행되기도 하는 것이 2차 상승의 특징이다.

바닥 59 상승 패턴

S바닥에서 A천정까지 12캔들 상승은 1차 상승이고, A천정에서 B바닥까지 4캔들 하락은 1차 반락이며, B바닥에서 C천정까지 29캔들 상승은 2차 상승이다.

2차 상승 29캔들은 1차 상승 12캔들과 1차 반락 4캔들을 더한 16캔들의 1.8배 (29/16=1.8125)이며 1차 상승 12캔들 상승 대비 2.4배(29/12=2.4166) 확장이다.

2차 상승이 1차 상승 수 대비 2.5배 정도 확장되는 것이 제대로 된 2차 상승의 기본 패턴이다. 2차 상승이 1차 상승의 2.5배 확장된다는 것은 피보나치 수열에서의 두 칸 확장이다.

　피보나치 수열 기준으로 볼 때 2에서 5로 진행하는 것이 2.5배 확장이며, 3에서 8로 진행하는 것은 2.66배 확장이다. 피보나치 수열에서 2칸 확장의 기본 확장 비율은 2.618배이다.

16

3단계 상승 중 2차 반락의 특징

 **바닥 51 상승 패턴**

2차 반락의 특징은 1차 상승 대비 지나치게 상승한 2차 상승 이후 2차 상승 과정에서 형성된 거품을 빼는 과정이다. 2차 반락 과정이 다소 거칠게 진행되는 경우 돌파된 전 고점인 1차 상승 천정과 접촉하는 위치까지 하락하기도 한다. B바닥에서 C천정까지 17캔들 상승이 2차 상승이고, C천정에서 D바닥까지 8캔들 하락이 2차 반락이다. 2차 반락 바닥 D위치는 돌파된 1차 상승 천정A와 접촉한 위치이다.

캔들차트 일목균형표
H: -22.09
L: 3.43
51
17
C
9
E
2,085.45(07-11-01)
A
13
D
8
B
8
S
2,000.00
1,900.00
1,800.00
1,700.00
1,624.68
(2.24%)
1,600.00
1,570.87(08-01-31) →
07   08   09   10   11   12   08.01

바닥 54 상승 패턴

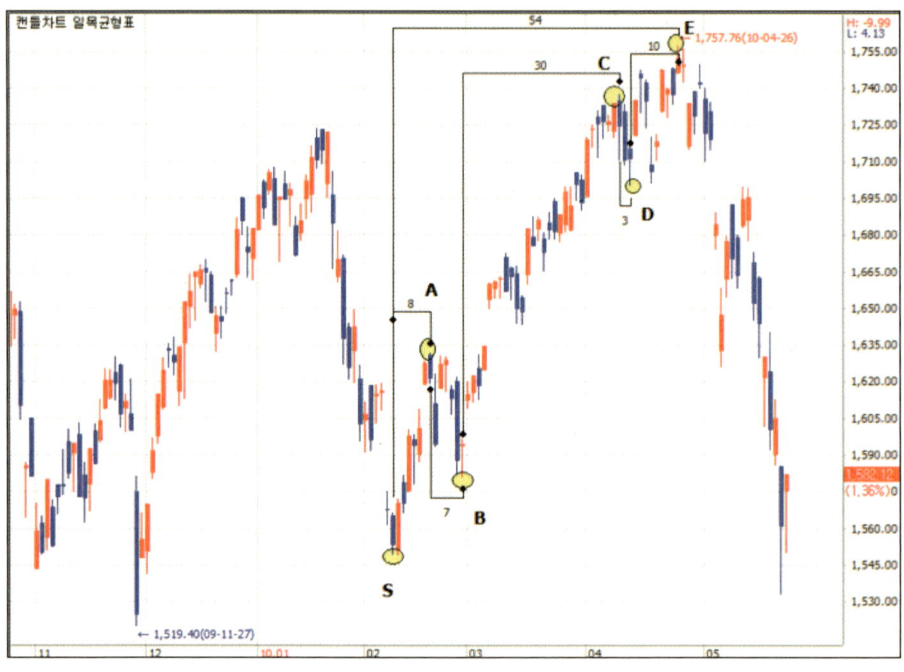

　　2단계 상승이 1단계 상승보다 매우 큰 규모로 진행될 경우 2단계 상승 내 2차 상승이 1단계 상승의 크기와 거의 비슷한 수준으로 상승하기도 한다. 이 경우 2차 반락의 공간적 운동은 제한적일 가능성이 높고 2차 반락 후 3차 상승을 짧게 완료하고 진행되는 하락 국면이 의외로 매우 크고 격렬하게 진행되는 경우가 빈번하다. C천정에서 D바닥까지 3캔들 하락이 2차 반락이다.

바닥 59 상승 패턴

S바닥에서 A천정까지 12캔들 상승이 1차 상승이고, B바닥에서 C천정까지 29캔들 상승이 2차 상승이다. 2차 반락은 1차 상승 12캔들 대비 2차 상승 29캔들이 초과 상승한 17캔들의 거품을 빼는 과정이다. 거품을 빼는 과정에서 2차 반락 캔들 수가 1차 상승 캔들 수와 동일한 캔들 수로 바닥을 형성하는 경우도 빈번하다. C천정에 서 D바닥까지 12캔들 하락이 1차 반락이고, 이는 1차 상승 캔들 수와 동일한 캔들 수이다.

3단계 상승 중 3차 상승의 특징

바닥 51 상승 패턴

3차 상승은 2차 상승기에 1차 상승 대비 지나치게 상승한 거품을 뺀 후 2차 상승 천정을 돌파하는 상승을 말한다. S바닥에서 A천정까지 1차 상승 13캔들 대비, B바닥에서 C천정까지 2차 상승 17캔들은 4캔들 초과 상승이다. 그런데 C천정에서 D바닥까지 8캔들 하락은 초과 상승한 4캔들의 2배 하락이다.

초과 상승 경우보다 확장 하락이 2차 상승 천정 돌파 시점에서 3차 상승 천정 후 큰 규모의 새로운 하락 추세로 진입하는 경우가 빈번하다. B바닥에서 C천정까지 17캔들 상승에서 C천정~D바닥 8캔들을 뺀 D바닥~E천정 9캔들 상승으로 3차 상승 천정이다. 1차 상승은 초기 상승, 2차 상승은 더하기 상승, 3차 상승은 빼기 상승이다.

캔들차트 일목균형표
H: -22.09
L: 3.43
51
17
C
13
A
9
E
2,085.45(07-11-01)
8
B
8
D
S
2,000.00
1,900.00
1,800.00
1,700.00
1,624.68
(2.24%)
1,600.00
1,570.87(08-01-31) →
07   08   09   10   11   12   08.01

바닥 54 상승 패턴

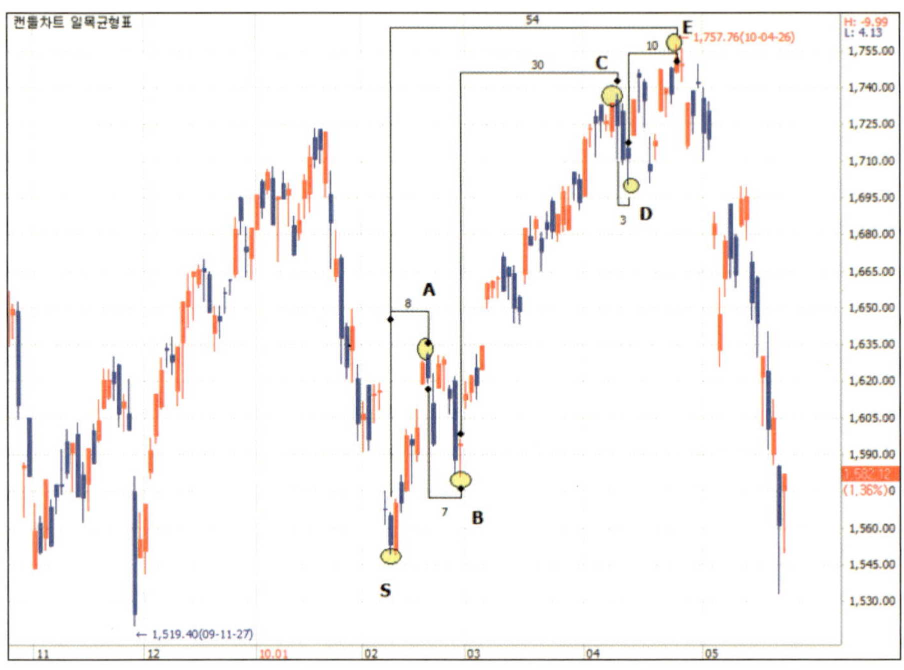

　　피보나치 수열 가운데 3단계 상승으로 구성된 전체 상승이 55개 정도인 경우, 2차 상승이 피보나치 수 55 한 칸 좌측인 34캔들 정도로 구성되는 경우도 빈번하다. B바닥에서 C천정까지 2차 상승 30캔들은 S바닥에서 E천정까지 전체 상승인 54캔들 상승의 55.55% 수준이다. 전체 상승 가운데 2차 상승이 60% 정도를 점유하는 경우, 3차 상승은 상대적으로 짧게 형성되는 것이 일반적이다. D바닥에서 E천정까지 10캔들 상승은 A천정에서 B바닥까지 7캔들 하락과 C천정에서 D바닥까지 3캔들 하락을 더한 하락 합상승이다.

바닥 59 상승 패턴

　1차 상승과 1차 반락을 더한 숫자는 2차 반락과 3차 상승을 더한 숫자와 비교된다. 그 가운데에도 3차 상승은 1차 반락과 비교되는 것이 특징이다. 1차 반락을 초과하는 상승시부터 3차 상승이 마무리될 가능성에 유의해야 하는 것이 시장의 일반적 경향이다. D바닥에서 E천정까지 6캔들 상승은 A천정에서 B바닥까지 4캔들 하락을 50% 초과하는 3차 상승이다.

18

3단계 하락과 큰 박스 운동

피보나치 수열을 기준으로 주가 운동 박스는 3가지로 구분된다. 첫째 21캔들 정도 움직이는 작은 박스, 둘째 34캔들 정도 움직이는 중간 박스, 셋째 55캔들 정도 움직이는 큰 박스이다. 즉 작은 박스는 이십 몇 개 정도, 중간 박스는 삼십 몇 개, 큰 박스는 오십 몇 개 또는 육십 몇 개 정도 움직이는 규모이다.

3단계 진행은 시공간적 크기 면에서 중대소(中大小) 또는 소대중(小大中) 패턴으로 진행되는 것이 일반적이다. 중대소 패턴과 소대중 패턴의 공통점은 2차 운동이 가장 큰 것이고, 차이점은 중대소 패턴의 경우 첫 번째 운동이 세 번째 운동보다 큰 반면 소대중 운동은 세 번째 운동이 첫 번째 운동보다 큰 것이다. 시간운동과 공간운동의 크기가 상대적으로 다를 경우 기준은 공간이다. 시간은 공간변화를 달성하기 위한 필요과정이다.

천정 66 하락 패턴, 소대중(小大中) 패턴

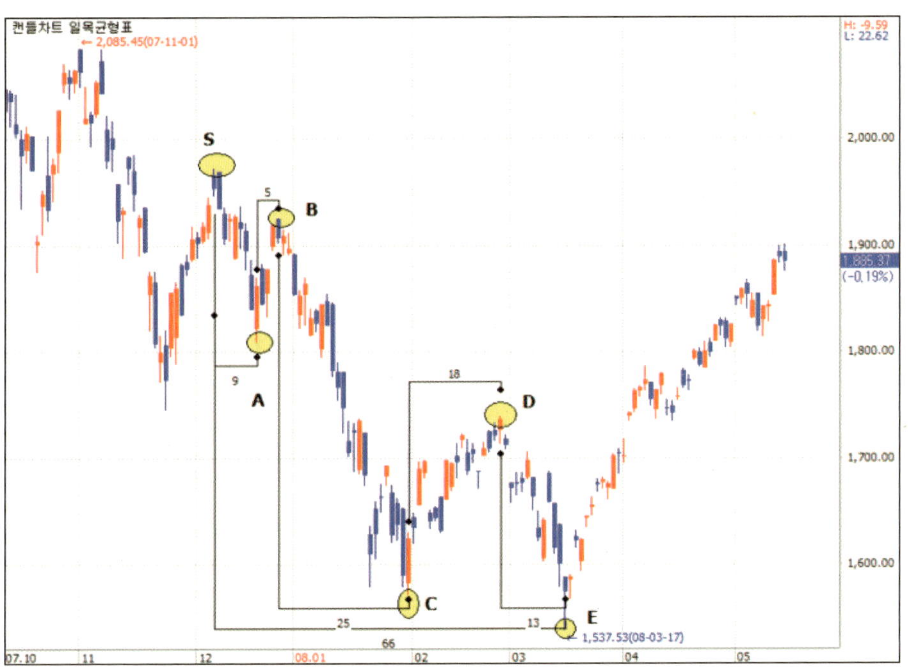

전체 하락이 매우 클 경우 상대적으로 가장 큰 2번째 하락 내부가 3단계 하락 구조를 가진다. 2007년 11월 1일 천정에서 17캔들로 첫 번째 하락 후, 10캔들 반등을 거친 다음 S천정에서 시작된 두 번째 하락이 E바닥까지 66캔들로 3단계 하락 구조를 보인다.

S천정에서 A바닥까지 9캔들 하락이 1차 하락이고, A바닥에서 B천정까지 5캔들 상승이 1차 반등이며, B천정에서 C바닥까지 25캔들 하락이 2차 하락이다. C바닥에서 D천정까지 18캔들 상승이 2차 반등이며. D천정에서 E바닥까지 13캔들 하락이 3차 하락이다. 2차 하락은 1차 하락에 비해 매우 큰 것이 특징이며 3차 하락은 2차

하락 바닥을 붕괴시키는 시점부터 언제든지 출현 가능한 바닥이다. 즉 3차 하락은 순간적으로 급락시킨 후 급등시키는 패턴인데 이는 매도세력이 매수세력을 항복시키기 위해서 사용하는 희생타적인 의미를 가진다.

천정 47 하락 패턴, 중대소(中大小) 패턴

위 차트는 코스피 2009년 9월 천정에서 나타난 것이다. 3단계 하락 구조를 가지며, 전체 하락의 크기가 47캔들로 구성되는 일간 차트이다. S천정에서 A바닥까지 9캔들 하락이 1차 하락이고, A바닥에서 B천정까지 8캔들 상승이 1차 반등이며 B천정에서 C바닥까지 13캔들 하락이 2차 하락이다. C바닥에서 D천정까지 16캔들 상승이 2차 반등이며 D천정에서 E바닥까지 5캔들 하락이 3차 하락이다.

천정 54 하락 패턴, 소대중(小大中) 패턴

위 차트는 2단계 하락의 크기가 54캔들인 차트이다. 특이한 것은 B천정에서 C바닥까지 2차 하락의 공간적 크기가 S천정에서 A바닥까지 1차 하락의 공간적 크기에 비해 매우 큰 데 반해 2차 하락의 시간적 크기 10캔들은 1차 하락의 시간적 크기 5캔들에 비해 상대적으로 그렇게 크지 않다는 것이다. D천정에서 E바닥까지 3차 하락의 시간적 크기 16캔들은 2차 하락에 비해 큰 반면 3차 하락의 공간적 크기는 상대적으로 미약하다. 운동의 크기는 공간이 기준이고 시간은 부차적인 요소란 얘기다.

천정 56 하락 패턴, 중대소(中大小) 패턴

　S천정에서 A바닥까지 13캔들 하락이 1차 하락이고 A바닥에서 B천정까지 3캔들 상승이 1차 반등이다. 그리고 B천정에서 C바닥까지 32캔들 하락이 2차 하락이며 C바닥에서 D천정까지 7캔들 상승이 2차 반등이며, D천정에서 E바닥까지 5캔들 하락이 3차 하락이다. 2차 하락은 1차 하락의 2배 이상 형성되는 것이 기본이고 가속되는 경우 2.5배(32/13=2.46)의 하락이 진행된다.

19

3단계 하락 중 1차 하락의 특징

천정 66 하락 패턴

두 번째 하락이 매우 큰 경우, 그 내부는 세 차례의 하락 구조를 가진다. 2007년 11월 1일 천정에서 11월 23일 바닥까지 17캔들 하락이 첫 번째 하락이고 S천정에서 E바닥까지 66캔들 하락이 두번째 하락이다. 두 번째 하락 내부 1차 하락은 첫 번째 하락의 절반 정도로 형성되는 것이 일반적이다. S 천정에서 A바닥까지 두 번째 하락 내부 1차 하락 9캔들은 첫 번째 하락 17캔들의 52% 수준이다.

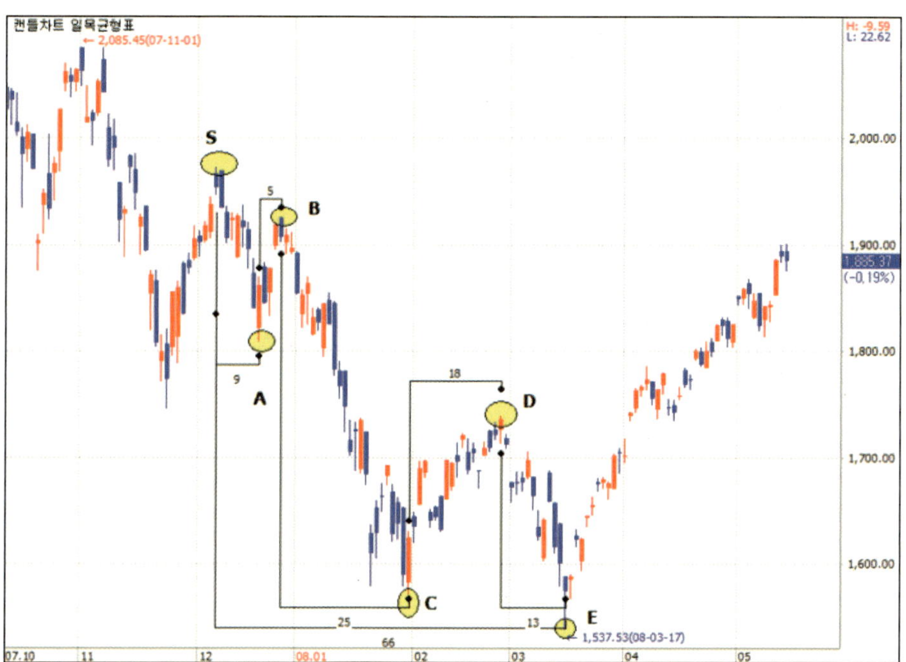

캔들차트 일목균형표
← 2,085.45(07-11-01)
H: -9.59
L: 22.62
2,000.00
1,900.00
1,885.37
(-0.19%)
1,800.00
1,700.00
1,600.00
S
B
5
A
9
18
D
C
25
66
13
E
← 1,537.53(08-03-17)
07.10
11
12
08.01
02
03
04
05

천정 47 하락 패턴

(1980/01/04~2012/07/04)

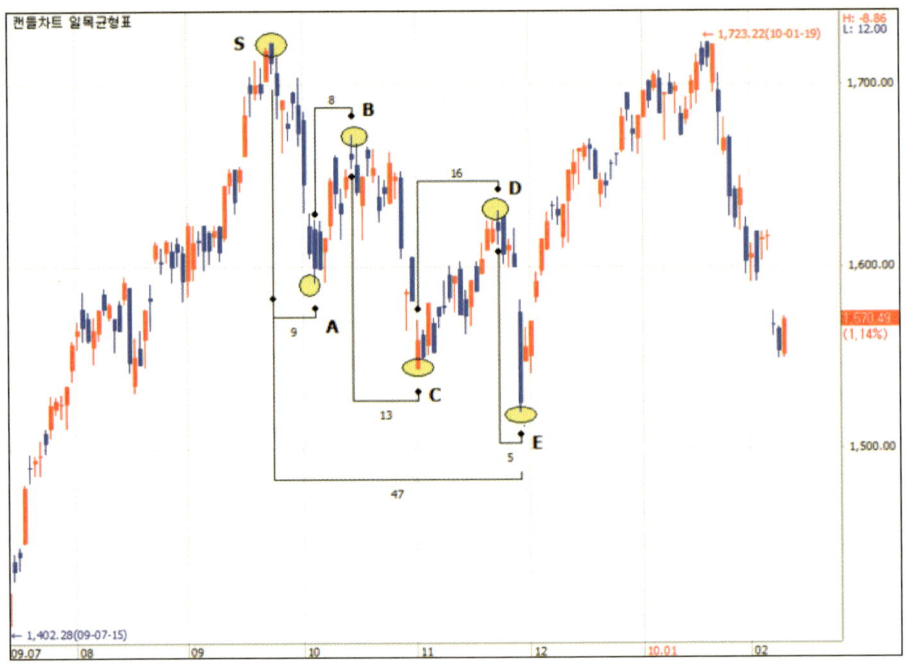

　S천정에서 A바닥까지 9캔들 하락이 1차 하락이다. 1차 하락에서 9캔들 하락이 빈번하게 나타나는 것은 강력한 하락 국면이 2레벨(6, 7, 8, 9, 10) 최대수인 9, 10 근처까지 진출하려는 경향성을 보이기 때문이다. 자연 상태에서 나타나는 중력 가속도는 초당 9.8미터씩 가속된다. 강력한 하락 국면은 천정에서 9캔들 또는 9캔들의 2배수인 17캔들 정도로 시작하는 경향이 있다.

천정 54 하락 패턴

S천정에서 A바닥까지 5캔들 하락이 1차 하락이다. 1차 하락이 진행된 5캔들 하락 구간에 2개의 하락 갭이 연속 발생한 것은 1차 반등이 전 고점 미 돌파시 매우 강력한 2차 하락이 나타날 가능성에 대한 암시이다. 2차 하락은 1차 하락에 비해 더욱 강력한 하락이 일상적이기 때문이다. B천정에서 C바닥까지 2차 하락은 1차 하락 때 보여준 강력한 하락을 입증한 것이다.

천정 56 하락 패턴

　S천정에서 A바닥까지 13캔들 하락이 1차 하락이다. 이는 S천정 직전 바닥에서 S천정까지 6캔들 상승의 2배를 초과한 것이다. 3차례 상승을 마감하고 추세를 하락으로 반전시키는 1차 하락은 마지막 상승의 2배 정도 또는 그 전 1차 상승의 시간적 크기를 초과하는 정도의 충분한 하락 모멘텀을 보여주는 것으로 향후 진행될 하락 국면에 대한 암시를 하는 경향을 보인다.

3단계 하락 중 1차 반등의 특징

천정 66 하락 패턴

S천정에서 A바닥까지 9캔들 하락은 1차 하락이고 A바닥에서 B천정까지 5캔들 상승은 1차 반등이다. 1차 반등은 1차 하락의 60% 수준에서 형성되는 것이 일반적이다. 천정에서 1차 하락 바닥까지, 분할 매수자가 수수료 빼고 소폭 익절하기 위해서는 1차 하락 폭의 60% 이상 반등해야 하기 때문이다. 시장은 항상 거래 참가자에게 본전 이상을 해주려고 하는 친절한 모습을 보인다.

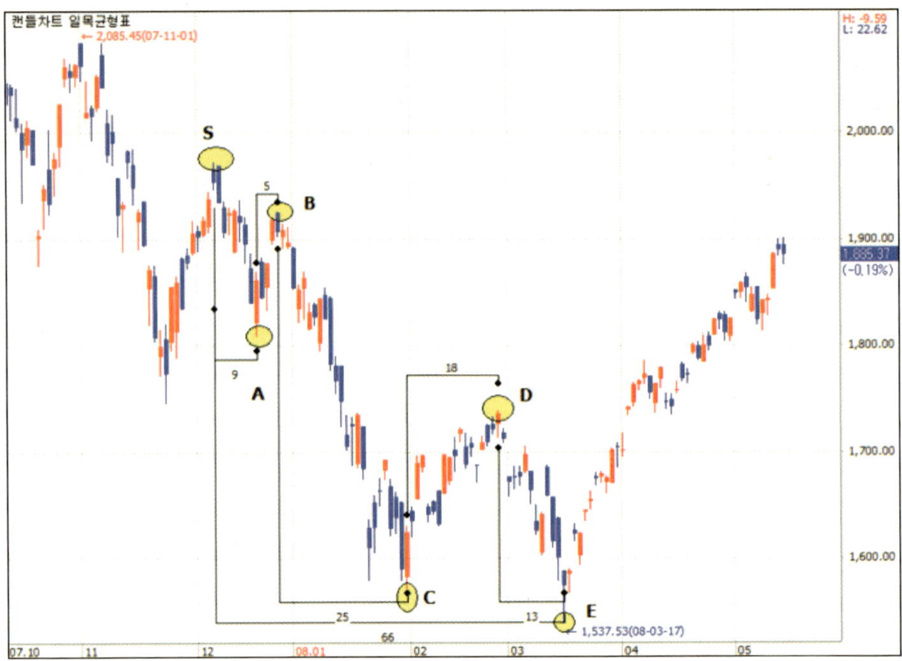

컨들차트 일목균형표
← 2,085.45(07-11-01)
H: -9.59
L: 22.62
S
B
5
A
9
18
D
C
25
66
13
E
1,537.53(08-03-17)
1,885.37
(-0.19%)
2,000.00
1,900.00
1,800.00
1,700.00
1,600.00
07.10
11
12
08.01
02
03
04
05

천정 47 하락

S천정에서 A바닥까지 9캔들 하락이 1차 하락이다. 9캔들 하락하는 과정은 1양봉과 8음봉의 조합이다. 8음봉에 1양봉을 빼면 7음봉 초과 하락이다. 1차 하락하는 과정에서 음봉 수가 양봉 수보다 많은 것이 정상인데, 음봉 수와 양봉 수의 차이를 '음양 차'라고 한다. 1차 하락 과정의 7음양 차만큼 과도한 하락이므로 A바닥에서 7양봉 정도 반등 후 2차 하락으로 진입하는 것이 적정 경로이다.

S천정에서 A바닥까지 9캔들로 1차 하락 후 A바닥에서 B천정까지 8캔들로 1차 반등 천정이다. 1차 반등은 1차 하락보다 반등 캔들 수가 작은 것이 일반적이다. 1차 하락 캔들 수와 1차 반등 캔들 수를 더한 것 정도로 2차 하락이 진행되는 것이 일반

적이다. 그러나 2차 하락이 작은 규모일 경우 1차 하락보다 4캔들 정도 증가한 선에서 2차 하락이 종료되는 경우가 빈번하다.

1차 반등의 공간적 반등 목표치는 1차 하락의 절반 정도 또는 그 이상 반등하며 1차 하락 과정에서 하락시마다 분할 매수한 거래자가 본절을 할 수 있는 수준 정도로 움직이는 것이다. B천정은 S천정에서 A바닥까지, 하락 폭의 절반 정도 수준에서 반등 천정을 형성하는 모습이다.

천정 54 하락 패턴

S천정에서 A바닥까지 5캔들 하락이 1차 하락이다. 1차 하락의 크기가 너무 작은 경우 1차 반등이 1차 하락보다 길게 형성되는 것이 일반적이다. A바닥에서 B천정까지 1차 반등 캔들 수가 10캔들인 것은 S천정에서 A바닥까지 1차 하락 캔들 수 5의 두 배정도로 1차 반등이 형성되는 것이다. 격렬한 1차 하락은 갭 하락으로 진행되고, 1차 반등 캔들 수는 기본 2차 하락 캔들 수가 된다.

천정 56 하락 패턴

　　S천정에서 A바닥까지 13캔들 하락이 1차 하락이다. A바닥에서 B천정까지 3캔들 상승이 1차 반등이다. A바닥에서 B천정까지 1차 반등 캔들 수는 3캔들로 작은 숫자 이나 그 공간적 반등 크기는 S천정에서 A바닥까지 1차 하락 공간 폭의 80% 수준을 점유하는 모습이다. A바닥에서 B천정까지 3캔들 상승으로 1차 반등 천정을 형성한 것은 1차 하락 13캔들 대비 23.6% 반등에 해당한다.

21

3단계 하락 중 2차 하락의 특징

 **천정 66 하락 패턴**

1차 반등이 1차 하락의 60% 정도이다. B천정에서 C바닥까지 2차 하락이 25캔들인데 이는 1차 하락 9캔들 대비 약 3배(25/9=2.77), 1차 반등 5캔들에 비해 5배 확장이다. C바닥에서 D천정까지 18캔들 상승은 2차 반등이고, D천정에서 E바닥까지 13캔들 하락이 3차 하락이다. 2차 하락 25캔들에서 1차 하락 9캔들을 빼면 16캔들인데, 2차 반등의 크기는 18캔들이다. 이는 2캔들 과 매수 상태를 의미한다.

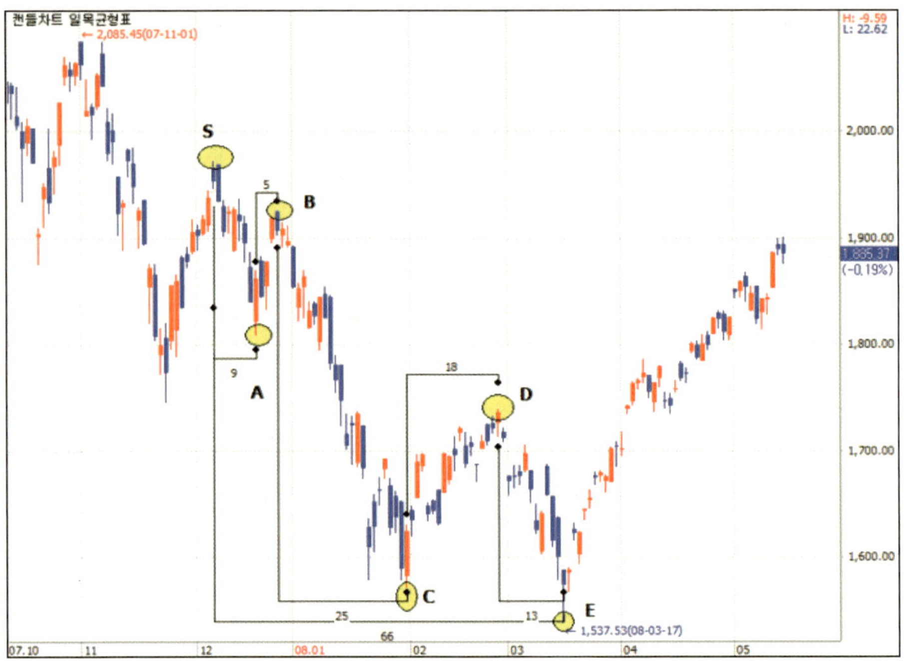

캔들차트 일목균형표
← 2,085.45(07-11-01)
H: -9.59
L: 22.62
S
B
5
A
9
C
25
66
18
D
13
E
← 1,537.53(08-03-17)
1,885.37
(-0.19%)
2,000.00
1,900.00
1,800.00
1,700.00
1,600.00
07.10
11
12
08.01
02
03
04
05

천정 47 하락 패턴

　　2차 하락은 1차 하락 대비 2배 정도로 진행되는 것이 일반적이다. 왜냐하면 숫자 '2'가 숫자 '1'의 2배이기 때문이다. 2차 하락이 1차 하락보다 2배 이내(13/9=1.44)로 결정될 경우 이는 매도세가 상대적으로 약한 상태임을 의미한다. 2차 하락이 1차 하락보다 2배보다 작을 경우 1차 하락보다 4캔들 정도 증가한 규모로 2차 하락이 진행되는 것이 일반적이다. B천정에서 C바닥까지 2차 하락 13캔들 하락은 S천정에서 A바닥까지 1차 하락 9캔들 대비 4캔들 증가한 것이다.

천정 54 하락 패턴

S천정에서 A바닥까지 5캔들로 1차 하락이고, B천정에서 C바닥까지 10캔들로 2차 하락이다. 2차 하락이 1차 하락의 2배 크기이므로 전형적인 2차 하락의 패턴이다. 숫자 5는 1레벨 최대수이고, 숫자10은 2레벨 최대수이다. 숫자5와 숫자10은 운동 계산의 기준이 되는 수이다. 숫자 5는 운동 기본수이고, 숫자 10은 가속 기본수이다.

천정 56 하락 패턴

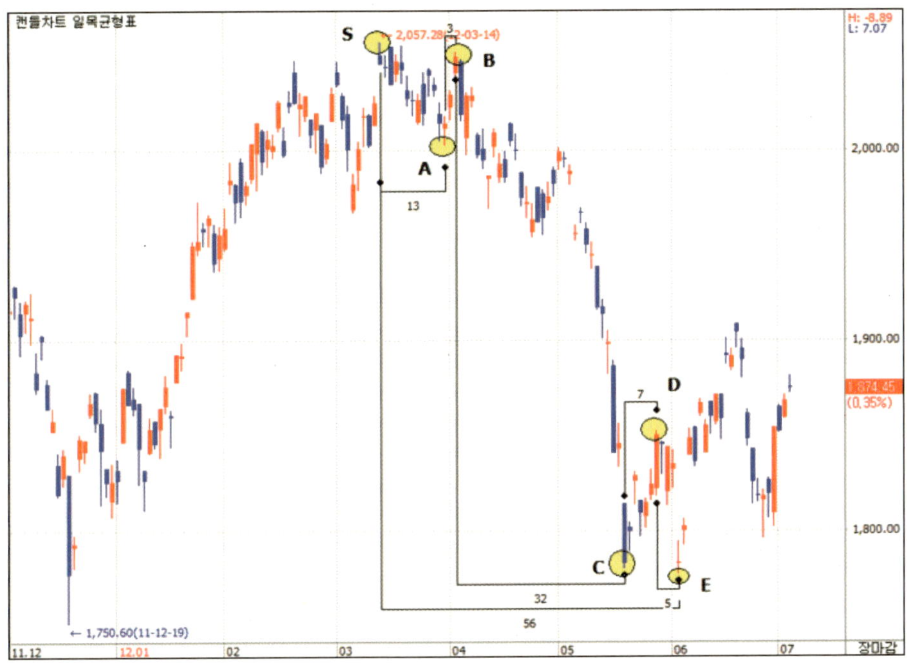

〈그림 44〉를 보면 1차 상승은 12캔들이고 2차 상승은 29캔들이다. 주가가 천정을 형성하고 하락 추세로 반전될 경우 1차 하락은 1차 상승을 초과하는 모습을 보이는 것이 일반적이다. 그리고 연이어 2차 하락도 2차 상승을 초과하는 모습을 자연스럽게 보이게 된다. S천정에서 A바닥까지 1차 하락이 13캔들로 1차 상승보다 1캔들 초과이므로 1차 하락 진입 신호로 간주된다. B천정에서 C바닥까지 32캔들을 2차 하락으로 계산하는 이유는 2차 상승 29캔들보다 증가한 숫자이기 때문이다.

22

3단계 하락 중 2차 반등의 특징

 **천정 66 하락 패턴**

2차 반등이란 2차 하락이 1차 하락 또는 1차 반등 대비 지나치게 하락한 측면을 보정하기 위한 움직임이다. C바닥에서 D천정까지 18캔들 상승은 B천정에서 C바닥까지 2차 하락 25캔들과 S천정에서 A바닥까지 9캔들의 차이에 해당하는 16캔들을 상쇄하기 위한 것이다. 상쇄 과정에서 반등한 18캔들이 2차 하락과 1차 하락의 차이인 16캔들보다 초과하여 갭 하락 2캔들이다.

캔들차트 일목균형표
← 2,085.45(07-11-01)
H: -9.59
L: 22.62
2,000.00
1,900.00
1,800.00
1,700.00
1,600.00
1,885.37
(-0.19%)
S
B
A
C
D
E
5
9
18
25
66
13
1,537.53(08-03-17)
07.10
11
12
08.01
02
03
04
05

천정 47 하락 패턴

　　A바닥에서 B천정까지 8캔들 상승은 1차 반등이고, C바닥에서 D천정까지 18캔들 상승은 2차 반등이다. 2차 반등 18캔들은 1차 반등 8캔들의 2배이다. 2차 반등의 숫자 '2'가 1차 반등의 숫자 '1'의 2배이므로 이름값을 한 것이다. 2차 반등 천정에서 3차 하락이 나타나고 3차 하락 바닥에서 나타나는 1차 상승이 2차 반등 캔들 수 16캔들의 2배 정도 규모로 형성되리라는 것을 암시하는 것이다. 실제 E바닥에서 35캔들 위치가 천정이다.

천정 54 하락 패턴

　S천정에서 A바닥까지 5캔들이 1차 하락이고 A바닥에서 B천정까지 10캔들 상승이 1차 반등이다. B천정에서 C바닥까지 10캔들이 2차 하락이며, C바닥에서 D천정까지 17캔들 상승이 2차 반등이다. 2차 반등 17캔들은 1차 반등 10캔들의 2배 정도 가까이 반등한 것이다. 2차 반등이 1차 반등의 2배수에 미달하는 것은 반등이 약한 것을 의미한다. 3차 하락 바닥에서 약한 상승을 한 것이다.

천정 56 하락 패턴

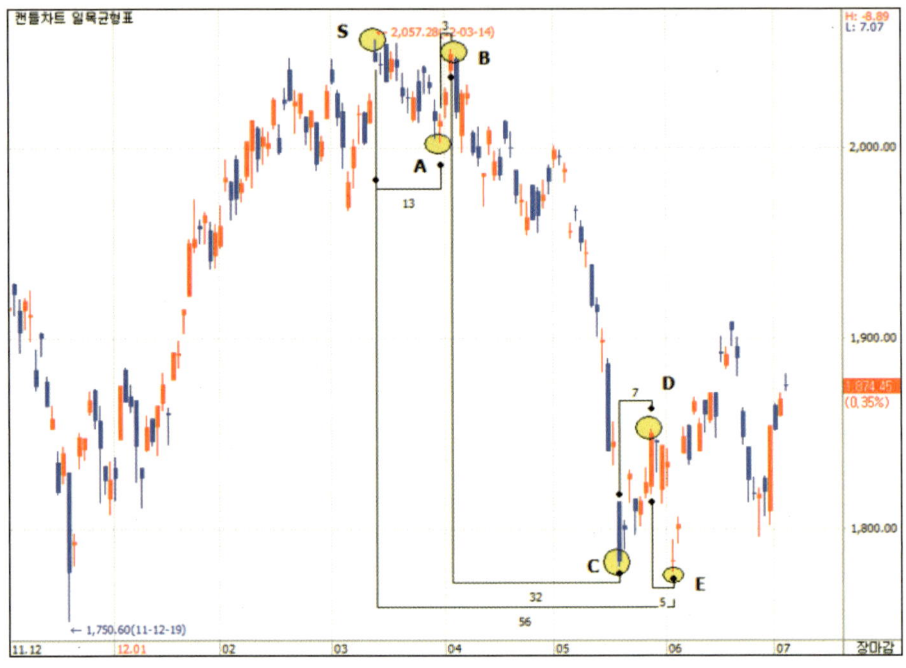

S천정에서 A바닥까지 13캔들이 1차 하락이고 A바닥에서 B천정까지 3캔들 상승이 1차 반등이다. B천정에서 C바닥까지 32캔들로 2차 하락이며, C바닥에서 D천정까지 7캔들 상승이 2차 반등이다. 2차 반등 7캔들은 1차 반등 3캔들의 2배를 약간 초과한 크기이다. 2차 반등이 1차 반등의 2배수를 초과하는 것은 반등이 강한 것을 의미한다. 3차 하락 바닥에서 강한 상승이다.

3단계 하락 중 3차 하락의 특징

천정 66 하락 패턴

3차 하락은 2차 반등 천정에서 2차 반등 시작점을 붕괴시키는 운동이다. 3차 하락의 일반적 특징은 2차 반등보다 빠른 속도로 2차 하락 바닥을 붕괴시키는 것이다. C바닥에서 D천정까지 2차 반등이 18캔들이므로 그보다 작은 13캔들(9+5-1)로 2차 하락 바닥 C를 붕괴시킨 것이 E바닥이다. 3차 하락 바닥은 2차 하락 바닥을 붕괴시키는 순간부터 급등 바닥이 될 가능성을 내포하며 실제 3차 하락 바닥 E는 2차 하락 바닥 C붕괴 당일 바닥을 형성한 것이다. 급하고 강한 3차 하락은 매수세력을 마지막으로 항복시키기 위한 매도세력의 희생타적인 성격을 가진다.

　2차 반등이 1차 반등보다 크고 3차 하락이 2차 하락보다 짧은 구조에서는, 2차 반등과 3차 하락을 더한 수치가 1차 반등과 2차 하락을 더한 수치와 비슷하게 진행되려는 경향을 보인다.

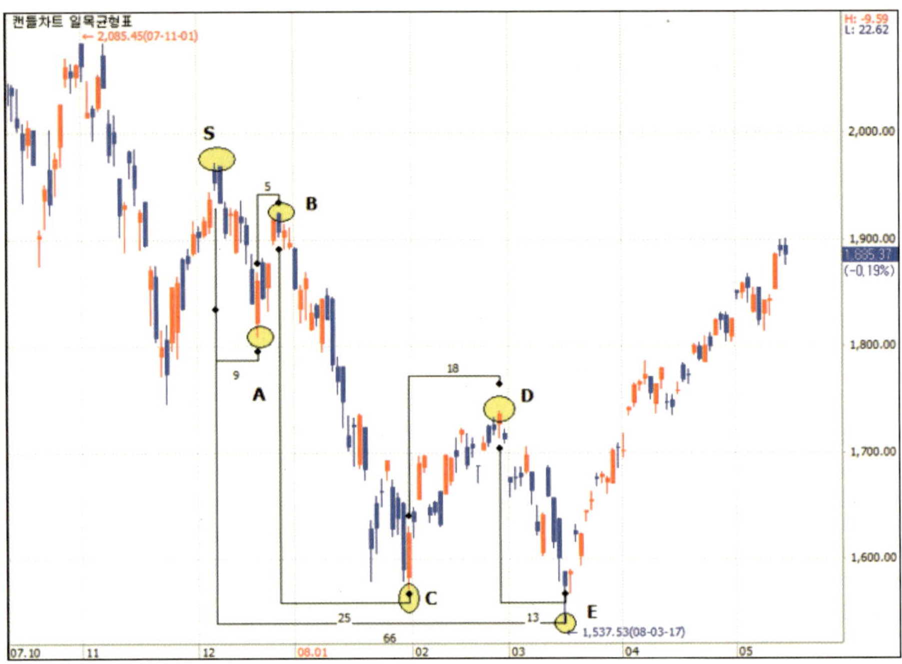

1차 반등+2차 하락은 5+25=30이고 2차 반등+3차 하락은 18+13=31이다. 3차 하락 바닥 이후 나타나는 큰 상승은 1차 반등, 2차 하락, 2차 반등, 3차 하락 등 4번의 운동과정에서 나타난 두 개의 큰 운동 조합으로 구성되려는 경향을 보인다. 2차 하락+2차 반등=25+18=43이다. 실제 E바닥에서 천정까지 42캔들 상승이다.

천정 47 하락 패턴

　　S천정에서 A바닥까지 9캔들이 1차 하락이고, A바닥에서 B천정까지 8캔들이 1차 반등이다. B천정에서 C바닥까지 13캔들 하락이 2차 하락이고 C바닥에서 D천정까지 16캔들 상승이 2차 반등이다. D천정에서 E바닥까지 5캔들 하락이 3차 하락이다. 3차 하락은 2차 반등보다 짧고 급하게 2차 하락 바닥을 붕괴시키는 것이 특징이다.

　　2차 반등이 1차 반등보다 크고 3차 하락이 2차 하락보다 짧은 구조에서는 2차 반등과 3차 하락을 더한 수치가 1차 반등과 2차 하락을 더한 수치와 비슷하게 진행되려는 경향을 보인다. 1차 반등+2차 하락은8+13=21이고 2차 반등+3차 하락은 16+5=21이다. 3차 하락 바닥 이후 나타나는 큰 상승은 1차 반등, 2차 하락, 2차 반등, 3차 하락 등 4번의 운동과정에서 나타난 두 개의 큰 운동의 조합을 참고하여 진행하려는 경향을 보인다. 2차 하락+2차 반등=13+16=29이다. 실제 E바닥에서 천정까지 35캔들 상승이다. 이는 C바닥에서 D천정까지 2차 반등의 2배수인 36에 근접한 것이기도 하다.

천정 54 하락 패턴

　S천정에서 A바닥까지 5캔들이 1차 하락이고, A바닥에서 B천정까지 10캔들이 1차 반등이다. B천정에서 C바닥까지 10캔들 하락이 2차 하락, C바닥에서 D천정까지 17캔들 상승이 2차 반등, D천정에서 E바닥까지 16캔들 하락이 3차 하락이다. D천정에서 E바닥까지 3차 하락(16캔들)이 2차 반등(17캔들)보다 짧고 급하게 2차 하락 C바닥을 붕괴시킨 것은 3차 하락 본연의 모습이다.

　C바닥에서 D천정까지 17캔들은 S천정에서 A바닥까지 1차 하락 5캔들과 A바닥에서 B천정까지 1차 반등 10캔들을 더한 15캔들을 약간 초과하는(5+15=15, 17-15=2) 것이다.

"""

　D천정에서 E바닥까지 16캔들 하락은 S천정에서 A바닥까지 5캔들 하락과 B천정
에서 C바닥까지 10캔들 하락을 더한, 15캔들을 약간 초과한 것이다. 2차 하락이 1차
반등보다 크지 않은 특이한 구조의 산물이다.

천정 56 하락 패턴

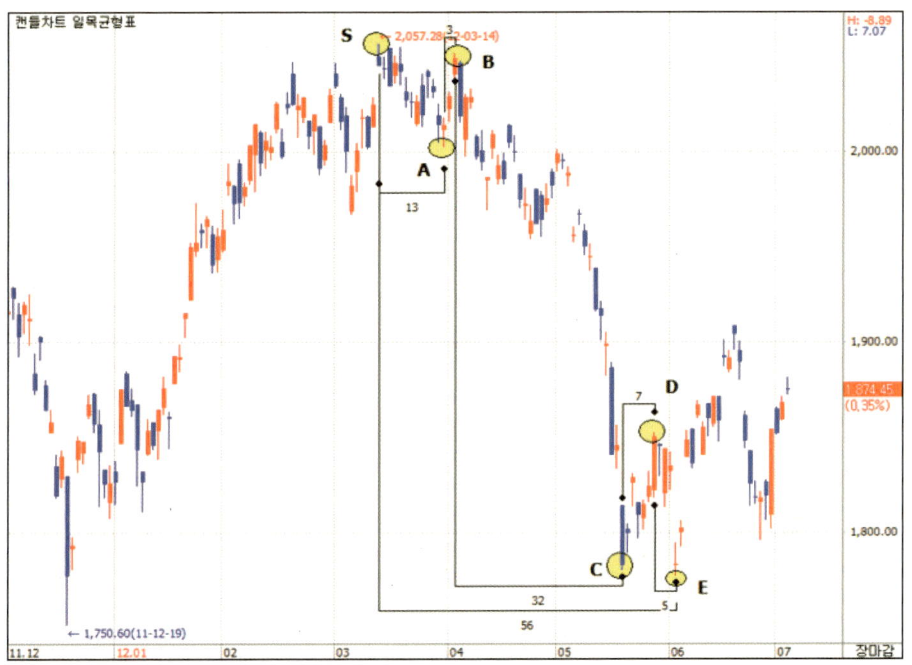

　　S천정에서 A바닥까지 13캔들이 1차 하락이고, A바닥에서 B천정까지 3캔들이 1차 반등이다. B천정에서 C바닥까지 32캔들 하락이 2차 하락이고 C바닥에서 D천정까지 7캔들 상승이 2차 반등이며, D천정에서 E바닥까지 5캔들 하락이 3차 하락이다. 2차 반등보다 짧고 급하게 2차 하락 바닥을 붕괴시키는 것이 3차 하락의 특징인데, 숫자 5가 자주 채택되는 것은 5가 가장 작은 규모의 운동인 레벨1의 최대수이기 때문이다.

황금 직사각형과 두 배 황금수 32

황금 직사각형의 구도 원리

황금 직사각형이란 황금비율1.618의 원리가 구현된 직사각형을 말한다. 황금비율이란 작은 것과 큰 것의 비율이 1:1.618이 되는 것을 말하며 비율을 구성하는 식의 좌우에 2를 곱하면 2:3.236이 된다. 즉 세로가 2이고 가로가 3.236이 되는 직사각형이 황금 직사각형이다. 황금 직사각형을 그리는 과정은 다음과 같다.

직사각형 ABEF는 한 변의 길이가 2이다. 밑변 B~F의 중간 G와 E를 연결하는 직선을 그으면 직선 GE의 길이는(대각선 길이의 제곱은 밑변과 높이의 제곱을 더한 것과 같다는 피타고라스 정리에 의해) $\sqrt{5}$가 된다. G를 중심으로 해서 G~E 대각선을 회전시키면 직선 B~F 연결선 상에 D가 결정된다. 그러면 직선 G~D 길이가 $\sqrt{5}$가 된다. 직선 G~F 길이가 1이므로 직선 F~D 길이는 $\sqrt{5}-1=2.236-1=1.236$이 되고, 직선 B~D 길이는 3.236이 된다($1+1+\sqrt{5}-1=1+\sqrt{5}=1+2.236=3.236$).

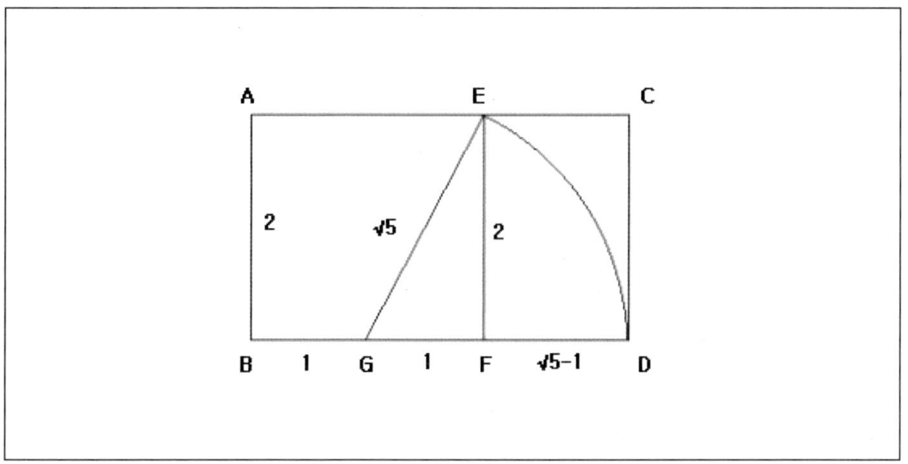

큰 황금 직사각형 ABCD는 높이가 2이고 밑변은 3.236이다. 작은 황금 직사각형 CDEF는 긴 변이 2이고 짧은 변이 1.236이다. 이들 직선들의 길이를 모두 10배씩 하면 큰 황금 직사각형은 20과 32.36(32~33), 작은 황금 직사각형은 12.36(12~13)과 20을 두 변으로 가지게 된다. 즉 긴 변이 짧은 변의 1.618배이고 짧은 변이 긴 변의 0.618배가 되는 구조이다.

황금 직사각형을 구성하는 변의 길이를 주가 운동 과정에 적용해 보면 상승이 32캔들일 때 하락이 32캔들의 0.618배인 19캔들 또는 20캔들 이내로 바닥을 구성하는 것이 이상적이다. 또 상승이 20캔들일 때는 하락이 20캔들의 0.618배인 12캔들이나 13캔들, 상승이 12~13캔들일 때는 하락이 12~13캔들의 0.618배인 7캔들이나 8캔들로 바닥을 구성하는 것이 이상적이다.

■ 그림 76 [일] 종합(1001)　　　　　　　　　(2008/07/09~2012/07/05)

　A바닥에서 B천정까지 32캔들 상승으로 천정이다. 이는 확장 황금수 16의 2회전이며 중형 박스권 상승의 대표 모델이다. 매수세력이 시장을 통해서 자금을 증식하려면 이 정도는 움직여야 한다는 의미이다. 바닥 32캔들 상승 후 적정 조정은 32캔들의 61.8% 수준인 19~20캔들 수준이다(32×0.618=19.77).

　A바닥에서 B천정까지 32캔들 상승의 61.8% 수준인 19캔들 조정 바닥이 C위치이다. C바닥에서 나타난 상승이 축소 황금수 6캔들로 천정을 형성한 곳이 D위치이다. 그리고 D천정에서 E바닥까지 12캔들 하락하면서 황금 직사각형 숫자 19캔들 위치인 C바닥을 붕괴시킨 결과, B천정 기준 35캔들 하락하여 상승수 32보다 큰 하락이 되고 이어서 F까지 반등 후 G까지 신저가로 연결되는 그림이다.

상승 전환형

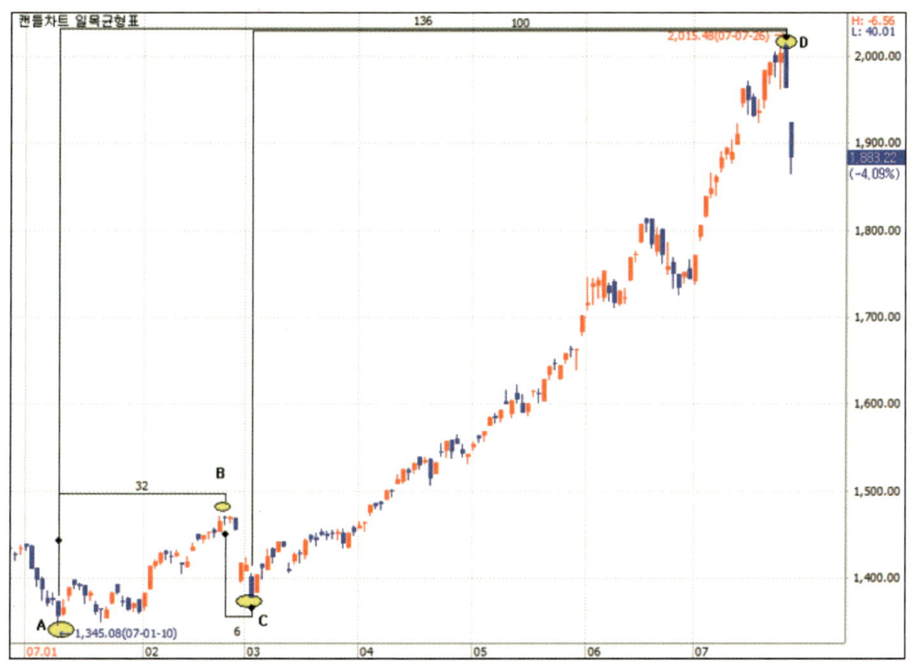

　　황금 직사각형 구도는 A바닥에서 B천정까지 32캔들 상승 후 나타나는 조정이 32캔들의 61.8% 수준인 천정 19캔들~20캔들 이내에서 조정이 마무리되는 것이다. A바닥 32수 천정인 B천정 이후 조정이 6캔들로 형성되고 이후 신고가를 기록하면서 C바닥에서 100캔들 상승하여 아주 큰 2차 상승이 이어진다. 이는 1차 상승 32캔들의 3.1배 상승이며(100/32=3.125), A바닥에서 D천정까지 전체 상승수 136은 1차 상승수 32의 4.25배이다. 황금 직사각형 구도가 유지된 후 나타나는 2차 상승이 성공적으로 진행된 대표적인 그림이다.

25

더하기 균형과 곱하기 균형

1보다 큰 확장 황금비율 1.618과 1보다 작은 축소 황금비율 0.618은 곱하여 1을 만드는 구도를 곱하기 균형이라고 한다. 1.618보다 약간 작은 1.5와 0.5는 더하여 2를 만드는 구조는 더하기 균형이다. 피보나치 수열 1, 1, 2, 3, 5에서 2 기준 한 칸 우측인 3으로 진행하는 것은 더하기 균형 비율 1.5(=3/2)이고, 3 기준 우측 한 칸인 5로 진행하는 것은 곱하기 균형비율인 1.618(1.66=5/3)에 근접하는 것이다. 숫자가 확장, 소 관계를 가질 때 대표적인 비율이 1.5와 0.5 그리고 1.618과 0.618이다.

더하기 균형

– 중대소(中大小) 구도와 1.5배, 2.25배(=1.5×1.5) 확장

▣ **그림 78**

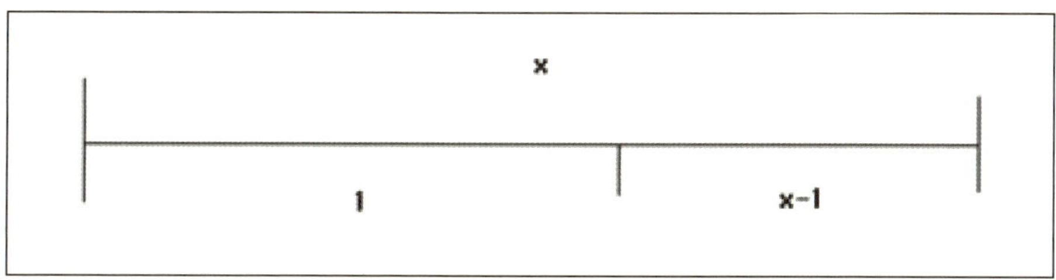

더하기 균형이란 1보다 큰 비율 x와 1보다 작은 비율 $(x-1)$을 더한 것이, 숫자 1에 숫자 1을 더한 것과 같은 상태를 말한다. 즉 숫자 1이 중(中)짜가 되어 1보다 큰 어떤 숫자와 1보다 작은 어떤 숫자를 더한 것이 중(中)짜 2배와 같은 상태가 되는 것이다. 이 비율을 더하기 균형이라고 하는데 계산식은 다음과 같다.

$$x+(x-1)=1 \times 2=2$$

$$2x-1=2$$

$$2x=3$$

$$x=3/2=1.5$$

$$x-1=0.5$$

위 계산식에 의해 계산된 비율을 소중대 순서대로 나열하면 0.5와 1 그리고 1.5이다. 이 세 숫자를 각각 2배 하면 피보나치 수열 1, 2, 3이 된다. 즉 '중짜 두개(2+2=4)는 소짜(1)와 대짜(3)를 더한 것과 같다'가 된다. 2+2=1+3이 되는 것이다. 3차 상승이

1차 상승보다 작은 주가 운동에 이를 적용하면 1차 상승의 크기가 2정도일 경우 2차 상승은 3정도 크기가 되고 3차 상승은 1정도 크기가 되는 것이다. 즉 더하기 균형은 2차 상승이 1차 상승의 1.5배 크기(3/2=1.5)가 되는 것이다.

곱하기 균형

– 중대소(中大小) 구도와 1.618배, 2.618배(=1.618×1.618) 확장

▣ **그림 79**

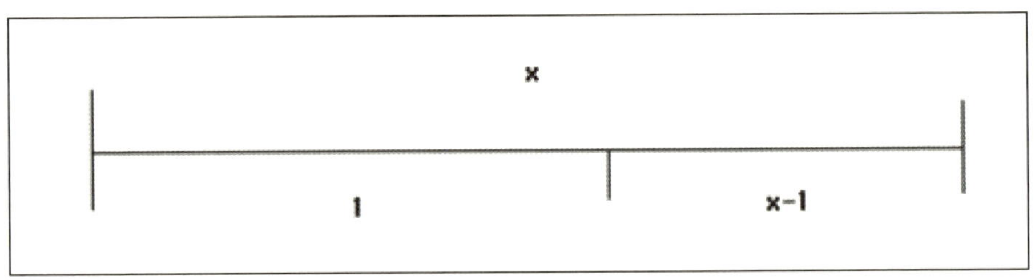

곱하기 균형이란 1보다 큰 비율 x와 1보다 작은 비율 $(x-1)$을 곱한 것이, 숫자 1에 숫자 1을 곱한 것과 같은 상태를 말한다. 즉 숫자 1이 중(中)짜가 되어 1보다 큰 어떤 숫자와 1보다 작은 어떤 숫자를 곱한 것이 중(中)짜의 제곱과 같은 상태가 되는 것이다. 이 비율을 곱하기 균형이라고 하는데 계산식은 다음과 같다.

$$x \times (x-1) = 1 \times 1 = 1$$

$$x = 1.618$$

$$x - 1 = 0.618$$

위 계산식에 의해 계산된 비율을 소중대 순서대로 나열하면 0.618과 1 그리고 1.618이다. 이 세 숫자를 각각 3.236배 하고 소숫점을 정리하면, 피보나치 수열 2, 3, 5가 된다. 즉 '중짜 제곱(3×3=9)은 소짜(2)와 대짜(5)를 곱한 것(2×5=10)에 근접하게 (9/10=90%) 되는 것이다. 0.618과 1 그리고 1.618을 가지고 곱하기 균형을 계산하면 1×1=0.618×1.618=1이 된다.

3차 상승이 1차 상승보다 큰 주가 운동에 이를 적용하면 1차 상승의 크기가 2정도 일 경우 2차 상승은 5정도 크기가 되고 3차 상승은 3정도 크기가 된다. 즉 곱하기 균형은 2차 상승이 1차 상승의 2.5배(5/2=2.5)가 되는 모델이다.

더하기 균형과 3단 하락(47)

　　A천정에서 B바닥까지 1차 하락은 9캔들이고 C천정에서 D바닥까지 2차 하락은 13캔들이다. 더하기 균형 상태의 중대소 하락일 경우 소짜 하락은 중짜 하락의 2배에서 대짜 하락을 빼면 된다. 9캔들 하락을 중짜라고 볼 경우 대짜는 13캔들 하락이 된다. 그러므로 더하기 균형으로 계산되는 3차 하락 캔들로, E천정에서 F바닥까지 5캔들(9+9-13=18-13=5) 하락이다.

더하기 균형과 3단 상승(51)

(1980/01/04~2012/07/05)

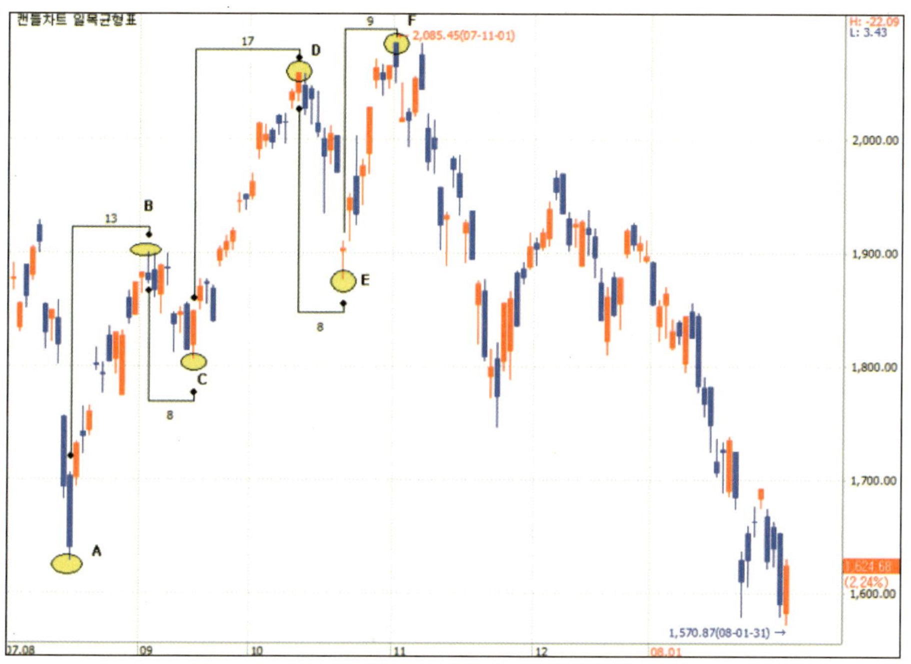

  A바닥에서 B천정까지 1차 상승은 13캔들이고 C바닥에서 D천정까지 2차 상승은 17캔들이다. 더하기 균형 상태의 중대소 상승일 경우, 소짜 상승은 중짜 상승의 2배에서 대짜 상승을 빼면 된다. 13캔들 상승을 중짜라고 볼 경우, 대짜는 17캔들 상승이다. 따라서 더하기 균형으로 계산되는 3차 상승 캔들로, E바닥에서 F천정까지 9캔들(13+13−17=9) 상승이다.

더하기 균형과 15수 상승

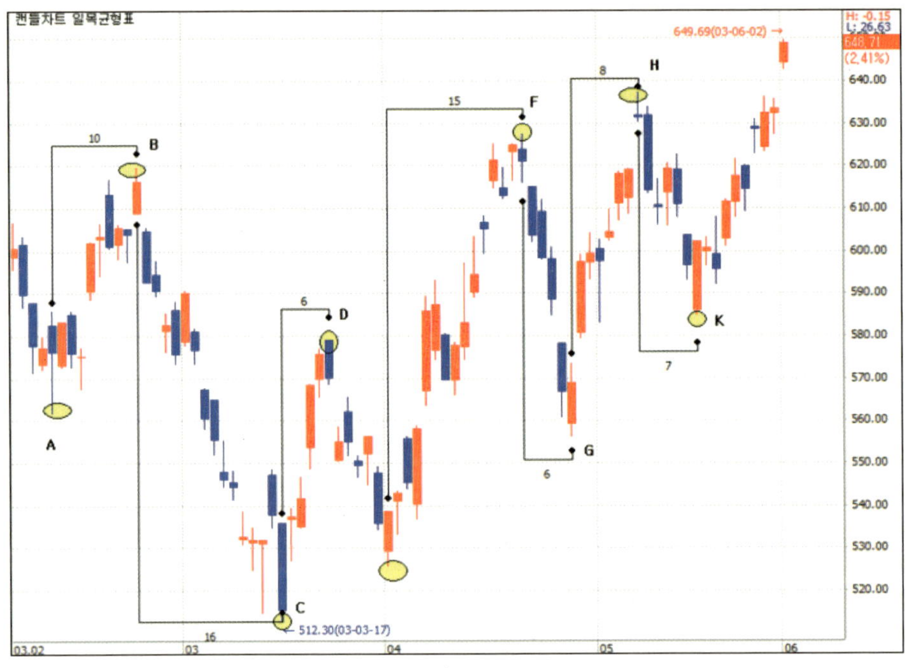

더하기 균형비율은 1.5와 2.25이며 곱하기 균형비율은 1.618과 2.618이다. A바닥에서 B천정까지 10캔들 상승 대비 1.618배 하락이 B천정에서 C바닥까지 16캔들 하락이다. 상승 대비 1.618배 확장 하락하는 것은 하락 추세에서 나타나는 일반적 현상이다.

16캔들 운동은 곱하기 균형비율 1.618의 10배이고 15캔들 운동은 더하기 균형 비율 1.5의 10배수이다.

C바닥에서 D천정까지 1차 상승 대비 2.5배 확장이 2차 상승 바닥에서 F천정까지 15캔들이다. 2차 상승이 1차 상승 대비 2.5배 이상 확장될 경우, 2차 반락 바닥에서

2차 상승 천정을 돌파하는 3차 상승이 나타날 가능성에 대한 암시가 된다. 2차 상승 15캔들 F천정에서 2차 반락 6캔들을 뺀 9캔들 추가 상승 에너지가 작용하여 G바닥에서 H천정까지 8캔들로 3차 상승이다.

더하기 균형과 15양 상승

A천정에서 B바닥까지 16캔들 하락 대비, B바닥에서 C천정까지 24캔들 상승은 1.5배 확장(24/16=3/2=1.5)이므로 더하기 균형이다. A천정에서 B바닥까지 16캔들로 바닥일 때 16캔들을 소인수분해하면 16=2×8이다. 즉 8이 2개라는 의미이다. 피보나치 수열 1.1.2.3.5에서 2의 우측 한 칸이 3이므로 8 곱하기 3을 하면 16의 1.5배 확장수인 24가된다. 확장시 1.5배 곱하기인 것이다.

더하기 균형과 15수 하락

　A천정에서 B바닥까지 13캔들 하락과 B바닥에서 C천정까지 3캔들 상승을 연결하여 2차 하락 15캔들로, 더하기 균형이다. 15캔들 또는 16캔들 하락 후 6캔들 반등하는 것은 38.2% 반등이므로 좋은 매도 기회가 된다. D바닥에서 E천정까지 6캔들 반등 후 6캔들보다 작은 숫자로 신저가 발생할 경우 두 번째 하락에 이은 3번째 급한 하락이다.

　첫 번째 하락 13캔들과 두 번째 하락 15캔들을 더하면 28캔들이다. D바닥에서 E천정까지 6캔들 반등 후 F, G, H지점을 거치는 23캔들 하락하여 D바닥 기준 28캔들 추가 하락을 완성한다. 1차 하락 13캔들과 2차 하락 15캔들을 합한 28캔들에 하락 기운이 더해진 결과가 D에서 작용하여 H바닥을 완성시킨 것이다.

더하기 균형과 15음 하락

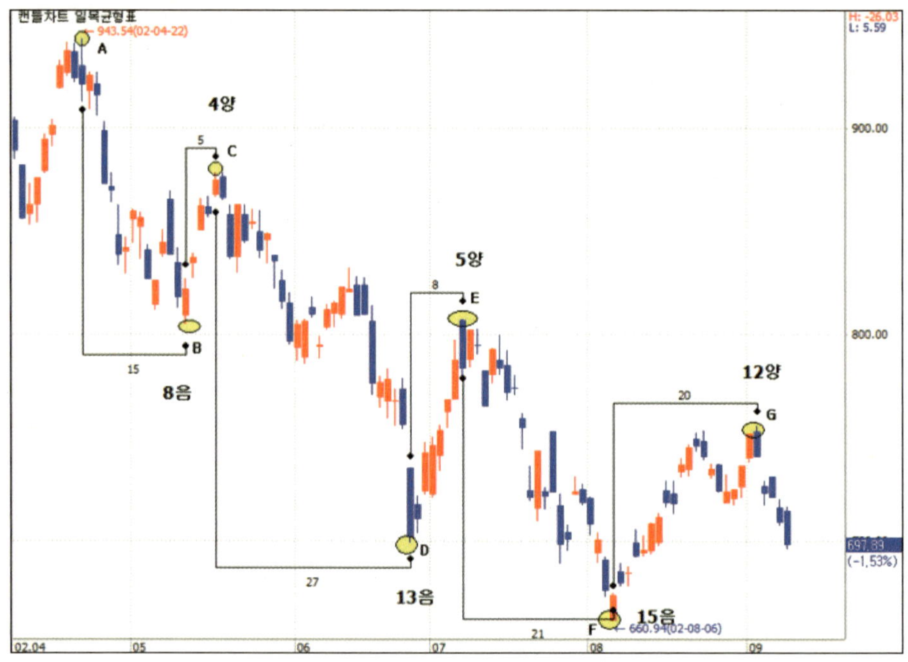

　천정에서 15캔들이나 16캔들 하락시, 혹은 5캔들이나 6캔들 반등시가 매도 기회이다. 그 후 직전 바닥이 지지되면 상승 추세로 반전되고, 직전 바닥을 붕괴시키게 되면 더 큰 규모의 하락 추세로 진행된다. A천정에서 B바닥까지 15캔들 하락 바닥에서 5캔들 상승한 반등 천정 후 신저가가 형성된다. 그리고 15캔들 하락과 5캔들 반등을 연결한 19캔들을 8캔들 초과한 27캔들 하락 바닥에서 8캔들 반등이다.

　A천정에서 B바닥까지 15캔들 하락할 때와 8음 하락에서 C천정~D바닥까지 27캔들 하락할 때, 13음 하락은 피보나치 확장 수열1.1.2.3.5.8.13에 의한 것이다. C천정에서 D바닥까지 13음 하락 후, E천정에서 D바닥까지 15음 하락은 〈그림 84〉에서 13수 하락 다음 15수 하락 그리고 반등 후 급락 진입과 같은 패턴이다.

곱하기 균형과 16수 상승

   곱하기 균형 비율은 1.618이다. 이는 3.236비율의 절반이다. 1.618과 3.236을 10배
하면 16캔들과 32캔들이 된다. 피보나치 수열 1, 1, 2, 3, 5, 8, 13, 21, 34, 55에서
중간 박스 운동 34캔들 정도 운동 후 그 반작용으로 비율 조정이 나타난다. 0.618비
율 조정시 21캔들과 0.382 비율 조정시 13캔들을 예시한 것이다. 그 중간에 해당하
는 50% 정도 조정시에는 15캔들, 16캔들, 17캔들, 18캔들 정도 반작용이 나타난다.

   A천정에서 B바닥까지 35캔들 하락 후 16캔들 반등하고, 앞선 35캔들 하락과 16캔
들을 합한 51캔들을 초과한 54캔들 하락하는 것이 2차 하락이다. 2차 하락은 초과
하락이 빈번하게 출현하는 것이 특징이다. 1차 하락 35와 2차 하락 54는 피보나치
수열 1, 1, 2, 3, 5, 8, 13, 21, 34, 55에서 나타나는 34, 55와 1캔들 차이가 난다.

곱하기 균형과 16양 상승

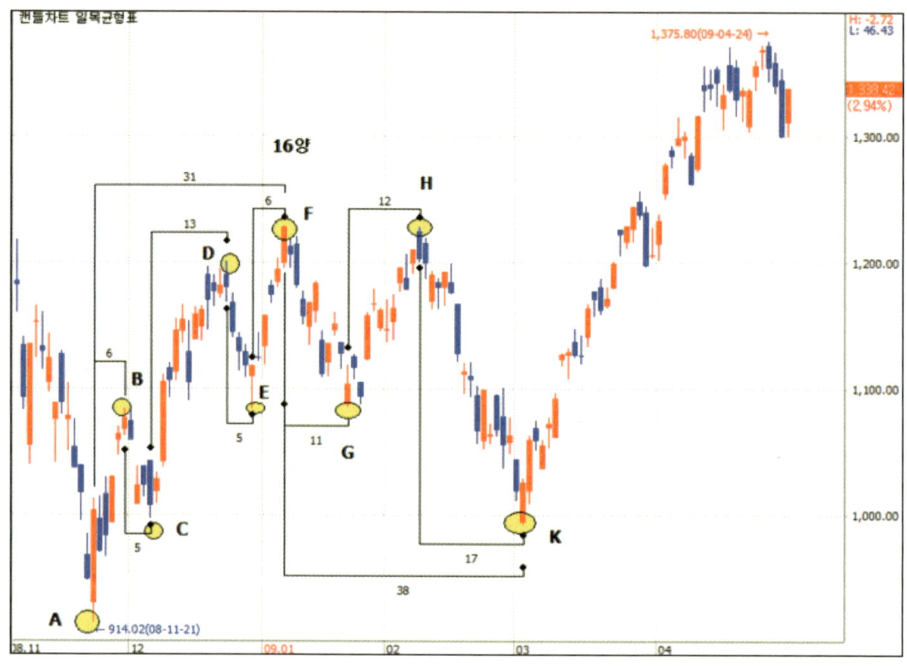

곱하기 균형 비율 1.618을 10배한 숫자 16은 16캔들 운동에 적용되기도 하고 개념을 확장하여 16개의 양봉 또는 16개의 음봉 운동에 적용하기도 한다. A바닥에서 F천정까지 16양 상승 운동을 하는 동안 중간 중간 음봉도 형성되기 때문에 전체 운동 캔들 수는 양 캔들 수의 2배 가까이 형성되는 것이 일반적이다. A바닥에서 F천정까지 31캔들은 16양봉의 2배 수준이고 F천정에서 K바닥까지 38캔들도 18음봉의 두 배 수준이다.

곱하기 균형과 16수 하락

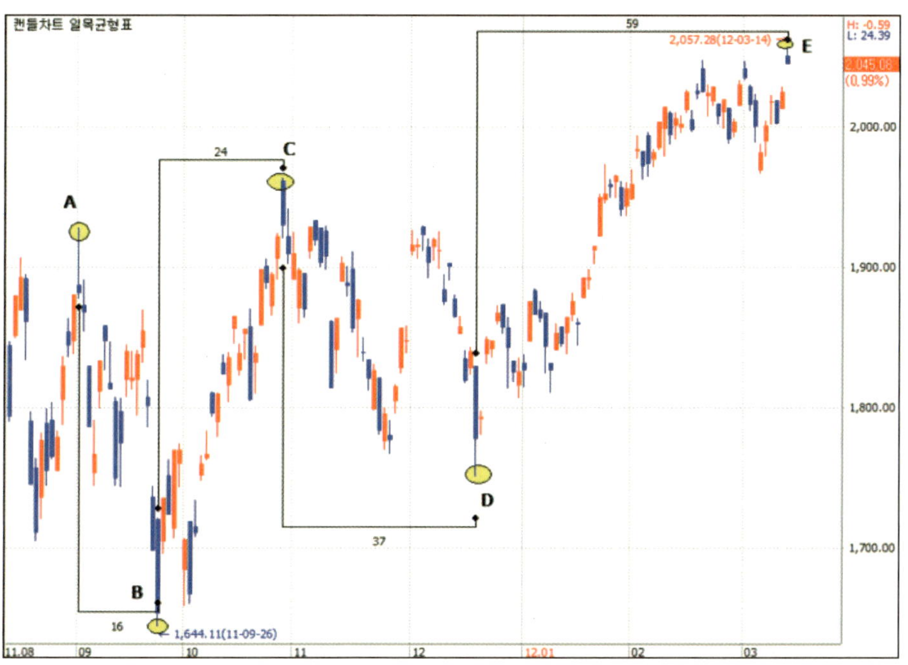

A천정에서 B바닥까지 16캔들은 곱하기 균형 비율 1.618의 10배수 16.18에서 소숫점 이하를 뗀 것이다. B바닥에서 C천정까지 24캔들 상승은 16캔들 하락 대비 1.5배 확장이다. 그리고 C천정에서 D바닥까지 37캔들 하락은 24캔들 상승의 1.5배 확장이다. 그러므로 37캔들 하락은 16캔들 하락의 1.5배×1.5배=약 2.3배 수준이다.

24캔들 상승에서 37캔들 하락은 피보나치 수열 1, 1, 2, 3, 5, 8, 13, 21, 34, 55에서 21대신 3증가한 24이므로, 34 대신 3 증가한 37이 된 것이다. D바닥에서 E천정까지 59캔들 상승은 37캔들 하락 대비 1.59배 확장이다. 그러므로 59캔들 상승은 24캔들 상승 대비 2.5배(59/24=2.45) 확장이다.

곱하기 균형과 16음 하락

　〈그림 89〉는 코스피 지수 2001년 9월 21일 463.54 바닥을 만든 차트이다. 911테러 직후 급락 바닥이다. A천정에서 41캔들로 바닥 직후 18캔들 반등했다. 그리고 천정에서 16개의 음봉을 형성한 다음 상승 갭을 형성하면서 장기 상승으로 진입이다. 천정에서 15개 또는 16개의 음봉을 형성하면서 전체 캔들 수는 30캔들 정도가 형성되는 패턴이다.

　A천정에서 B바닥까지 하락은 52캔들이다. 대형 박스운동이다. 20대 운동은 소형 박스운동, 30대 운동 운동은 중형 박스 운동 그리고 50대 운동은 대형 박스운동이다. 이는 피보나치 수열 1, 1, 2, 3, 5, 8, 13, 21, 34, 55에서 21, 34, 55 부분을 원용한 것이다.

　일반적으로 50개를 초과하는 운동 과정에서는 3단계로 진행되는 경향을 보인다. 그 허리 부분에 해당하는 것이 C천정에서 G바닥까지 16개 음봉, 또는 C천정에서 D바닥까지 24캔들 하락 운동이다.

26

호흡운동과 주가운동의 공통점

사람이 생명을 영위하기 위하여 필수적인 것이 호흡이다. 운동생리학에 의하면 호흡은 음식물을 통하여 섭취한 유기물을 분해하여 생명작용에 필요한 에너지를 만드는 과정으로 산소를 들이마시고 이산화탄소를 내보내는 가스 교환을 의미한다. 산소 분자는 산소 원자 두 개가 결합해 만들어진다. 산소의 원자번호는 8이므로 산소분자는 8+8=16으로 표현된다. 이산화탄소 분자는 탄소 원자1개와 산소원자 2개가 결합한 것이다. 탄소의 원자번호는 6이고 산소의 원자번호는 8이므로 이산화탄소는 6+8+8=22란 숫자로 표현할 수 있다.

이를 주가운동에 비유해 보자. 주가가 상승하는 과정에서 천정을 형성한 후, 새롭게 상승 에너지를 모으기 위해서는 상승 과정에서 적체된 매물을 소화하는 과정이 필요하다. 그리고 이 과정에서 빈번하게 나타나는 것이 22캔들 정도 순간적으로 급락하는 것이다. 이는 인체가 숫자 22로 표현되는 이산화탄소를 방출하기 위하여 호흡을 하는 것과 같은 이치이다.

인체는 호흡을 통해 영양분을 산화시켜 에너지를 만든다. 호흡에 사용되는 산소는 세포 내에서 에너지를 생성해주는 연료 역할을 한다. 22만큼의 이산화탄소를 방출하고 16만큼의 산소를 들이마시는 과정이 호흡인 것이다. 마찬가지로 주가 운동도 16캔들과 22캔들 정도의 등락을 통하여 시장을 움직이기 위한 새로운 탄력을 부여받게 된다. 자체적인 에너지 강화 과정의 자연스러운 결과라 할 수 있다.

이산화탄소를 표시하는 숫자 22는 축소 황금수 6과 확대 황금수 16을 더한 숫자이므로 합(合) 황금수라고 말한다. 이는 축소 황금 10배이고, 확대 황금수 16은 확대 황금비율 1.618의 10배수이다. 주가의 상하운동은 숫자 6과 16 그리고 22만큼의 에너지가 오르고 내리는 것이라 이해하면 된다. 이제부터 차트를 보면서 자세하게 설명해보겠다.

▣ **그림 91** [일] 종합(1001) (1980/01/04~2012/07/06)

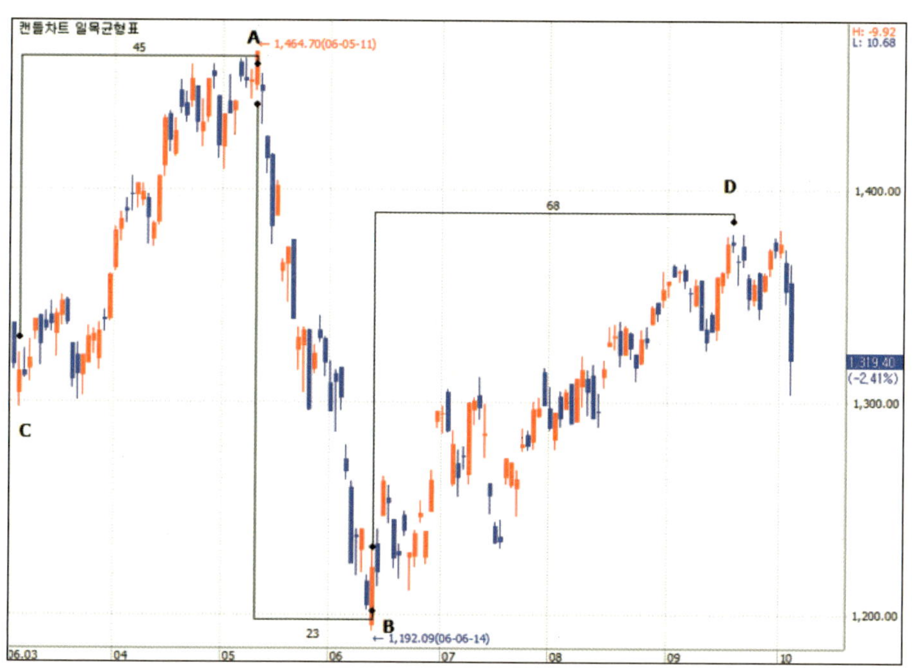

한국 코스피 지수 2006년 5월 11일 천정 이후 23캔들 급락한 차트이다. C바닥에서 45 상승한 A천정에서 B바닥까지 23캔들 급락하여 적체된 고가 대기 물량을 소화시킨 후, B바닥에서 D천정까지45캔들 상승과 23캔들 하락을 합한 68캔들 상승을 시현한 모습이다. 숫자 23은 피보나치 수열 1, 1, 2, 3, 5, 8, 13에서 숫자 2와 숫자 3을 붙여놓은 숫자이다. 좌측 수 2에서 우측 수 3으로 확장수이인 것이다.

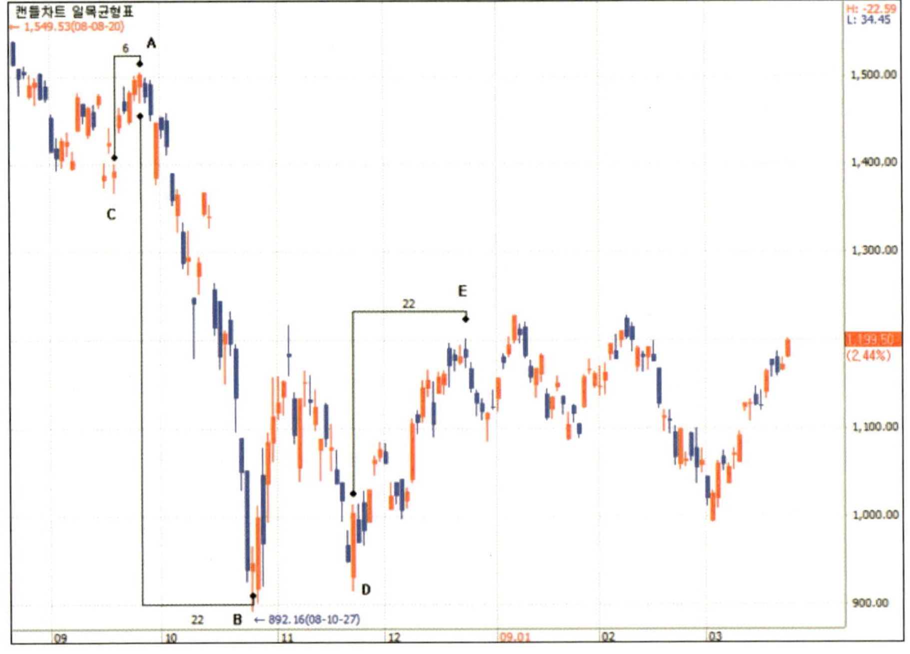

■ 그림 92 [일] 종합(1001)   (1980/01/04~2012/07/06)

한국 코스피 지수 2008년 10월 27일 892.16바닥을 형성하는 차트이다. C바닥에서 A천정까지 6캔들 반등, 천정에서 B바닥까지 22캔들 급락이다. 적체된 매물이 22캔들 급락 과정에서 모두 소진된 후 단계적인 바닥을 형성하는 모습이다. B바닥 우측 D바닥에서 22캔들 상승한 E위치에서 조정 후 신고가를 형성하여 상승 추세 반전을 위한 예비신호를 발생시킨 모습이다.

(1980/01/04~2012/07/06)

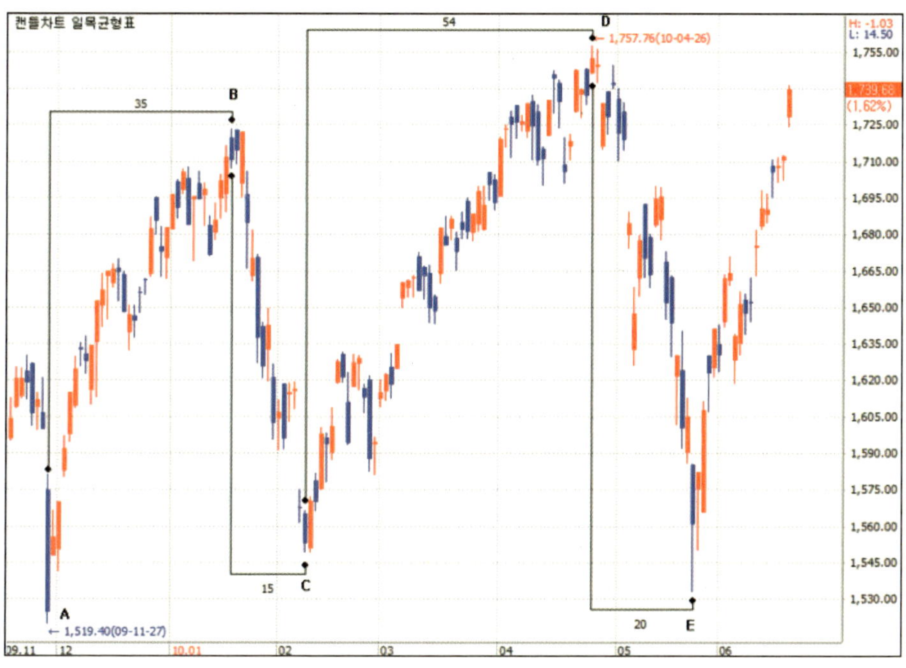

한국 코스피 지수 2010년 4월 26일 천정에서 20캔들 급락하여 A바닥에서 D천정까지 102일 상승과정에서 누적된 매물이 한꺼번에 소화된 모습이다. A바닥에서 B천정까지 35캔들과 B천정에서 C바닥까지 15캔들 하락을 합한 50캔들 정도 상승하는 것이 적정 상승이나 2차 상승은 종종 초과 상승이 나타난다. 적정 상승 보다 초과 상승한 D천정에서 35캔들과 15캔들을 뺀 20캔들 급락이다.

27

기초 확장과 기본 확장

계산 기본수는 10개이다. 10개를 넘어서는 상승 움직임이 나타나야 추세를 반전시키려는 의미로 해석된다. 동시에 10개를 초과할 경우 단기적으로는 초과 매수 상태를 의미한다. 그러므로 초과 매수된 상태를 해소하기 위해 조정이 필요하다. A바닥에서 B천정까지 1차 상승 13캔들 상승은 10캔들 대비 1.382배 확장으로서 기초 확장이다.

B천정에서 C바닥까지 8캔들 조정은 A바닥에서 B천정까지 13캔들 상승 대비 0.618 조정이다. 이는 피보나치 수열에서도 확인된다. 피보나치 수열에서 좌측 한 칸 위치는 61.8% 조정을 의미한다. 10캔들 초과하는 상승 이후 10캔들 이내 조정은 적절한 조정이다.

　C바닥에서 D천정까지 17캔들 상승은 10캔들 대비 기본 확장이다. 기본 확장은 1.618배 확장을 의미한다. A바닥에서 B천정까지 기초 확장수 13캔들 상승하고, C바닥에서 D천정까지 기본 확장수 17캔들 상승은 단계적 상승 과정이 적절하게 진행되는 상태를 의미한다.

　C바닥에서 D천정까지 17캔들 상승 후, D천정에서 E바닥까지 8캔들을 뺀 9캔들 상승이 E바닥에서 F천정까지 3차 상승이다. 3차 상승은 2차 상승에서 2차 하락을 뺀 수치로 계산된다. 이는 상승 배분 천정이다. 17캔들 상승 기운이 8캔들 하락과 9캔들 상승으로 이어지는 빼기 상승이다. 상승 3단계는 초기 상승, 더하기 상승, 빼기 상승으로 구성된다.

기초 확장 13 하락으로 하락 국면 진입

추세를 반전시키기 위해서는 운동의 초기에 10캔들 이상 움직이는 것이 필요하다.
A천정에서 B바닥까지 13캔들 하락이 초기 운동이자 기초확장이다. 기초확장은 자
연수열 3에서 4로 진행하는 비율(4/3=1.33)로서 가장 기초적인 확장비율을 보인다.
A천정에서 B바닥까지 13캔들 하락이 1차 하락이고, 13캔들 하락한 B바닥에서 10캔
들 대비 3캔들 초과 하락한 3캔들만큼 급반등한 C천정이 1차 반등 천정이다.

기초 확장 13과 반등 천정 그리고 신저가

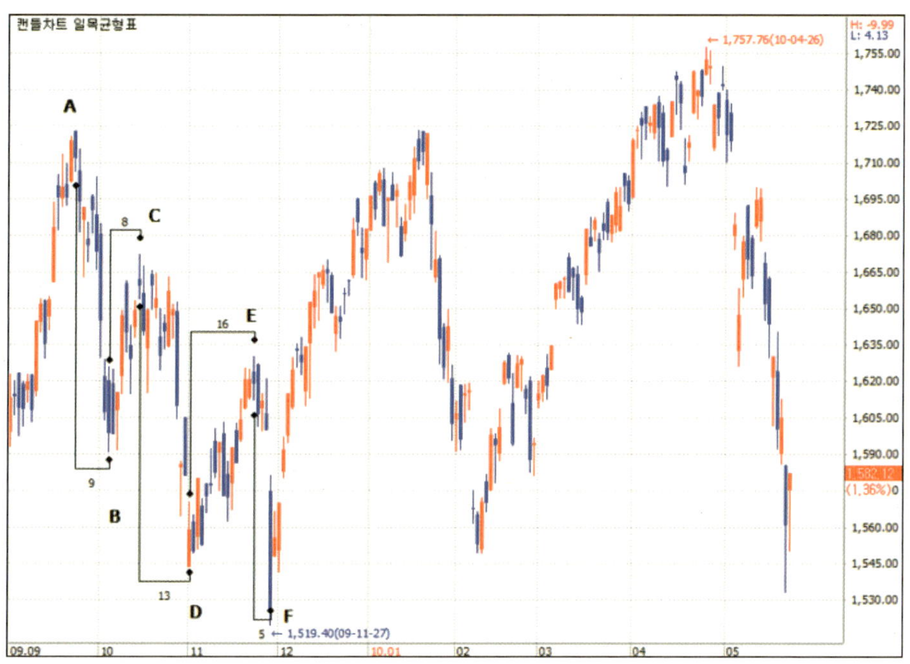

A천정에서 B바닥까지 9캔들 하락은 1차 하락이고 C천정에서 D바닥까지 기초확장수 13캔들 하락은 2차 하락이다. 기초확장수 13캔들 하락 후 D바닥에서 E천정까지 반등이 1차 반등 천정 C를 돌파하지 못한다. 결국 E천정에서 F바닥까지 5캔들로 2차 하락 바닥 D를 붕괴시키면서 3차 하락이 일어난다. 기초확장수 이후 반작용이 끝난 다음 갭이 발생하는 큰 움직임이 관찰된다.

    A천정에서 B바닥까지 13캔들 하락이 초기 확장수이다. 10캔들은 계산 기본수이기도 하고 2레벨(6, 7, 8, 9, 10) 최대수이기도 하다. 13캔들은 2레벨 초과수, 즉 2자리 숫자이므로 B바닥에서 C천정까지 한 자리 수인 7캔들 반작용하는 것이 적절하다. B바닥에서 C천정까지 7캔들 반작용 후 갭 하락이 나타나는 것은 초과수 13이 가지는 특징이다.

28

기초 가속과 기본 가속

 **기초 가속 23과 24**

 다음의 〈그림 98〉을 보면, A바닥에서 B천정까지 16캔들 상승은 곱하기 균형수이다. 곱하기 균형 비율은 1.618이다. B천정에서 C바닥까지 24캔들 하락은 16캔들 상승 대비 1.5배 확장이다. 이는 더하기 균형 비율이다. 더하기 균형비율 1.5를 제곱하면 2.25이다. 이 비율을 10배하면 23이 된다. 더하기 균형 비율을 제곱한 비율 2.3은 기초 가속 비율이고 2.3을 10배한 23(22~24)은 기초 가속수가 된다. B천정에서 C바닥까지 24캔들은 기초 가속수이다.

캔들차트 일목균형표
16
B
13,338.66(12-05-01)
A
24
C
← 12,035.09(12-06-04)
H: -4.24
L: 6.13
13,300.00
13,200.00
13,100.00
13,000.00
12,900.00
12,800.00
12,772.47
(-0.95%)
12,700.00
12,600.00
12,500.00
12,400.00
12,300.00
12,200.00
12,100.00
03
04
05
06
07
16:30:45

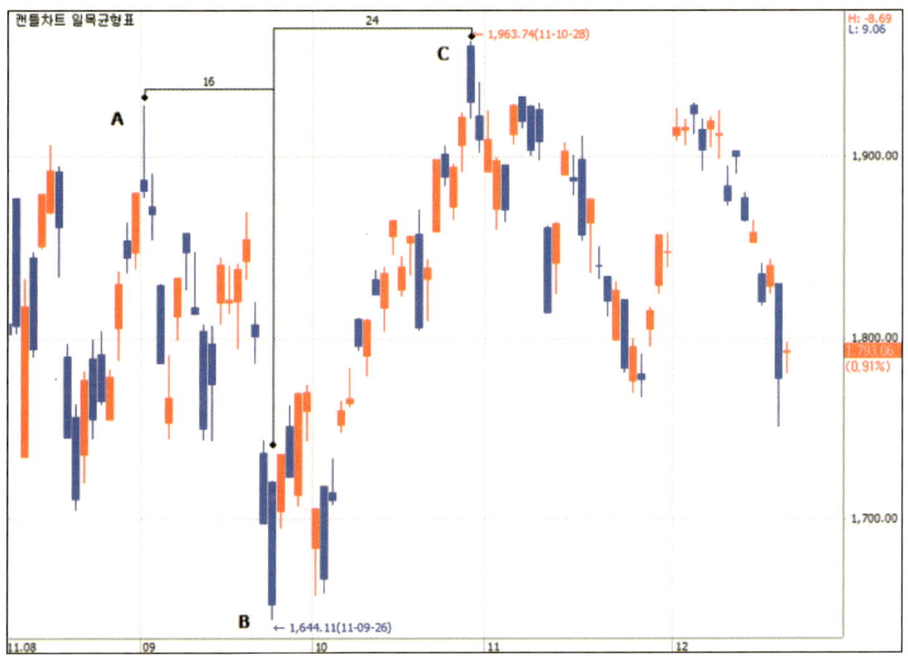

〈그림 99〉는 〈그림 98〉의 역회전이다. A천정에서 B바닥까지 16캔들 하락한 바닥을 기준으로 B바닥에서 C천정까지 24캔들 상승은 1.5배 확장이다. 이는 더하기 균형 비율이다. 즉 곱하기 균형 비율 1.618에 비해 다소 느린 확장 비율이라는 의미이다. A천정에서 B바닥까지 16캔들 하락의 1.618배 확장수는 26이다(16×1.618=25.8888).

기본 가속 26과 27

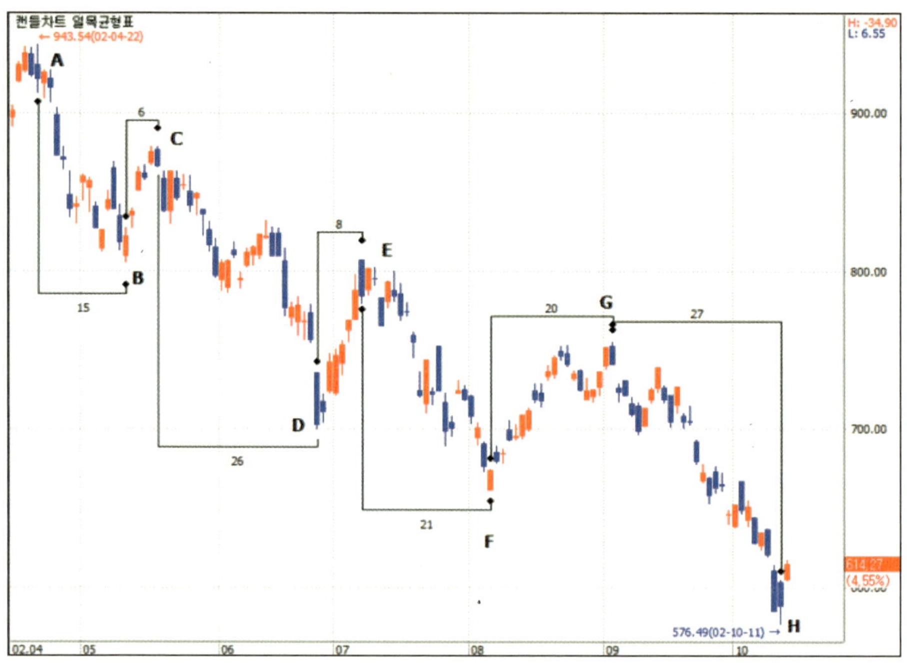

　A천정에서 B바닥까지 15캔들 하락은 1차 하락이고, B바닥에서 C천정까지 6캔들 상승은 1차 반등이다. 1차 하락과 1차 반등을 더한 21캔들 정도 하락하는 것이 적정한 2차 하락이나, C천정에서 D바닥까지 26캔들 하락은 초과매도에 의한 하락 즉 가속하락이다. 기초가속수 24보다 한 단계 더 추가 하락한 숫자가 기본 가속수 26이다.

　기본 가속비율 2.618은 곱하기 균형 비율 1.618을 제곱한 비율(1.618×1.618=2.618)
이다. 그만큼 가속적으로 확장하는 비율이라는 의미이다. 기본 가속 비율 2.618을
10배한 숫자가 기본가속수인데 26과 27이 공히 기본 가속수이다. G천정 26캔들 하
락한 시점이 종가 바닥이고, G천정 27캔들 하락한 H위치는 저가 바닥이다.

레벨1 초과수 6, 7, 8, 9

레벨이란 5개 단위로 하나의 단위를 설정하는 것이다. 1, 2, 3, 4, 5는 첫 번째 레벨이고, 1레벨 최대수는 5이다. 6, 7, 8, 9, 10은 두 번째 레벨이고 2레벨 최대수는 10이다. 11, 12, 13, 14, 15는 세 번째 레벨, 3레벨 최대수는 15이다. 1레벨 초과수라 함은 5를 초과하는 6, 7, 8, 9 등을 말한다.

초과수 6 상승, 26

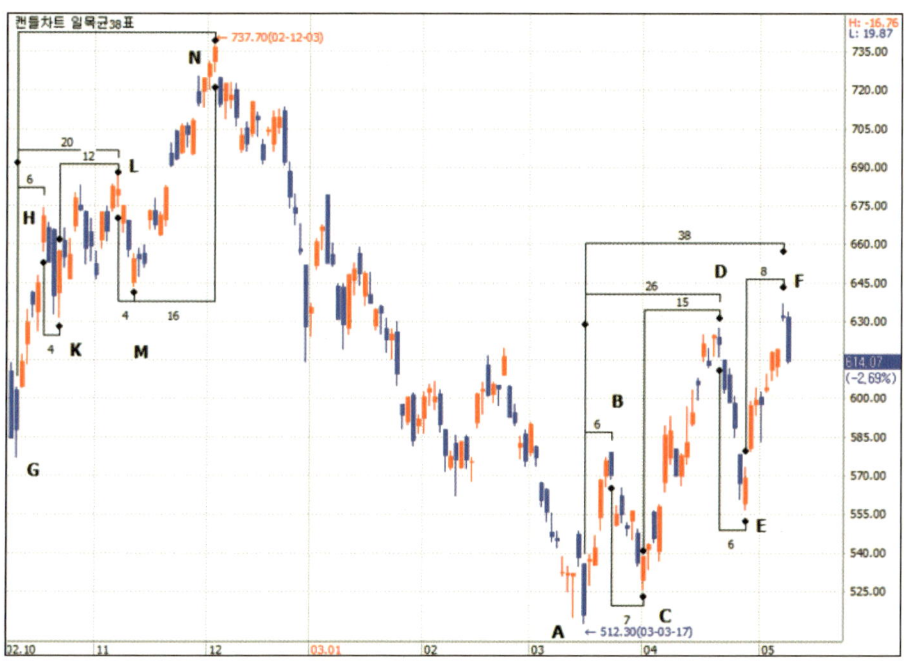

주가가 상승 추세로 진입하기 위해서는 일반적으로 초기에 최소 1레벨 이상 상승한 후 바닥을 지지하는 것이 필요하다. G바닥에서 H천정까지 6캔들 상승한 것은 1레벨 최대수 5를 초과한 것이다. 1레벨 최대수 5를 초과하는 상승 후에는 1레벨 최대수 5보다 작은 수로 바닥을 확인하는 것이 이상적이다. 1레벨 최대수 5보다 작은 수 가운데 가장 큰 수는 4이다. H천정에서 K바닥까지 4수 바닥이다. 천정 4캔들 위치가 전 저점 지지되는 것이 상승 추세 반전의 필수요소이다.

1레벨 최대수 5를 초과하는 6캔들 상승 후 조정에 진입하는 경우, 1레벨 최대수 5보다 작은 수로 조정을 완료하는 것이 가장 이상적이다. 그런데 1레벨 최대수 5 또는 그보다 1~2개 많은 6또는 7까지 조정을 완료하는 경우도 발생 가능하다. 다만 이 경우 전 저점 지지를 확인하는 것이 필요하며 2큐 상승에서 전 고점을 돌파하는 갭 양봉 상승이 필요하다.

초과수 6 상승, 12

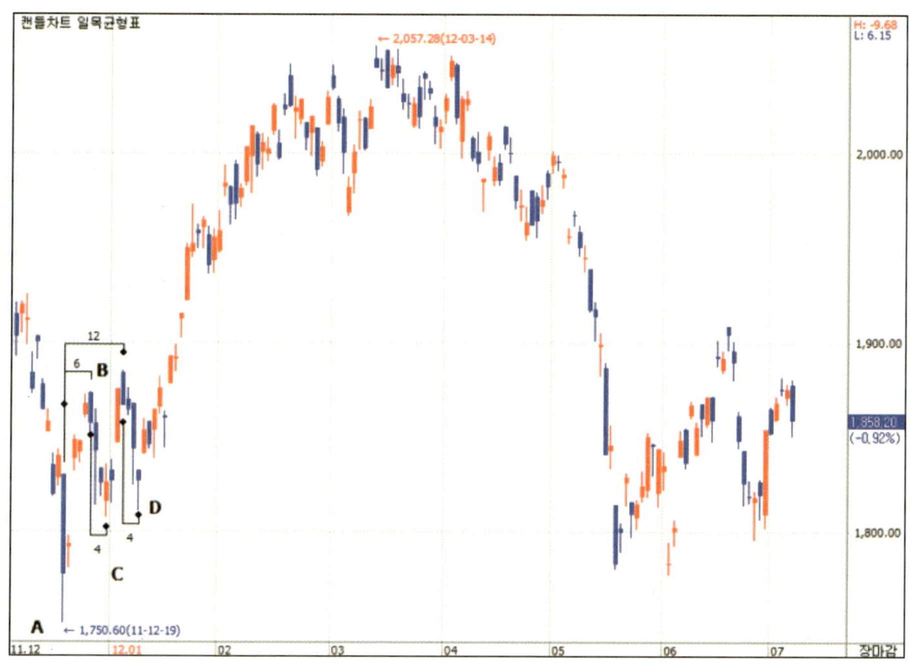

A바닥에서 B천정까지 6캔들 상승 후 C바닥까지 조정 과정에서 전 저점이 지지되자 다시 4캔들 상승하여 신고가 발생이다. 신고가 발생시 익절하고 다시 한번 눌림목에서 재매수하는 것이 중요하다. D바닥에서 3큐 안에 신고가 발생하여 2차 상승 진입이다. D바닥에서 시작된 2차 상승이 30~40개, 혹은 A바닥에서 시작된 전체 상승이 50~60개 정도 상승하는 패턴이다.

초과수 6 상승, 13 하락

　　A바닥에서 B천정까지 6캔들 상승한 천정이다. 3단계 상승 천정에서 충분히 하락하지 않은 상태의 6캔들 반등 천정을 기점으로 급격한 하락이 발생하는 그림이다. 이 경우 B천정 4캔들 위치에서 신저가 발생하고 C바닥까지 13캔들 급락이다. 13캔들 하락은 기초 확장수이다.

　　즉 레벨2(6, 7, 8, 9, 10)로 천정이 나올 때, 레벨3(11, 12, 13, 14, 15)으로 하락하는 것이 기본인데 그 가운데 가장 빈번하게 나타나는 하락이 13캔들 하락이다. C바닥에서 D천정까지 7캔들 상승은 6캔들 반등 천정에서 13캔들 하락을 뺀 것이 7캔들 반등한 것이다. 상하차 반등 천정이다. D천정에서 E바닥까지 5캔들 하락은 13캔들 하락에서 7캔들 반등을 뺀 6캔들 하락 기운의 발현이다. 빼기 바닥인 것이다.

큰 하락 기운이 있고 난후 반등 천정에서 하락과 반등의 차이만큼 재 하락하는 것이 '빼기 하락'인데 빼기 계산이 정확하게 적용되는 것이 원칙이나, 그 당시 하락 에너지의 강약에 따라 조금씩 편차가 발생하기도 한다. '빼기 계산' 1캔들 전에 바닥을 형성한 것이 E바닥이다. 빼기 계산 1캔들 전에 바닥이 형성된 것은 선취 매수에 의한 바닥이므로 추가 상승이 갭 양봉을 발생시킬지 확인해야 한다.

초과수 6 상승, 22 하락

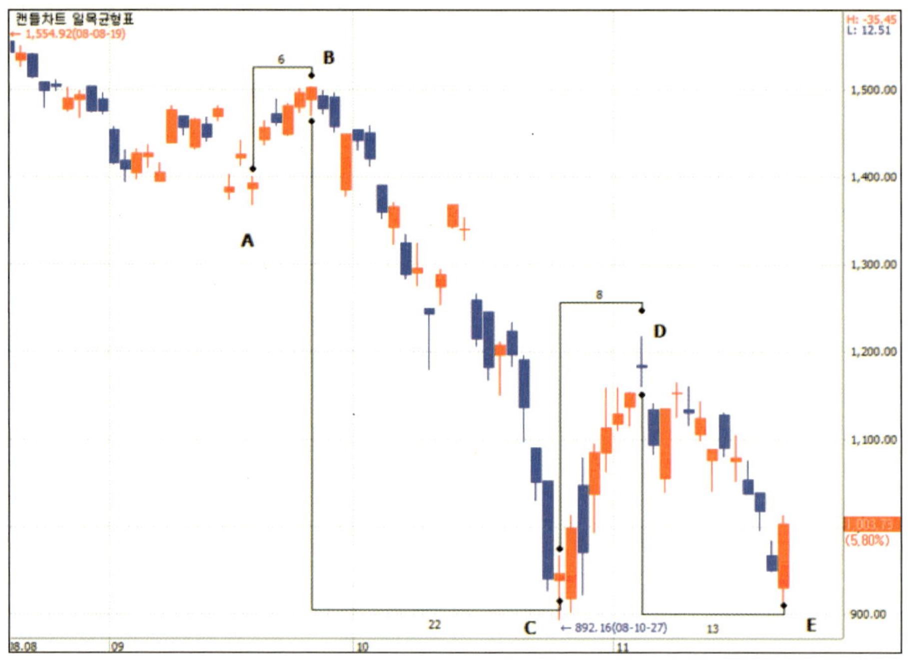

초과수 6천정에서 22수 하락과 초과수 8천정에서 13수 하락 패턴이다. 초과수 6천정에서 11캔들 하락 바닥에서 반등 추세가 3캔들로 막히자, 다시 10캔들 하락한 것이 22캔들 하락이다. 한 단위 숫자로 반등해 천정일 경우, 두 단위 숫자 하락하는 것이 기본 패턴이다. 6천정에서 11하락, 3천정에서 10하락, 8천정에서 13하락은 같은 패턴인 것이다.

B천정에서 C바닥까지 22수 하락 바닥에서 D천정까지 8캔들 반등을 빼면 14하락 기운이 남는다. D천정에서 E바닥까지 13캔들 하락은 큰 하락에서 반등을 뺀 남은 하락 기운이 작용한 것이다. 남은 하락 기운에 의한 빼기 하락은 대기 매수세의 조기

개입에 의해 1캔들 축소된 상태에서 미리 바닥을 형성하는 경우가 빈번하다.

빼기 하락 개념을 개념의 확장이라는 색다른 관점에서 접근해 보면 시장을 보는 새로운 시각을 가지게 될 것이다. B천정에서 C바닥까지 22캔들 하락하는 과정에서 13음봉이 관찰된다. D천정에서 E바닥까지 13캔들로 바닥이다. 이 관점을 천음천지(天陰天地)라고 한다. 천정에서 바닥까지 음봉 수만큼 반등 천정에서 캔들이 추가 하락하는 위치가 두 번째 바닥이 되는 것이다.

초과수 7 상승

　　1레벨 최대수 5를 초과하는 숫자 가운데 두 번째 숫자가 7이다. A바닥에서 B천정까지 6캔들 천정에서는 4캔들만에 신저가 발생이다. C바닥에서 D천정까지 7캔들 천정에서는 5캔들만인 E바닥에서 신저가 발생이다. 상승 추세에서 6캔들이 7캔들로 1캔들 증가하면서 신저가 발생하고, 캔들 수도 4캔들에서 5캔들로 1캔들 증가한 것이다. 1캔들 증가한 상승을 누르는 데는 1캔들 더 소요된다는 논리이다.

초과수 8 상승

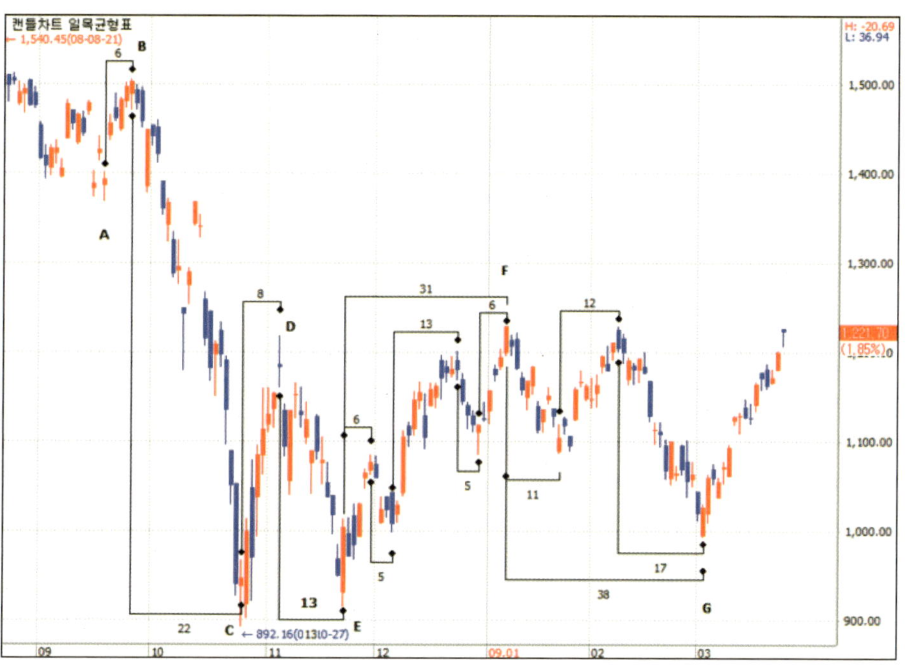

　　A바닥에서 B천정까지 6캔들 상승 천정에서 C바닥까지 6캔들 상승 대비 3.6배 확장한 22캔들 하락이다. 하락 추세에서는 반등 대비 3~4배 확장 하락이 일상적이다. C바닥에서 D천정까지 8캔들 상승한 천정에서는 E바닥까지 8캔들 상승 대비 1.625배 확장 하락이다. 6캔들 상승 대비 2캔들 추가 상승한 것이 확장 하락 비율을 3.6배에서 1.6배로 절반 이상 줄인 것이다.

초과수 9 하락, 8반등 천정, 13 하락

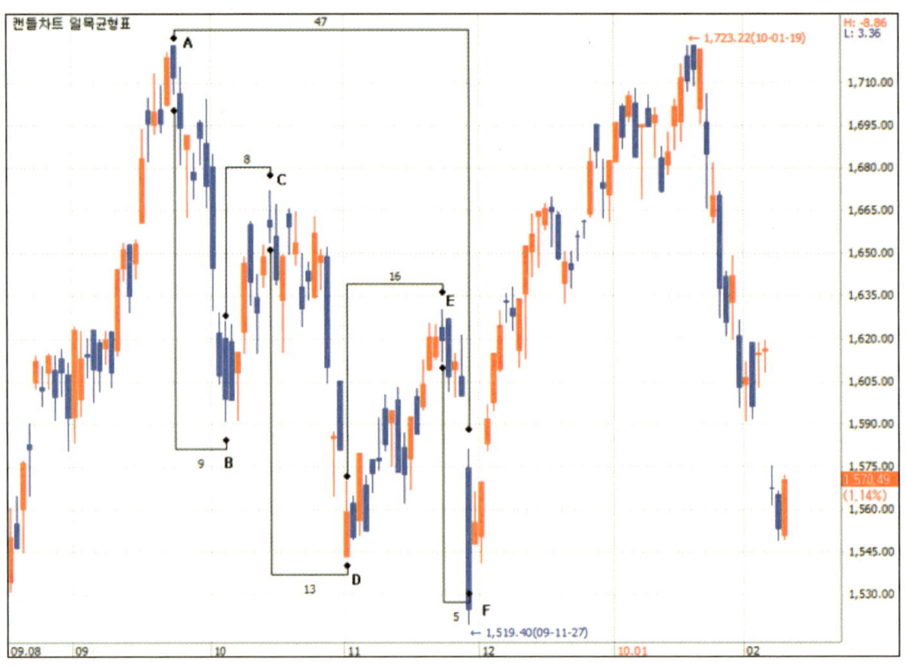

A천정에서 B바닥까지 9캔들 하락 후 B바닥에서 C천정까지 8캔들 반등으로 천정이다. 이는 1차 하락과 1차 반등을 형성하는 대표적인 조합이다. 하락 수보다 작은 수로 반등 천정을 형성하며 2차 하락으로 진입하는 것이다. C천정에서 D바닥까지 13캔들 하락으로 2차 하락이다. 반등 천정에서 반등 대비 1.618배 하락이다 (13/8=1.625).

초과수 9 하락, 8반등 천정, 21 하락

A천정에서 B바닥까지 9캔들 하락 후 B바닥에서 C천정까지 8캔들 반등으로 천정이다. 이는 1차 하락과 1차 반등을 형성하는 대표적인 조합으로, 하락 수보다 작은 수로 반등 천정을 형성하며 갭을 동반하는 2차 하락으로 진입하는 반등 천정에서 나타나는 패턴이다.

C천정에서 D바닥까지 21캔들 하락으로 반등 천정에서 반등 대비 2.618배 하락이다(21/8=2.625).

천정에서 9캔들 하락한 1차 하락 바닥에서 8캔들 반등 천정 형성 후 2차 하락이다. 2차 하락이 8캔들 반등 대비 1.618배 확장인 13캔들인 경우 〈그림 108〉에서와 같이

3차 하락이 5캔들 정도로 단축되는 모습을 보인다. 그런데 2차 하락이 8캔들 반등 대비 2.618배 확장인 21캔들인 경우 〈그림 109〉에서와 같이 3차 하락이 27캔들로 2차 하락보다 오히려 확장되는 모습이다. 2.618배 확장 하락 효과이다.

초과수 9 하락, 5 반등, 25 하락

　A천정에서 B바닥까지 9캔들 하락 후 B바닥에서 C천정까지 5캔들 반등으로 천정이다. 5캔들 반등으로 천정을 형성하는 것은 8캔들 반등 천정을 형성하는 것과 비교하여 61.8% 수준이다(5/8=0.625). 그 결과 2차 하락이 5캔들 반등 대비 5배 확장인 25캔들로 나타난 모습이다. 1차 반등이 약할수록 2차 하락이 크게 나타나고, 1차 하락의 약 3배(25/9=2.77) 또는 5배도 가능하다.

30

레벨2 초과수 11, 12, 13, 14

 **초과수 11 하락**

주가가 상승 추세로 진입하기 위해서는 일반적으로 초기에 최소 1레벨 이상 상승한 후 바닥을 지지하는 것이 필요하다. A바닥에서 B천정까지 6캔들 상승한 것은 1레벨 최대수 5를 초과한 것이다. 1레벨 최대수 5를 초과하는 상승 시점은 일단 이익을 실현하는 시점이다. 그 후 조정시 1레벨 최대수 5보다 작은 수로 바닥을 확인하는 것이 필요하다.

　1레벨 최대수 5보다 작은 수 가운데 가장 큰 수는 4이다. H천정에서 K바닥까지 4수 바닥이다. 천정 4캔들 위치가 전 저점 지지되는 것이 상승 추세 반전의 필수요소이다. A바닥에서 B천정까지 6캔들 상승 천정에서 4캔들째가 양봉으로 바닥이 된 후, 1음봉 다음 1양봉으로 상승해야 전 고점을 돌파할 수 있다. 1양봉 다음 2음봉 연속되는 경우엔 전 저점 붕괴 압력이 증가하는 신호이다.

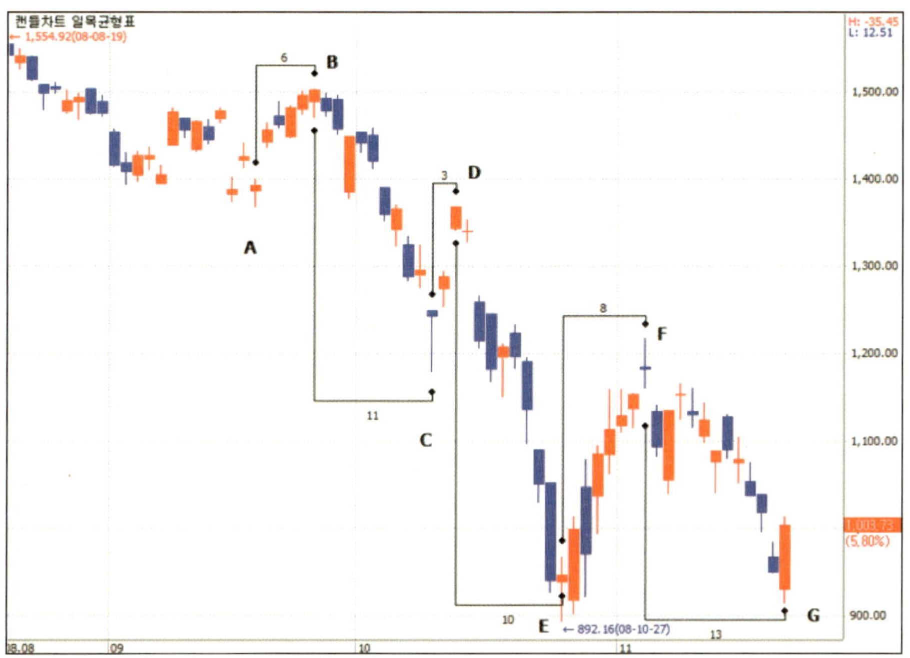

　　1레벨 최대수 5를 초과하는 6캔들 상승 후 천정 4캔들 바닥을 붕괴시키면서 전 저점을 붕괴시키는 경우를 살펴보자. 이는 3레벨 하락으로 진입 가능성을 알리는 신호가 된다. B천정에서 C바닥까지 11캔들로 하락한 것이 확인된다. 아는 3레벨 하락 가운데 가장 작은 11캔들 하락(11/6=1.83)이다. C바닥에서 D천정까지 3캔들 반등은 A바닥에서 B천정까지 6캔들 반등 대비 절반이다. 그 결과 D천정에서 E바닥까지 10캔들 하락(10/3=3.3)으로 반등 캔들 수 대비 확장 하락 비율이 2배 정도로 증가한 모습을 보인다.

초과수 12 하락, 6 반등

　　A천정에서 B바닥까지 19캔들 하락한 바닥에서 C천정까지 6캔들 반등을 빼면 13캔들이 남는다. C천정에서 D바닥까지 12캔들 하락으로 바닥을 형성한 것은 빼기 바닥이다.

　　큰 하락일 경우, 반등을 뺀 빼기 하락 과정에서 선취 매수가 작용하면 빼기 하락이 단축되는 경우기 일반적이다. C천정에서 D바닥까지 빼기 하락 바닥에서 반등 수 6을 더한 18캔들 정도의 상승 요인을 가지는 것이다.

　　D바닥에서 F천정까지 16캔들 상승은 C천정에서 D바닥까지 12캔들 하락 대비 기초확장 비율인 1.3배 확장(16/12=1.33)이며 B바닥에서 C천정까지 6캔들 상승 대비

2.618배(16/6=2.66) 확장이다. 두 번째 반등 16캔들은 첫 번째 반등 6캔들 대비 10캔들 초과 상승이다. 두 번째 반등 천정에서 5캔들 하락한 바닥을 보면, 추가 10캔들 상승이 신고가 아닌 반등 천정이 되면서 새로운 하락 국면으로 진입하게 된다.

초과수 12 상승

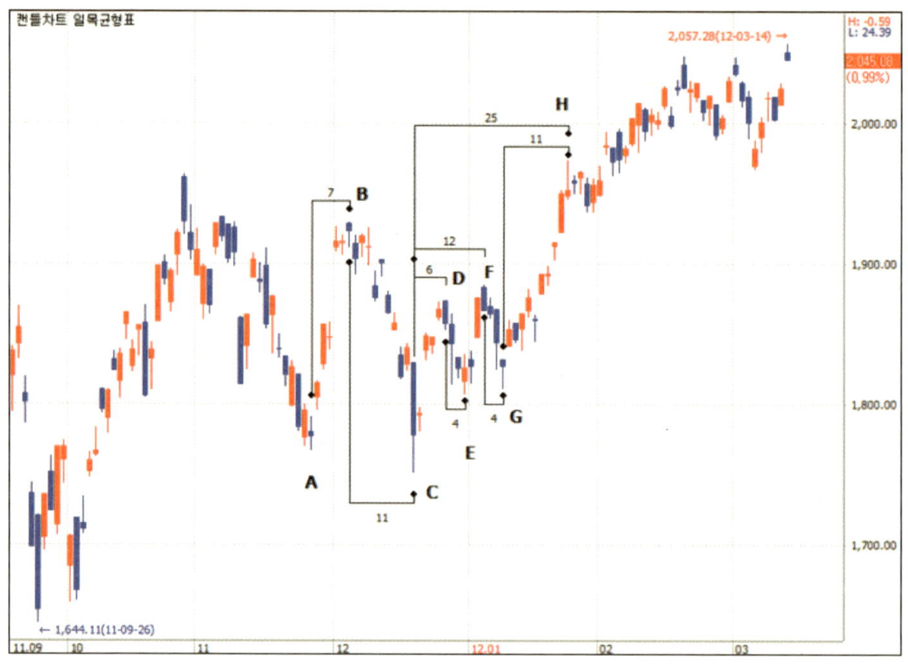

C바닥에서 D천정까지 6캔들 상승은 1레벨 초과수이고, F천정까지 12캔들 상승은 2레벨 초과수이다. 각각의 레벨 초과수에서 형성되는 이식 매물을 받아 내면서 차근 차근 계단식 상승을 보이는 모습이다. B천정에서 C바닥까지 11캔들 하락보다 확장 된 12캔들 상승 후 C바닥에서 F천정까지 12캔들 상승이다. A바닥에서 B천정까지 7캔들 상승 대비 초과 상승한 5캔들 이내 조정 후 상승 추세로 진입하는 것이 관찰된 다. F천정에서 G바닥까지 4캔들 조정은 레벨1 최대수 5에 미달하는 1레벨 조정으로 서 이후 신고가 상승이다.

F천정에서 G바닥까지 4캔들 하락한 바닥에서 4캔들 양봉으로 신고가를 형성한

모습이다. G바닥에서 캔들 수로는 7캔들로 신고가이다. 시간을 대표하는 캔들 수 개념이 에너지를 대표하는 양봉 수 개념으로 확장된 것이다. 에너지 개념은 상호 통용된다. 열역학 법칙에 의하면 모든 형태의 에너지는 상호간의 전환이 가능하다. 천정 4캔들 하락 바닥에서 바닥 4캔들 상승 또는 바닥 4양봉 상승 어느 것이나 강한 상승으로 인식되기에 충분하다는 것이다.

천정 12 하락

　A바닥에서 B천정까지 12캔들 상승은 1차 상승이고, B천정에서 C바닥까지 4캔들 하락은 1차 반락이며, C바닥에서 D천정까지 29캔들 상승은 2차 상승이다. 2차 상승 천정 D에서 E까지 12캔들 하락은 A바닥에서 B천정까지 1차 상승의 거꾸로 운동이다. E비닥에서 F천정까지 6캔들 상승하는 동안 4양봉은 B천정에서 C바닥까지 4캔들 또는 4음봉 하락의 반작용이다.

　3레벨(11, 12, 13, 14, 15)로 상승시 그보다 작은 1~2레벨 조정 후 더 큰 상승으로 진행하고, 3레벨로 하락시 그보다 약한 1~2레벨 반등 후 더 큰 하락으로 진행한다는 것이 레벨 운동의 핵심이다. C바닥에서 29캔들 상승으로 천정이므로 F바닥에서 29캔들 하락하면서 추세를 반전시키게 되는 것이 자연스러운 것이다.

초과수 13 하락, 8 상승 13 하락

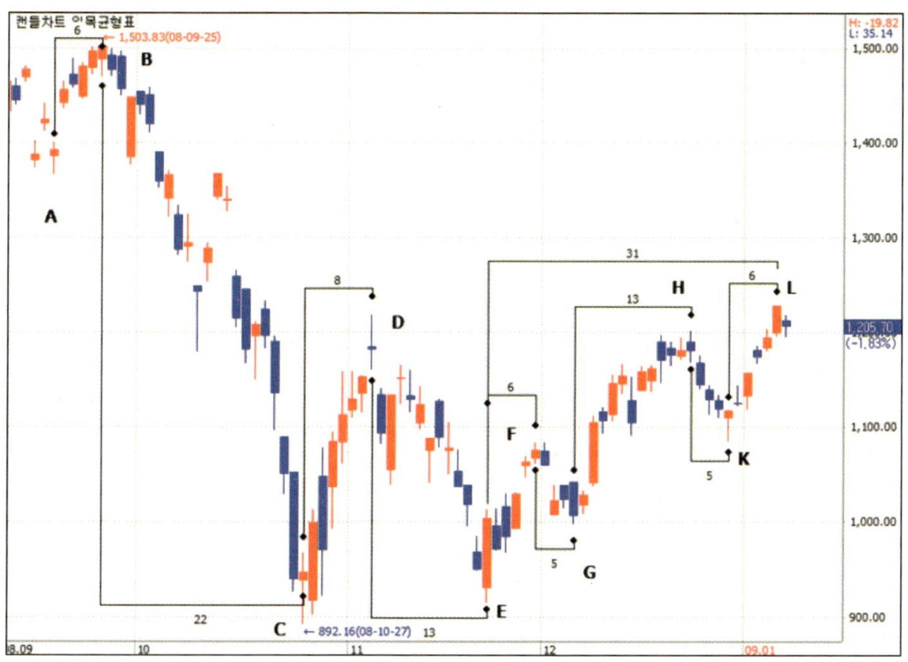

피보나치 수열에서 8 다음 숫자는 13이다. 피보나치 수열은 자연이 선택한 확장수
열이므로 C바닥에서 D천정까지 8캔들 반등 천정 기준, D천정에서 E바닥까지 13캔
들 하락하는 것은 자연스러운 확장 하락인 것이다. 두 자릿수 이하 상승시 두 자릿수
로 하락하고 한 자릿수 상승시 두 자릿수로 하락하는 것은 자연스러운 것이라는 의
미이다.

■ 그림 116 [일] 종합(1001)　　　　　　　　　　　　　　　　　(1980/01/04~2012/07/06)

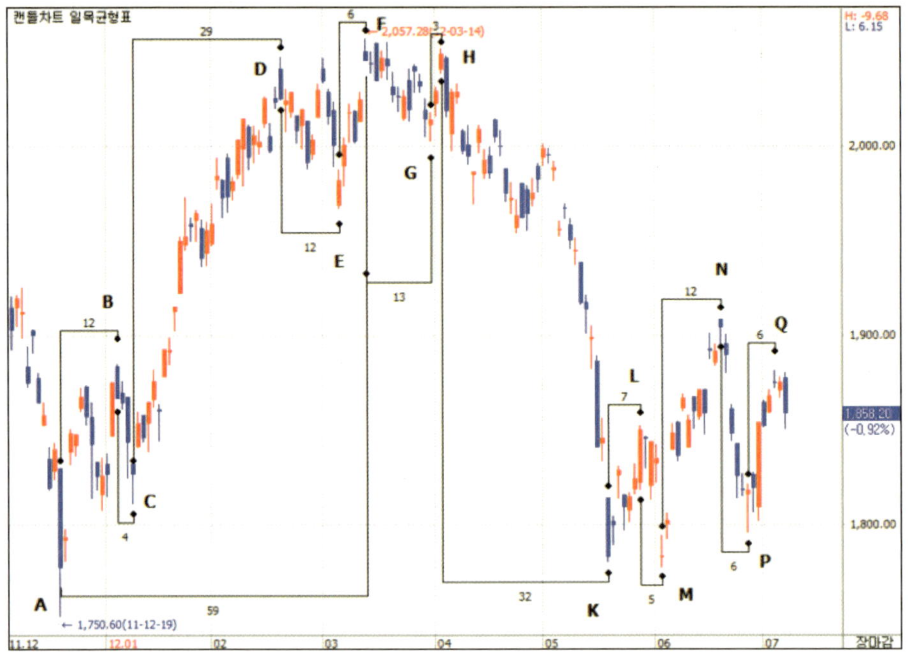

　E천정에서 G바닥까지 13캔들 하락 후 G바닥에서 H천정까지 3캔들 반등은 3레벨(11, 12, 13, 14, 15) 하락 상태에서 1레벨(1, 2, 3, 4, 5) 반등이므로 2차 하락이 매우 가파르게 진행될 가능성을 암시하는 것이다. 2레벨 작은 반등은 매우 미약한 반등이기 때문이다. A바닥에서 B천정까지 3레벨 수인 12캔들 상승 후 B천정에서 C바닥까지 1레벨 수인 4캔들 하락 바닥에서 급등으로 진입하는 것과 같은 논리이다.

초과수 13 하락

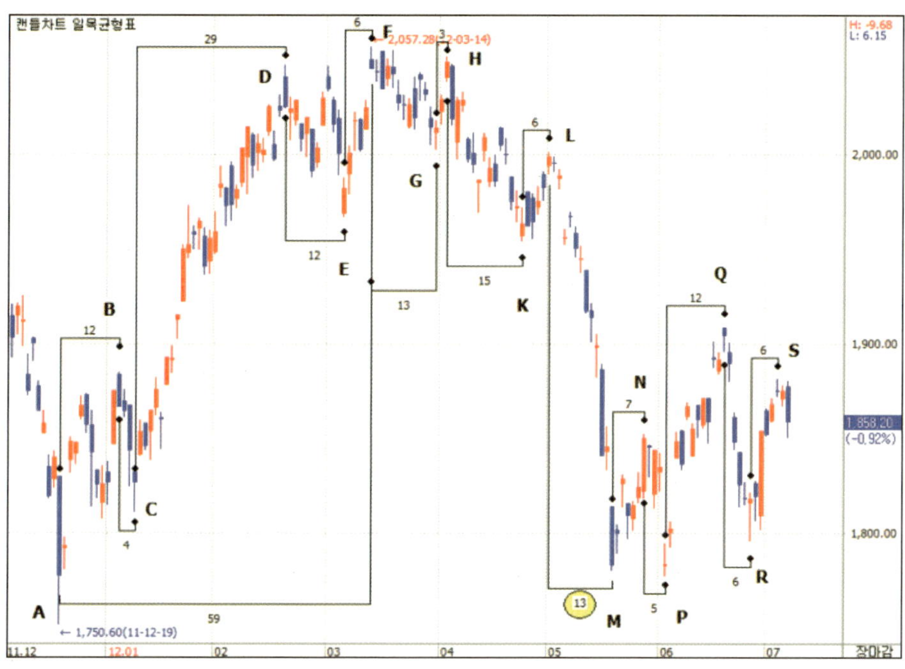

L천정에서 M바닥까지 13캔들 하락한 바닥에서 N천정 위치까지 7캔들 반등한 것
은 K바닥에서 L천정까지 6캔들 반등을 뺀 결과이다. 3레벨(1, 12, 13, 14, 15) 하락 운
동할 경우 반등을 완료한 천정에서 새로운 하락 기운의 형성으로 신저가 발생에 대
한 기대심리가 형성되는 것이 일반적이다.

◪ 그림 118 [일] 종합(1001) (1980/01/04~2012/07/06)

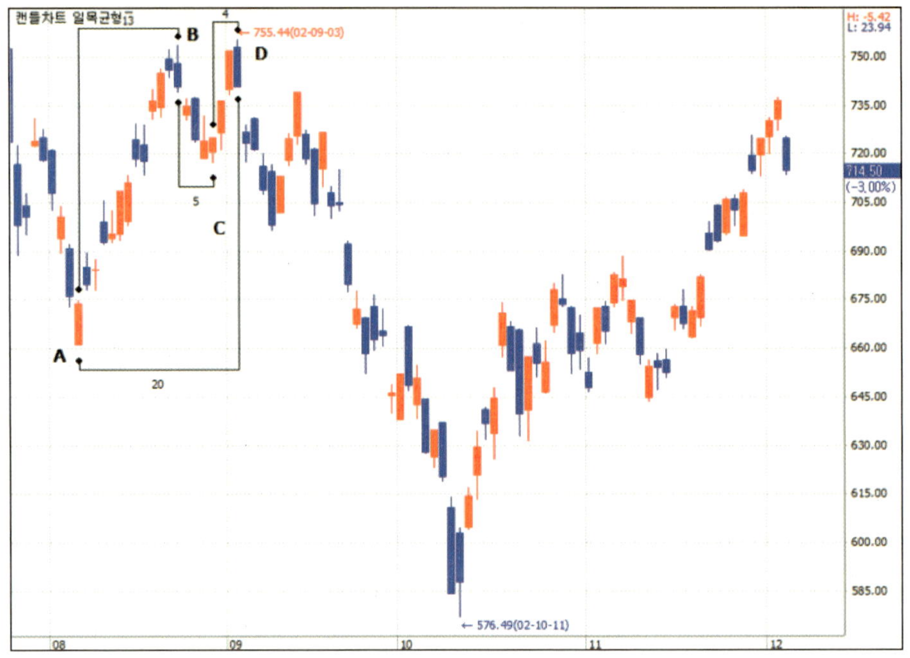

  3레벨(11, 12, 13, 14, 15) 상승 운동일 경우, 반락을 완료한 바닥에서 새로운 상승 기운의 형성으로 신고가 발생에 대한 기대심리가 형성되는 것이 일반적이다. 이는 3레벨 하락 운동일 경우, 반등을 완료한 천정에서 새로운 하락 기운의 형성으로 신저가 발생에 대한 기대심리가 형성되는 것과 같은 논리이다. A바닥에서 B천정까지 13캔들 상승 후 5캔들 조정한 바닥에서 신고가 천정이다.

초과수 13 상승 (13.8.17)

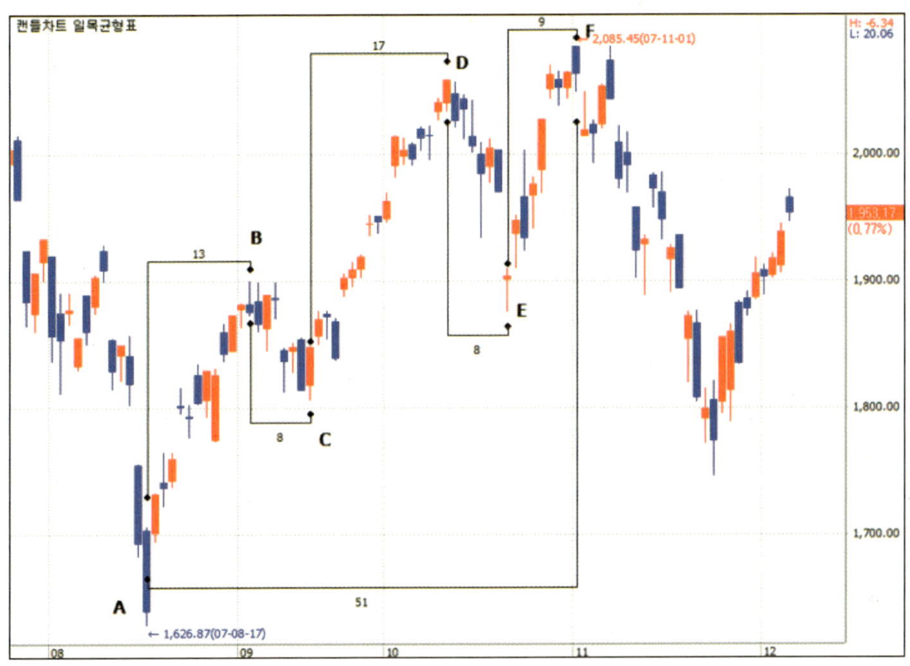

13캔들 상승은 2레벨(6, 7, 8, 9, 10) 초과수이고 17캔들 상승은 3레벨(11, 12, 13, 14, 15) 초과수이다. 또한 숫자 13은 기초확장수이고 숫자 17은 기본확장수이다. 1차 상승이 13캔들일 경우 2차 상승은 최소 17캔들 정도로 상승하고 그 후 반락을 거쳐 3차 상승으로 진행하는 것이 자연스럽다.

31

레벨3 초과수 16, 17, 18, 19

 **바닥 16 횡보 후 바닥 16 상승**

주가가 상승 추세로 반전되기 위해서는 초기에 10캔들~20캔들 정도 상승하거나 또는 1차 바닥을 형성한 후 10캔들~20캔들 정도 전 저점을 붕괴시키지 않는 횡보 조정을 거친 후 그 크기만큼 상승 추세로 반전하는 것이다. A바닥, B바닥, C바닥의 3중 바닥이 진행되는 동안 1차 바닥이 지지되면서 C바닥에서 D천정까지 16캔들만큼 상승하고 조정 후 더하기 상승이 이루어진다.

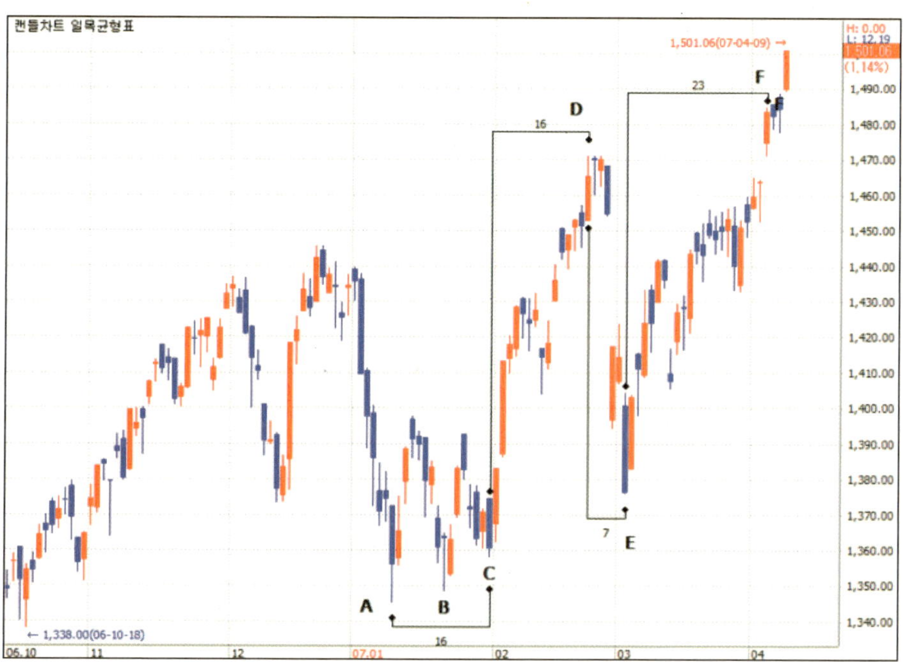

캔들차트 일목균형표
H: 0.00
L: 12.19
1,501.06(07-04-09) →
1,501.06
(1.14%)
23
F
16
D
16
7
E
C
A
B
← 1,338.00(06-10-18)
05.10   11   12   07.01   02   03   04
1,490.00
1,480.00
1,470.00
1,460.00
1,450.00
1,440.00
1,430.00
1,420.00
1,410.00
1,400.00
1,390.00
1,380.00
1,370.00
1,360.00
1,350.00
1,340.00

PART 3

■ **그림 121** [일] 종합(1001)　　　　　　　　　　　　(1980/01/04~2012/07/06)

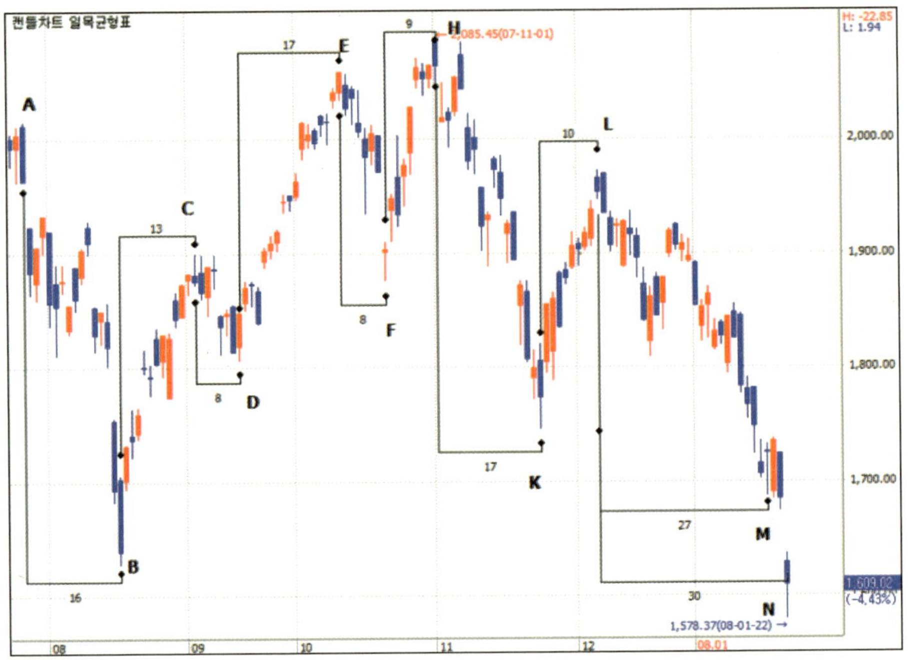

　　H천정에서 K바닥까지 4레벨 수(16, 17, 18, 19, 20)인 17캔들 하락한 상태에서 L천
정까지 2레벨 수(6, 7, 8, 9, 10)인 10캔들 반등 천정이다. 다음 17캔들 하락과 10캔들
반등을 더한 27캔들을 초과한 6레벨(26, 27, 28, 29, 30) 최대수인 30캔들 하락을 볼 수
있다. A천정에서 B바닥까지 4레벨 수인 16캔들 하락한 상태에서 C천정까지 3레벨
수인 13캔들 반등 천정에서 조정 후 3단계 상승이다. 1레벨 반등의 차이가 매우 다
른 결과로 나타남을 볼 수 있다.

바닥 17 상승 (17.8)

숫자 13은 기초 확장수이고 숫자 17은 기본 확장수이다. 즉 숫자 13으로 기초적인 확장 운동을 완성한 다음 반작용을 완료하고 한 단계 높은 레벨의 확장 운동인 기본 확장으로 진입한다는 개념이다. B바닥에서 C천정까지 기초 확장 상승 후 C천정에서 D바닥까지 8캔들 조정을 완료한 바닥에서 E천정까지 기본 확장수 17 상승한다. 그 후 F바닥까지 8캔들 하락, H천정까지 9캔들 빼기 상승이다.

바닥 17 상승 (17.16)

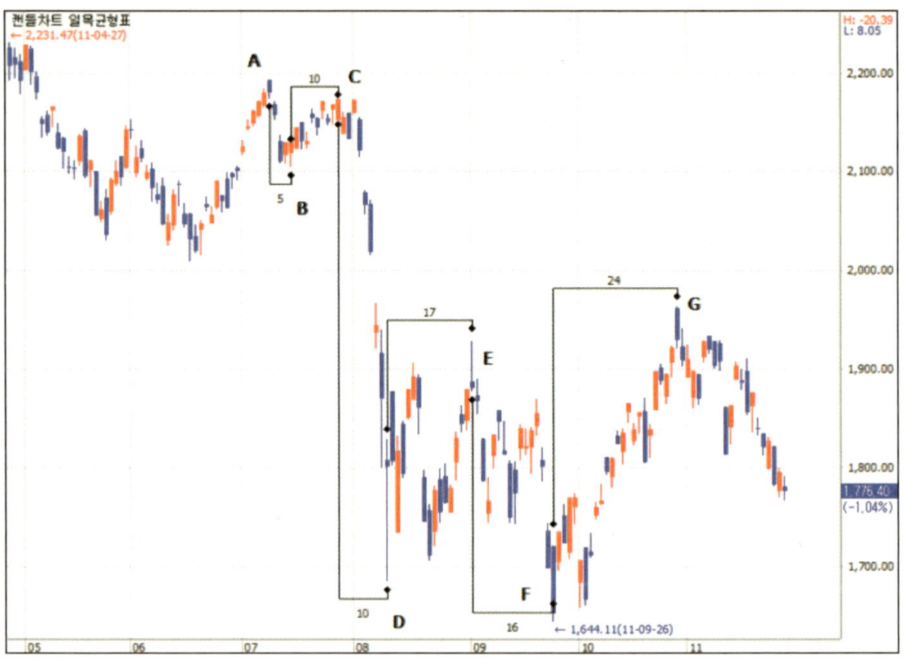

　B바닥에서 C천정까지 10캔들 1차 반등 후 D바닥에서 E천정까지 17캔들로 2차 반등이다. 17캔들 반등은 10캔들 반등 대비 7캔들 증가이다. F바닥에서 G천정까지 3차 반등은 24캔들이다. F바닥에서 G천정까지 24캔들 반등은 D바닥에서 E천정까지 17캔들 반등 대비 7캔들 확장이다. 10캔들, 17캔들, 24캔들은 7캔들이 등차수열이다. 살아있는 시장은 하락할수록 반등이 확장된다.

바닥 17 하락 (17.10)

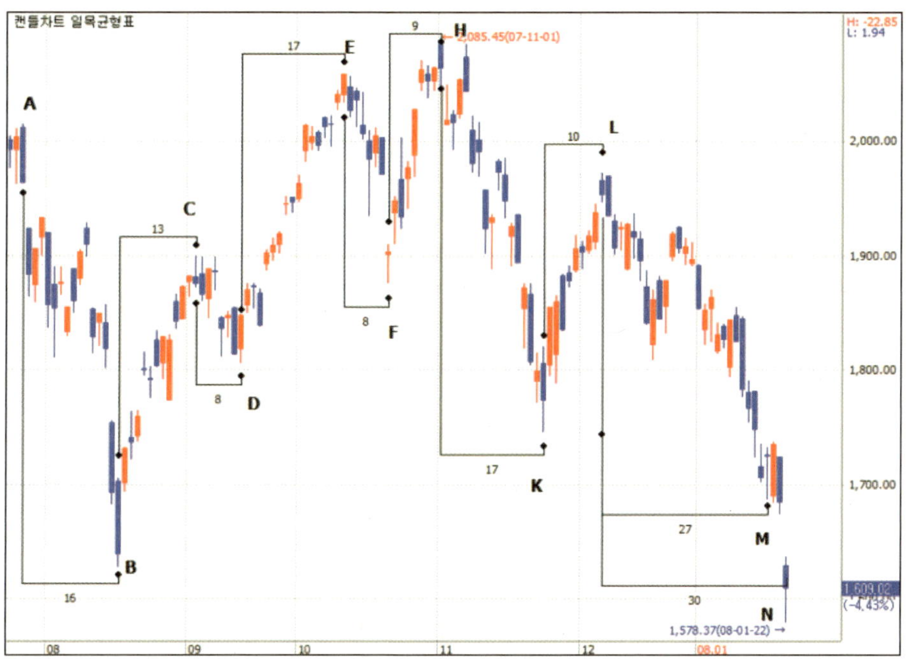

　　C천정에서 D바닥까지 8캔들 하락과 E천정에서 F바닥까지 8캔들 하락을 더하여 그 결과 H천정에서 K바닥까지 17캔들(8+8+1) 하락이 된다. 두 개의 하락 운동을 더한 것보다 1캔들 초과이다. 8캔들 하락과 17캔들 하락을 더하면 25캔들이나 L천정에서 M바닥까지 27캔들 하락으로 25캔들 하락 대비 2캔들 초과이다. 1캔들 초과에 다시 2캔들 초과이다. 그 결과 1양 반등 후 2음 급락으로 L천정 30캔들 하락하여 N까지 급락이다.

바닥 18 상승 (18.13)

　　A천정에서 B바닥까지 9캔들 하락은 1차 하락이고, B바닥에서 C천정까지 5캔들 상승은 1차 반등이다. C천정에서 D바닥까지 25캔들 하락은 2차 하락, D바닥에서 E천정까지 18캔들 상승은 2차 반등, E천정에서 F바닥까지 13캔들 하락은 3차 하락이다. 2차 반등 18캔들에서 1차 반등 5캔들을 뺀 것이 13캔들 3차 하락이다. 2차 하락 25캔들과 2차 반등 18캔들을 더하여 3차 반등이다.

바닥 18 상승, 3합

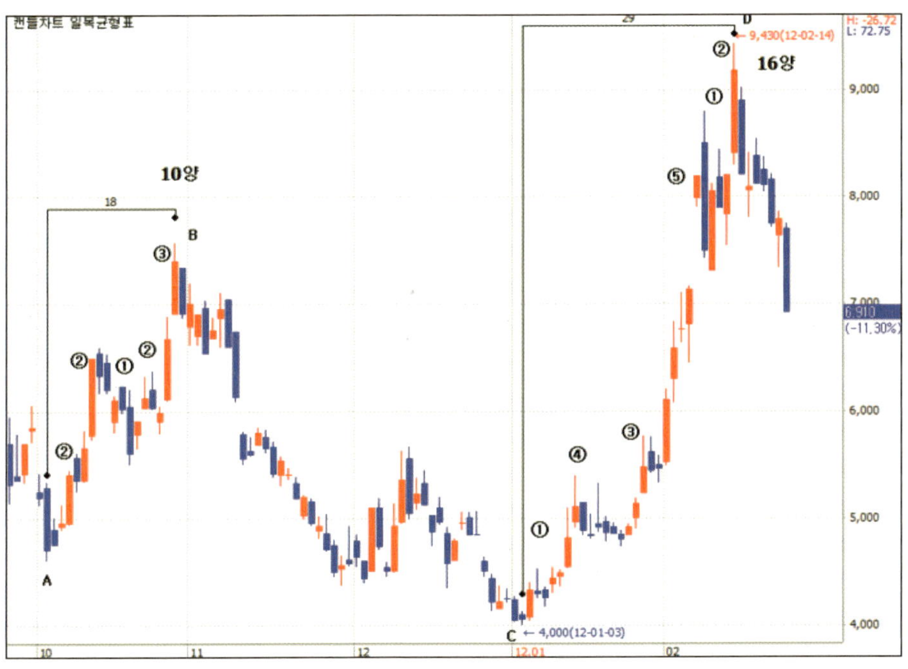

　A바닥에서 B천정까지 18캔들 10양 상승 천정에서 신저가 후, C바닥에서 D천정까지 29캔들 16양 상승이다. 4레벨 반등 천정에서 신저가 후 6레벨 확장 상승이다. 18, 29는 모두 루카스 수열(1, 3, 4, 7, 11, 18, 29, 47)로 한 칸 우측은 1.618 확장이다. 16양 상승도 10양 상승 대비 1.618배 확장이다. 10양(2+2+1+2+3) 상승과 16양(1+4+3+5+1+2) 상승 모두 3합 상승이다. 2+2+1=5=2+3이고 1+4+3=8=5+1+2이다.

바닥 19 상승

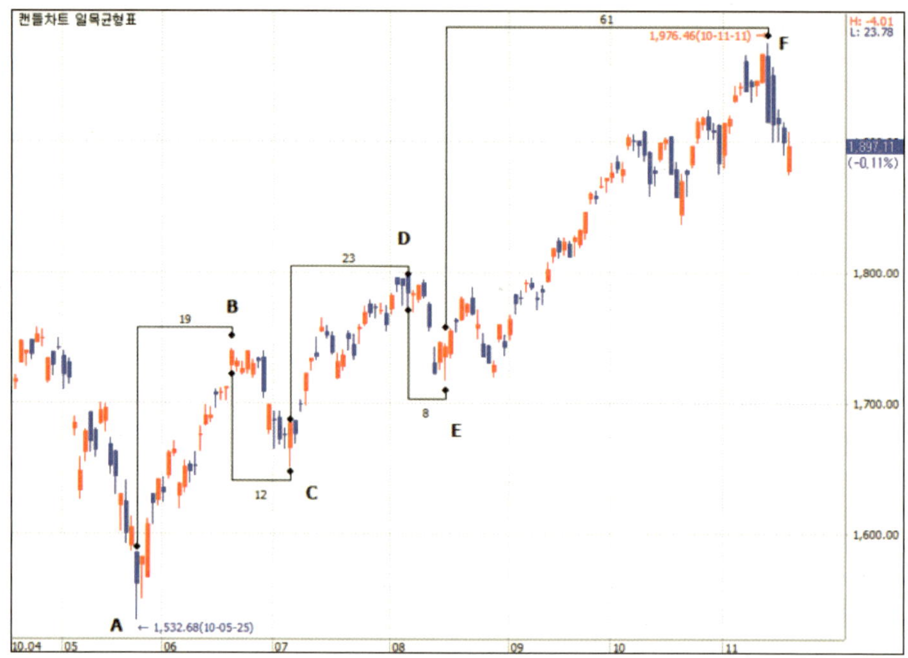

4레벨 상승은 확률적으로 조정 후 새로운 확장 상승으로 전환되는 경향을 보인다. A바닥에서 B천정까지 19캔들 상승 후 B천정에서 C바닥까지 12조정을 완료하고 C바닥에서 D천정까지 23캔들 상승되는 것이 그 증거이다. A, B, C, D, E 4번의 운동(19+12+23+8=62)을 모두 모아 E에서 F까지 61캔들 상승을 보인 것은 초기에 나타난 확장적 상승의 결과이다.

천정 19 하락

D천정에서 E바닥까지 19캔들 하락은 A바닥에서 B천정까지 17캔들 상승보다 확장된 것이다. F천정에서 G바닥까지 12캔들 하락이 C바닥에서 D천정까지 11캔들 반등 보다 확장된 것은 자연스럽다. 17캔들과 19캔들은 모두 4레벨수(16, 17, 18, 19, 20)로서 운동방향에 반대되는 반작용 후, 다시 운동 방향으로 새로운 신가(新價)를 보이는 것이 특징이다.

32

축소 황금수 6과 확대 황금수 16

천정 16 바닥, 바닥 6 천정

A바닥에서 B천정까지 10캔들이다. 숫자 10은 기준 수이다. 10캔들 천정에서 확장 하락시 기본 확장비율이 1.618배이므로 B천정에서 C바닥까지 16캔들 하락이다. B천정에서 C바닥까지 16캔들 하락이 A바닥에서 B천정까지 10캔들 상승에 비해서 6캔들 초과 하락이므로 C바닥에서 D천정까지 6캔들 반등이다. 16은 확장 황금비 1.618의 10배수이고, 6은 축소 황금비 0.618의 10배수이다.

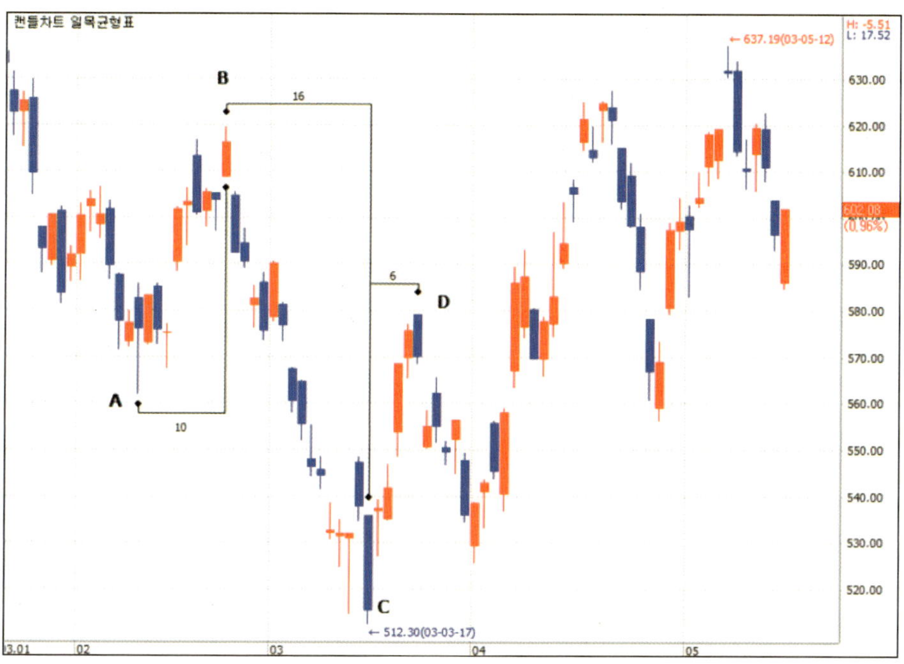
캔들차트 일목균형표
B
16
6
D
A
10
C
← 637.19(03-05-12)
H: -5.51
L: 17.52
630.00
620.00
610.00
602.08
(0.96%)
590.00
580.00
570.00
560.00
550.00
540.00
530.00
520.00
← 512.30(03-03-17)
3.01
02
03
04
05

바닥 17 천정과 천정 6 바닥

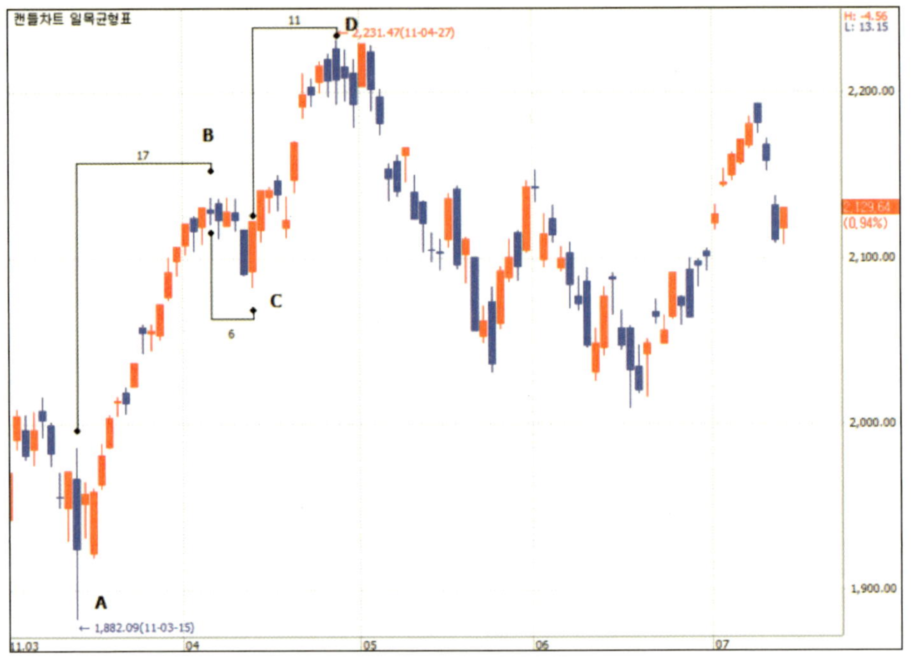

　　A바닥에서 B천정까지 17캔들 상승 후 B천정에서 C바닥까지 축소 황금수 6캔들 하락으로 바닥이다. 축소 황금수 6이 의미하는 것은 적절한 조정 후 새로운 상승 기운이 형성되리라는 기대심리의 반영이다. A바닥에서 B천정까지 17캔들 상승에서 C바닥까지 6캔들 하락을 빼면 C바닥에서 D천정까지 11캔들 상승이다. 즉 빼기 상승이다.

바닥 17 천정과 천정 6 바닥

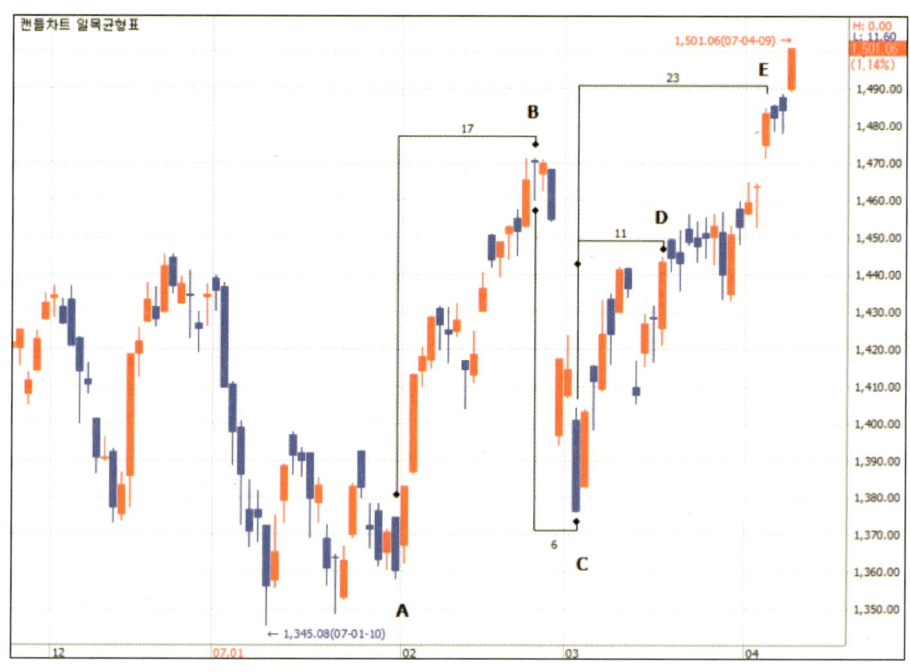

　A바닥에서 B천정까지 17캔들 상승 천정에서 축소 황금수 6캔들 하락 바닥이다. 확대 황금수 17캔들에서 축소 황금수 6을 빼면 11캔들이다. 그리고 확장 황금수 17캔들과 축소 황금수 6캔들을 더하면 합 황금수 23이다. C바닥에서 D천정까지 17캔들 빼기 6캔들인 11캔들 상승 위치에서 매물 소화 후 17캔들 더하기 6캔들인 23캔들까지 상승이다. 더하기 상승도 돌파하면서 가속 상승 구간으로 진입이다.

"

33

피보나치 수열과 역 피보나치 수열

1양, 1양, 2양 상승

피보나치 수열은 확장수열이다. 좌측에서 우측으로 가면서 숫자가 점차 증가하는 방식의 확장수열에서 가장 최초의 확장은 1과 1을 합하여 2가 되는 것이다. 이것을 기호로 표시하면 1+1=2가 되고 주가 캔들에 적용하면 1양+1양=2양 상승이 되는 것이다. 에너지의 확장 방식이 직전 두 군데 상승 에너지를 합하여 다음 상승 에너지를 만드는 것이다.

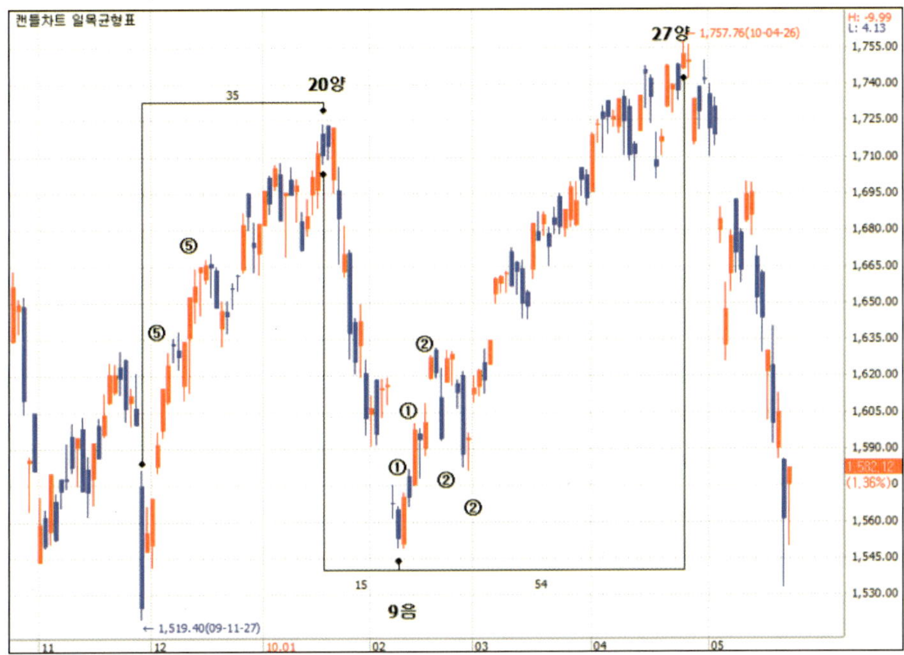
캔들차트 일목균형표
H: -9.99
L: 4.13
20양
35
27양 1,757.76(10-04-26)
⑤
⑤
②
①
①
②
②
15
54
9음
← 1,519.40(09-11-27)
1,582.12
(1.36%)
1,755.00
1,740.00
1,725.00
1,710.00
1,695.00
1,680.00
1,665.00
1,650.00
1,635.00
1,620.00
1,605.00
1,590.00
1,560.00
1,545.00
1,530.00
11 12 10.01 02 03 04 05

2양, 1양, 1양 천정

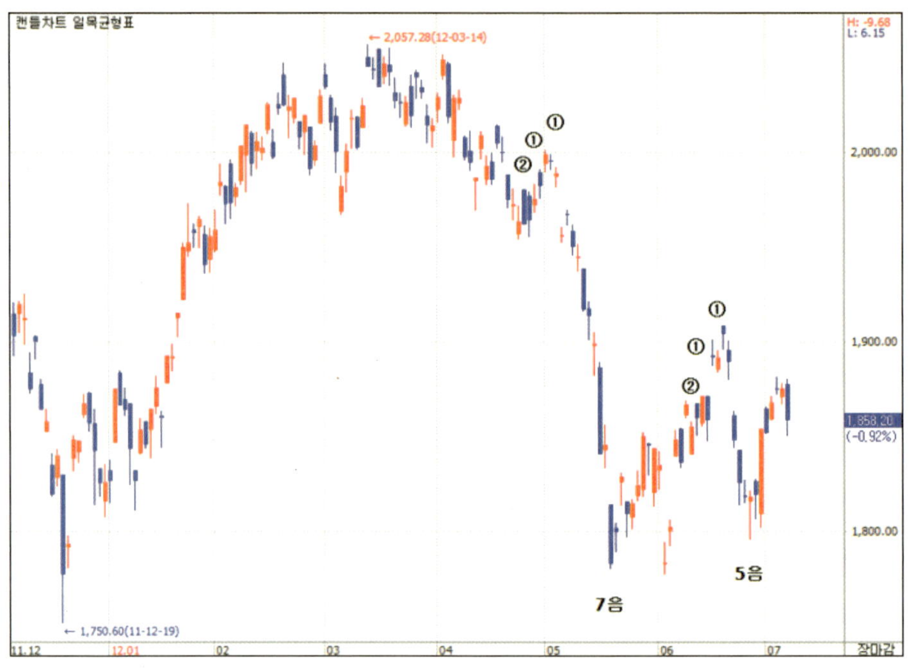

역 피보나치 수열 55, 34, 21, 13, 8, 5, 3, 2, 1, 1, 0은 피보나치 수열 0, 1, 1, 2, 3, 5, 8, 13, 21, 34, 55의 역순으로서 좌측에서 우측으로 가면서 숫자가 줄어드는 축소수열이다. 역 피보나치 수열의 우측 끝은 2, 1, 1인데 최우측 끝은 0이다. 주가 캔들에 이를 적용시키면 2양, 1양, 1양 다음은 0이다. 즉 더 이상 상승이 없으므로 하락한다는 의미이다.

2음, 1음, 1음 바닥

역 피보나치 수열 55, 34, 21, 13, 8, 5, 3, 2, 1, 1, 0은 피보나치 수열 0, 1, 1, 2, 3, 5, 8, 13, 21, 34, 55의 역순으로서 좌측에서 우측으로 가면서 숫자가 줄어드는 축소 수열이다. 역 피보나치 수열의 우측 끝은 2, 1, 1인데 최우측 끝은 0이다.

주가 캔들에 이를 적용시키면 2음, 1음, 1음 다음은 0이다. 즉 더 이상 하락이 없으므로 상승한다는 것이다. 역 피보나치 수열 2, 1, 1은 주가 천정을 만드는 패턴일 뿐만 아니라 주가 바닥을 만드는 패턴이기도 하다. 2양, 1양, 1양 천정에서는 더 이상 상승 여력이 없으므로 주가가 하락하고, 2음, 1음, 1음 바닥에서는 더 이상 하락 여력이 없으므로 주가가 상승한다. 역 피보나치 수열에 의한 천정과 바닥에서는 갭 발생이 빈번하게 나타나면서 분기점임을 확인시켜주는 경향을 보인다.

34

상승 양자도약과 하락 양자도약

하락 양자도약 (1양+3양=4음)

물리학에서 양자도약이란 최근 흡수한 에너지를 방출하면서 높은 에너지 레벨에서 낮은 에너지 레벨로 내려가거나, 최근 방출한 에너지를 흡수하면서 낮은 에너지 레벨에서 높은 에너지 레벨로 올라가는 것이다. 주가 하락 운동에 이를 적용하면 1양, 3양 상승에 매수한 거래자들이 모두 재매도하면서 3음 하락이 생긴 결과로 바닥이 형성되는 것이다.

캔들차트 일목균형표
H: -21.30
L: 21.25
← 24,650(12-03-14)
24,000
23,000
22,000
21,000
20,000
19,400
(-0.51%)
19,000
18,000
17,000
16,000
← 16,000(11-12-19)
11.12   12.01   02   03   04   05   06   07   장마감

상승 양자도약 (4음+1음=5양)

물리학에서 양자도약이란 최근 흡수한 에너지를 방출하면서 높은 에너지 레벨에
서 낮은 에너지 레벨로 내려가거나, 최근 방출한 에너지를 흡수하면서 낮은 에너지
레벨에서 높은 에너지 레벨로 올라가는 것이다. 주가 상승 운동에 이를 적용하면
4음, 1음 하락에 매도한 거래자들이 모두 재매수하면서 5양 상승이 생긴 결과로 천
정을 형성하는 것이다.

35

한 칸 확장과 두 칸 확장

두 칸 확장 (1양, 1양, 3양)

피보나치 수열에서 1 더하기 1은 2가 되는 것이 최초 진행이다. 이는 우측 1에서 2로 진행하는 것이므로 1칸 확장이고, 이를 주가 상승 운동에 적용하면 1양+1양=2양 상승이 된다. 그런데 1양, 1양 다음 2양 상승이 적정하나 어떤 경우는 1양, 1양, 다음 3양 상승이 나타나는 경우도 빈번하다.

이 경우 피보나치 수열 1, 1, 2, 3에서 1다음 2를 넘어 3으로 한 칸이 아닌 두 칸 확장이 되는 것으로 단기 초과 매수 패턴이다. 단기 초과 매수 상태에서 1음, 1양 상승으로 진행되어야 상승 지속 패턴이 된다. 그런데 1양, 1양, 3양 상승으로 천정이 될 경우 1양, 3양, 4음 하락으로 진행된다. 1양+3양=4음 하락 즉 하락 양자도약 패턴이다. 최근 흡수한 에너지를 모두 방출하면서 높은 에너지 레벨에서 낮은 에너지 레벨로 내려가는 것이다.

캔들차트 일목균형표
H: -24.81
L: 18.55
← 195,500(12-02-24)
190,000
180,000
170,000
160,000
150,000
147,000
(-0.34%)
140,000
130,000
④ ← 124,000(12-06-04)
11.12
12.01
02
03
04
05
06
07
장마감

두 칸 확장 (1양, 2양, 5양)

    피보나치 수열에서 1 더하기 2는 3이 되는 것이 정상 진행이다. 이는 2에서 3으로 진행하는 것이므로 1칸 확장이고, 이를 주가 상승 운동에 적용하면 양+2양=3양 상승이다. 그런데 1양, 2양 다음 3양 상승이 적정하나 어떤 경우는 1양, 1양, 다음 5양 상승이 나타나는 경우도 빈번하다.

    이 경우 피보나치 수열 1, 1, 2, 3에서 2 다음 3을 넘어 5로 한 칸이 아닌 두 칸 확장이 된 것이다. 이는 단기 초과 매수 패턴이다. 단기 초과 매수 상태에서 1음, 1양 상승으로 진행될 경우 이는 상승 지속 패턴으로 볼 수 있다. 이 경우 2양+5양=7양 상승이 되고, 5양 이후 1양+3양+3양=7양 상승이 확인된다.

두 칸 확장과 세 칸 확장 (1양, 1양, 5양)

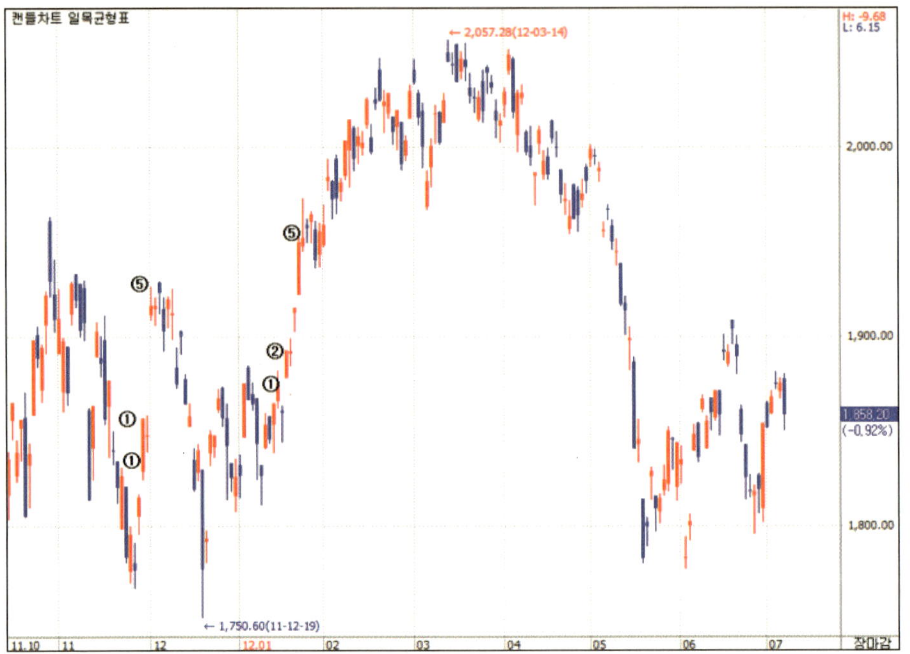

    1양, 1양, 3양 상승인 경우 피보나치 수열에서 우측으로 한 칸이 아닌 두 칸 확장이 되고, 1양, 1양, 5양 상승인 경우 세 칸 확장이 된다. 이는 단기 초과 매수 패턴으로, 이 1양 상승으로 진행되어야 상승 지속 패턴이 된다. 양 상승 다음 2음 하락이 되며 1양+1양+5양=7양 상승이 모두 하락으로 전환되면서 2음+3음+1음+1음=7음 하락이 된다.

36

마디수 3과 관절수 6
그리고 뿌리수 21

바닥 6천정, 바닥 3천정, 천정 21 바닥

우리의 손가락을 살펴보면 엄지만 마디가 2개이고 나머지 손가락은 모두 마디가 3개이다. 그러므로 숫자 3은 마디수가 된다. 마디가 연결되어 관절이 되므로 숫자 3의 2배수인 6은 관절수가 된다. 주가 운동에 이를 적용시켜보면 바닥 3 천정, 또는 바닥 6천정이 중요 분기점이 된다는 것을 의미한다.

바닥 3캔들 또는 바닥 6캔들로 천정을 형성하면서 전 저점을 붕괴시킬 경우 10캔들 이상 하락하려는 경향을 보인다. A바닥에서 B천정까지 6캔들 상승 천정에서 C까지 11캔들 하락과 C바닥에서 D천정까지 3캔들 상승 천정에서 E바닥까지 10캔들 하락이 이를 증명한다.

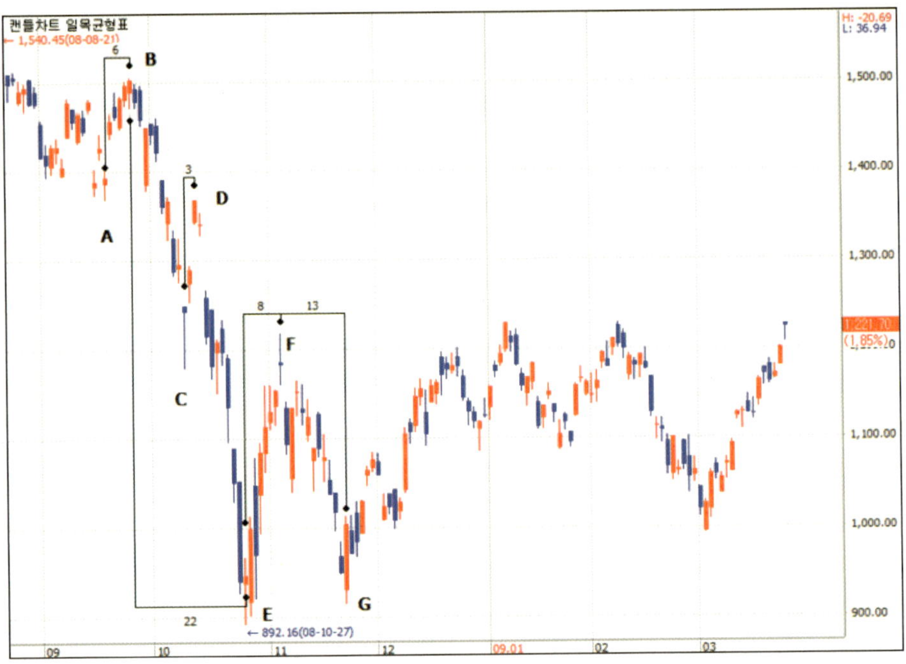

　　이 두 가지 과정을 종합하면 B천정에서 E바닥까지 22캔들 하락이다. 하락이 뿌리 내리는 과정에 숫자 22가 천정부터 바닥까지 길게 드리우는 뿌리 역할을 한다. 마디 수 3과 관절수 6을 곱한 18에 3을 더하면 21이 되고 6을 더하면 24이다. 뿌리수는 21수〜24수 사이 구간에 모두 적용된다. 즉 천정에서 급락시 21캔들〜24캔들 급락으로 이어지는 패턴이다.

바닥 3천정, 바닥 6천정, 천정 23 바닥

　　시장이 천정을 형성하고 하락이 진행되는 과정을 관찰하면 바닥에서 3캔들 상승 천정 후, 5배 확장인 15캔들 하락하거나 바닥에서 6캔들 상승 후 2.1배 확장인 13캔들 하락하는 경우가 많다. 또한 3.6~3.8배 확장인 22~23캔들 하락하는 경우도 빈번하다. A바닥에서 B천정까지 6캔들 반등 천정에서 C바닥까지 13캔들 하락이고, D바닥까지 23캔들 하락이다.

37

식물 생장(生長) 7단계와 주가운동

주가가 상승하는 과정을 식물이 생장하는 단계로 설명해 보고자 한다. 이는 대략 7단계로 요약된다.

첫째, 밑씨 단계는 3, 4, 5캔들 움직이는 단계를 말한다. 밑씨란 씨앗으로 발달하게 될 기관을 의미한다.

둘째, 씨앗 단계는 6, 7, 8캔들 움직이는 과정으로, 이는 밑씨가 발육해 씨앗이 된 것이다. 종자가 발육 능력을 갖게 되는 기간이 대략 6일인 것에 착안한 것으로, 숫자 6은 최소 변동 필요수이다.

셋째, 뿌리 단계는 10캔들~12캔들 또는 20캔들~24캔들 움직이는 단계로서 이는 밑씨단계와 씨앗단계에서 나타난 움직임이 뿌리 내리는 단계이다.

넷째, 줄기 단계는 32캔들~36캔들 움직이는 단계로서 식물의 줄기가 형성되는 과
정과 유사한 성격을 가진다.

다섯째, 잎 단계는 52캔들~56캔들 움직이는 단계로서 식물의 잎이 무성해지는 단
계이다. 이 단계는 잎이 떨어지는 낙화단계, 또는 꽃이 피는 개화 단계로 진행되는
결정적 분기점이 된다. 주가 운동에 이를 적용해 보자. 52~59캔들 상승으로 천정을
형성하고 다시 원위치할 수도 있고, 60~80캔들로 확장되어 120~160캔들로 열매를
맺을 수도 있다는 것이다.

여섯째, 꽃 단계는 잎이 무성한 단계를 넘어서서 본격적으로 개화하는 단계이다.
61캔들~66캔들 또는 71캔들~76캔들이거나 81캔들~86캔들 또는 91캔들~96캔들
이 움직이는 구간이다. 꽃을 피우는 개화 단계 후 잘 진행될 경우 결실 단계로 진행
된다.

일곱째, 열매 단계는 개화 단계에서 형성된 움직임이 두 배로 확장하여 결실을 맺
는 단계다. 이는 61캔들 움직임이 꽃을 피워 122캔들로 확장하거나, 71캔들 움직임
이 142캔들로 확장하는 것이다. 또한 81캔들 운동이 162캔들로, 91캔들 움직임이
182~243캔들 움직임으로 확장될 수도 있다(243/91=2.67).

밑씨 단계

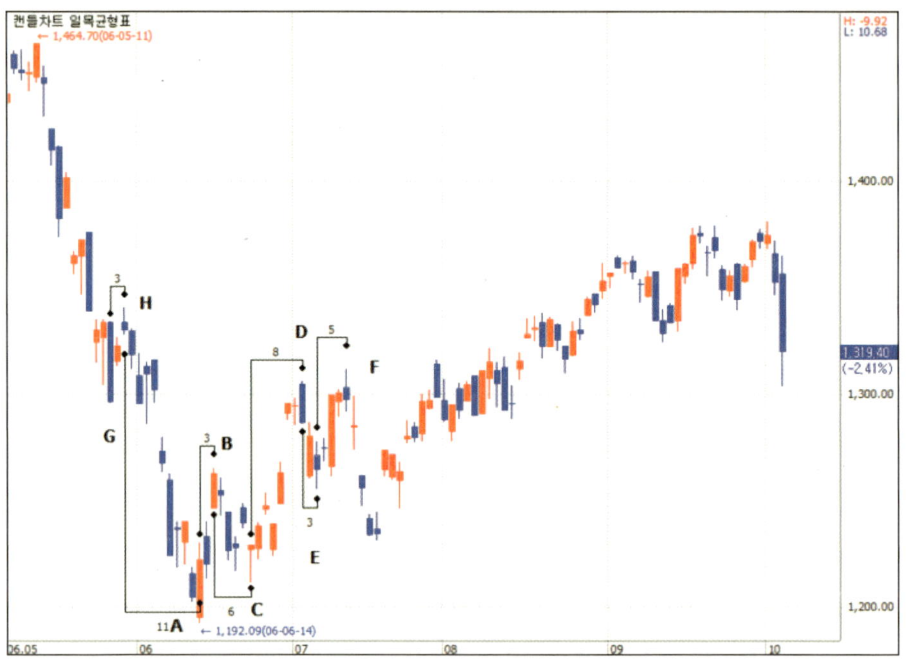

　　주가가 하락하는 과정에서 가장 빈번하게 나타나는 것이 바닥 3캔들 천정이다. 하락 추세가 진행되는 과정일 경우 바닥 3캔들 천정에서 10캔들 또는 그 이상 하락하는 것이 일상적이다. G바닥에서 H천정까지 3캔들 반등 천정에서 A바닥까지, 종가로 10캔들 하락이고 저가로 11캔들 하락이다. 상승이 뿌리내리기 위해서는 하락수의 2배수 정도 상승이 필요하다. A바닥에서 F천정까지 21캔들 상승이다.

　　바닥 3캔들 천정에서 6캔들 정도 경과하는 기간 내에 전 점이 지지될 경우 추세 반전 기운이 형성된다. A바닥에서 B천정까지 3캔들 반등 천정에서 C바닥까지 6캔들 하락에도 전 저점이 지지되자 D위치까지 8캔들 상승이다. 피보나치 수열 1, 1, 2, 3,

5, 8, 13에서 3 다음 8로 두 칸 확장된 것이다. C바닥에서 D천정까지 8캔들 상승이 2차 상승이며, E바닥까지 3캔들 하락 후 F천정까지 5캔들 상승이 3차 상승이다. 3차 상승 후 전 저점 지지되는 조정을 거쳐 신고가 형성할 경우 2단계 상승 국면으로 진입하게 된다.

씨앗 단계 (기대심리 반영 패턴)

■ 그림 143 [일] 종합(1001)　　　　　　　　　　(1980/01/04~2012/07/06)

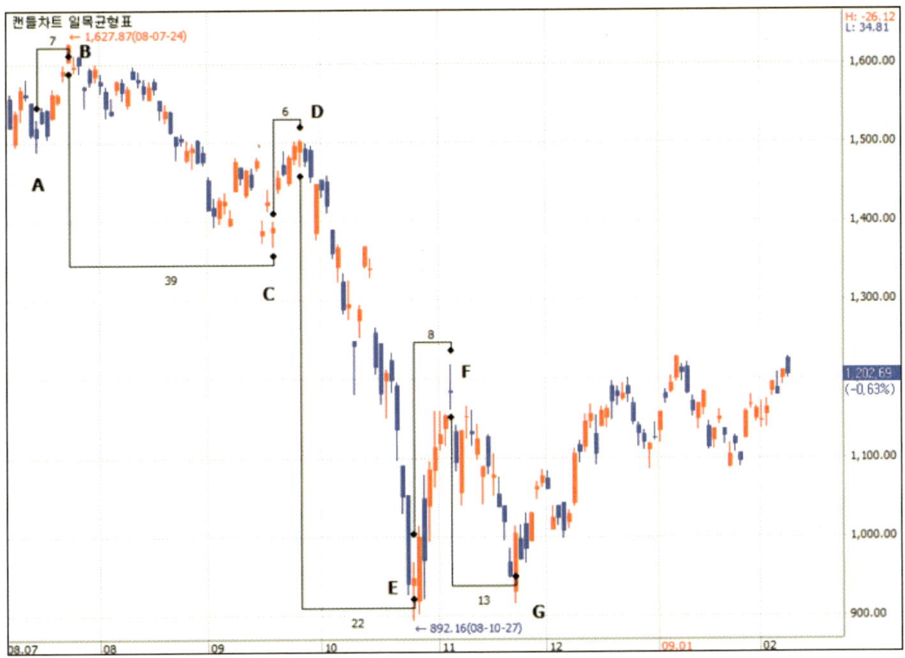

　　바닥에서 2 레벨수(6, 7, 8, 9, 10) 상승하는 구간은 씨를 뿌리는 구간이다. 씨를 뿌린 후 좋은 토양이면 땅에 뿌리를 내리고 잘 자라나고, 토양이 척박한 경우 말라 죽어버

리기도 한다. 후자의 경우 좋은 곳을 가려 다시 씨를 뿌려야 한다. 꽃이 피고 열매를 맺기 위해서는 씨를 여러 번 반복해서 뿌려야 한다. 자꾸 뿌리다 보면 성공적인 결과가 나타나기도 하는 것이다.

A바닥에서 B천정까지 7캔들 상승 천정에서 전 저점이 붕괴되며 39캔들 하락은 7캔들 반등 대비 5.5배 확장으로 이는 뿌리가 말라버린 것과 같다. C 바닥에서 D 천정까지 6캔들 상승 천정에서 E바닥까지 22캔들 하락은 6캔들 반등 대비 3.6배 확장 하락이다. 반등 대비 5.5배 확장 하락에서 3.6배 확장 하락으로 다소간 확장 비율이 둔화되어 희망이 보이기 시작한다.

E바닥에서 F천정까지 8캔들 반등 천정에서 G바닥까지 13캔들 하락은 전 저점 E바닥 지지 상태이다. 이는 D천정에서 E바닥까지 22캔들 하락한 것이 뿌리를 내려 토양의 영양분을 빨아올릴 준비가 된 상태를 의미한다. 8캔들 반등 천정에서 13캔들 하락은 피보나치 수열에 근거하며 이는 1.618배 확장이다. 한 칸 하락 확장에도 전 저점이 지지되는 것은 두 칸 세 칸 확장 상승에 대한 기대심리의 반영이다.

씨앗 단계 (2차 상승 진입 패턴)

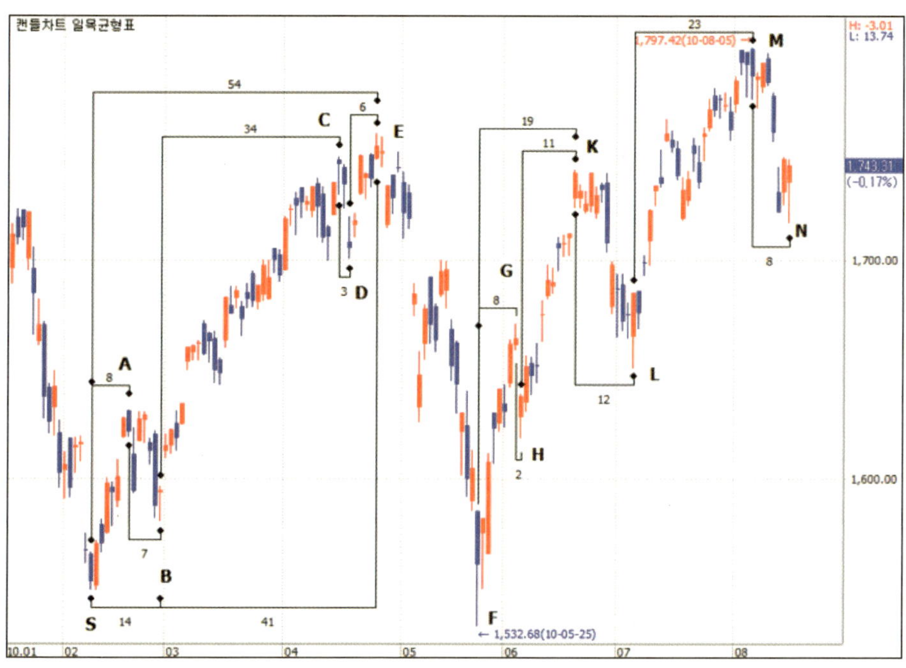

바닥에서 8캔들 상승하는 것은 씨앗을 뿌리는 단계이다. 씨앗이 좋은 토양을 만날 경우 확장 하락에도 전 저점이 지지되거나, 전 저점 지지되는 축소 하락으로 바닥을 형성한 후 전 고점을 돌파하는 신고가로 진행된다. S바닥에서 A천정까지 8캔들 상승 후 B바닥까지 7캔들 조정 패턴이나 F바닥에서 G천정까지 8캔들 상승 후 H바닥까지 2캔들 조정 패턴은 공히 전 고점 돌파로 2차 상승으로 진입하는 패턴이다.

"]

뿌리 10~11단계

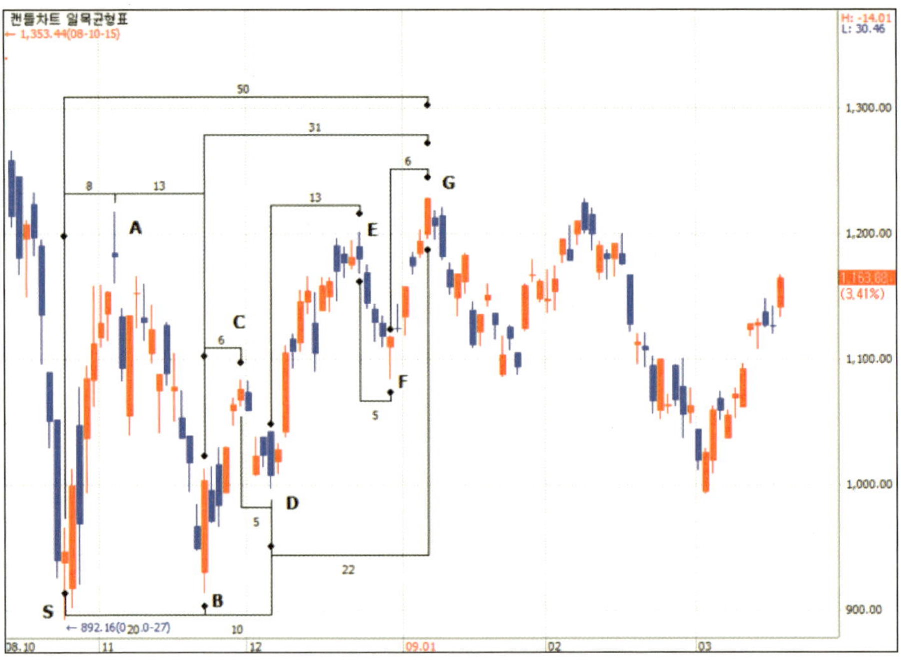

　주가가 바닥에서 뿌리를 내리는 과정은 조정 과정에서 전 저점이 지지되는 것이다. S바닥에서 A천정까지 8캔들 상승 후 B바닥까지 13캔들 하락하여 20캔들 진행하는 과정에서 전 저점이 지지되는 것이다. 그런데 B바닥에서 C천정까지 6캔들 상승 후 D바닥까지 5캔들 하락하여 10캔들 정도 진행하는 동안 전 저점이 지지되는 것은 모두 상승 국면이 뿌리내린 것을 의미한다. 바닥 10캔들 또는 20캔들 정도 횡보하면서 제대로 뿌리를 내린 상태가 되면 토양의 영양분을 흡수하여 뿌리를 형성한 구간보다 확장된 상승을 하게 된다. S바닥~B바닥이 20캔들로 바닥을 형성 후 G천정까지 31캔들 상승한 것은 1.5배 확장이다. B바닥에서 D바닥까지 10캔들 횡보 후 E천정까지 13캔들 상승은 1.3배 확장이며, G천정까지 22캔들 상승은 2.2배 확장이다.

뿌리 20~21단계

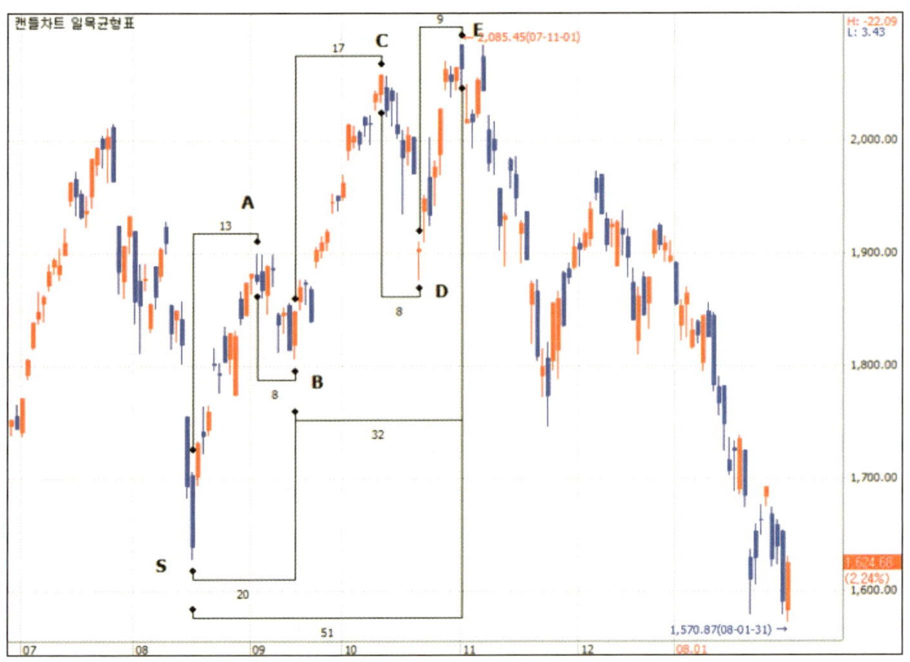

　주가가 바닥에서 뿌리를 내리는 과정은 전 저점 지지되는 조정이 선결 과제이다.
S바닥에서 A천정까지 13캔들 상승 후 B바닥까지 8캔들 하락하여 20캔들 진행하는
과정을 보자. 전 저점이 지지되는 것은 상승국면이 뿌리내린 것을 의미한다. 바닥
20캔들 정도 횡보하면서 제대로 뿌리를 내린 상태가 되면 토양의 영양분을 흡수하
여 뿌리를 형성한 구간보다 확장된 상승을 하게 된다. S바닥~B바닥이 20캔들로 바
닥을 형성 후 E천정까지 32캔들 상승한 것은 1.5배 확장이다.

■ 그림 147 [일] 종합(1001)　　　　　　　　　　(2008/07/10~2012/07/06)

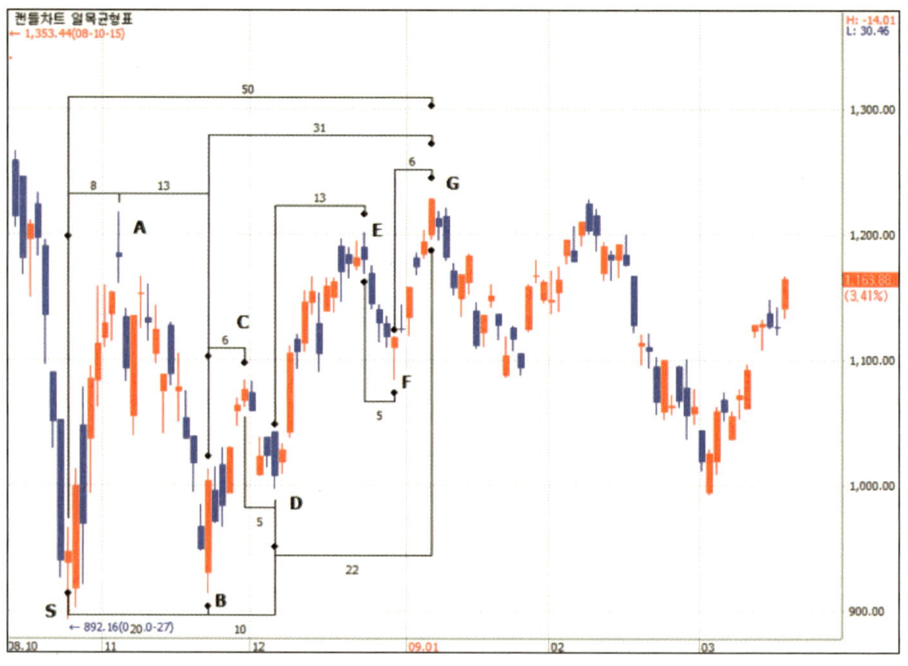

주가가 바닥에서 전 저점이 지지되는 조정 과정을 거쳐 뿌리를 내리는 안착 상태가 되면 전 저점이 지지된다. S바닥에서 A천정까지 8캔들 상승 후 B바닥까지 13캔들 하락하여 20캔들 진행하는 과정에서 전 저점이 지지되는 것은 상승국면이 뿌리 내린 것을 의미한다.

바닥 20캔들 정도 횡보하면서 제대로 뿌리를 내린 상태가 되면 토양의 영양분을 흡수하여 뿌리를 형성한 구간보다 확장된 상승을 하게 되는데, S바닥~B바닥이 20캔들로 바닥을 형성 후 G천정까지 31캔들 상승한 것은 1.5배 확장이다. 그 결과로 나타난 31캔들 상승은 식물의 줄기가 바로 선 것같이 하락 조정이라는 외풍에도 흔들리지 않을 상승 장세의 뼈대를 세운 것이다.

잎 단계

상승 장세가 준비되는 과정은 씨를 뿌리고 안착하여 줄기를 세운 후 잎이 무성한 단계까지 나아가는 것이다. 잎이 무성한 단계는 바닥에서 50캔들 이상 상승하는 것으로, S바닥에서 A천정까지 50캔들 상승한 것을 보면 된다. 그 후 A천정에서 B바닥까지 조정에도 S바닥이 지지되자 S바닥과 B바닥을 연결시킨 87캔들의 1.618배 (145/87=5/3) 상승인 145캔들 상승이 F위치까지 진행된 것이다.

꽃 단계

　　잎이 무성한 단계인 바닥에서 50캔들 이상 상승한 천정에서 조정 후 60캔들 이상 70~80캔들 상승까지 진행하는 것이 꽃이 피는 과정이다. S바닥에서 A천정까지 50캔들 상승으로 천정을 형성한 후 A천정에서 B바닥까지 조정에도 S바닥이 지지되자, S바닥과 B바닥을 연결시킨 87캔들의 1.618배(145/87=5/3) 상승인 145캔들 상승이 F위치까지 진행된다. 그 과정을 살펴보면 B바닥에서 64캔들 상승인 D천정 또는 B바닥에서 71캔들 상승인 E천정까지 진행된 것이 꽃을 피운 것이다.

열매 단계

씨앗을 뿌려 뿌리를 내리고 잎이 무성한 단계를 지나 꽃이 피게 되면 자연스럽게 열매가 맺게 된다. S바닥에서 A천정까지 50캔들 상승으로 천정을 형성한 후 A천정에서 B바닥까지 조정에도 S바닥이 지지되면서, S바닥과 B바닥을 연결시킨 87캔들의 1.618배(145/87=5/3) 상승인 145캔들 상승이 F위치까지 진행된 것이 열매를 맺는 결실 과정이다. 열매를 맺은 후에는 수확을 해야 한다.

피보나치 수열 1, 1, 2, 3, 5, 8, 13, 21, 34, 55, 89, 144에서 144는 12의 제곱이다. 1년 12달 열심히 주식 농사지은 결실이 B바닥에서 F천정까지 145캔들 상승으로 나타나는 것이다. S바닥에서 B바닥까지 준비 기간 87과 B바닥에서 F천정까지 결실 구

간 145를 더하면 232가 된다. 이는 피보나치 수열 1, 1, 2, 3, 5, 8, 13, 21, 34, 55, 89, 144, 233 중 233과 1캔들 차이다.

38

작은 박스, 중간 박스,
초과 박스, 큰 박스

 **작은 박스 24**

피보나치수열 1, 1, 2, 3, 5, 8, 13, 21, 34, 55에서 21, 34, 55를 원용하면 21은 작은 박스권 운동이고 34는 중간 박스권 운동이며, 55는 큰 박스권 운동이다. 즉 20대는 소형 박스권, 30대는 중형 박스권, 50대는 대형 박스권이라 할 수 있다. 박스권이란 그 구간 내에서 상하운동을 하다는 의미이다. S바닥에서 A천정까지 24캔들 상승한 것이 작은 박스권 운동이다.

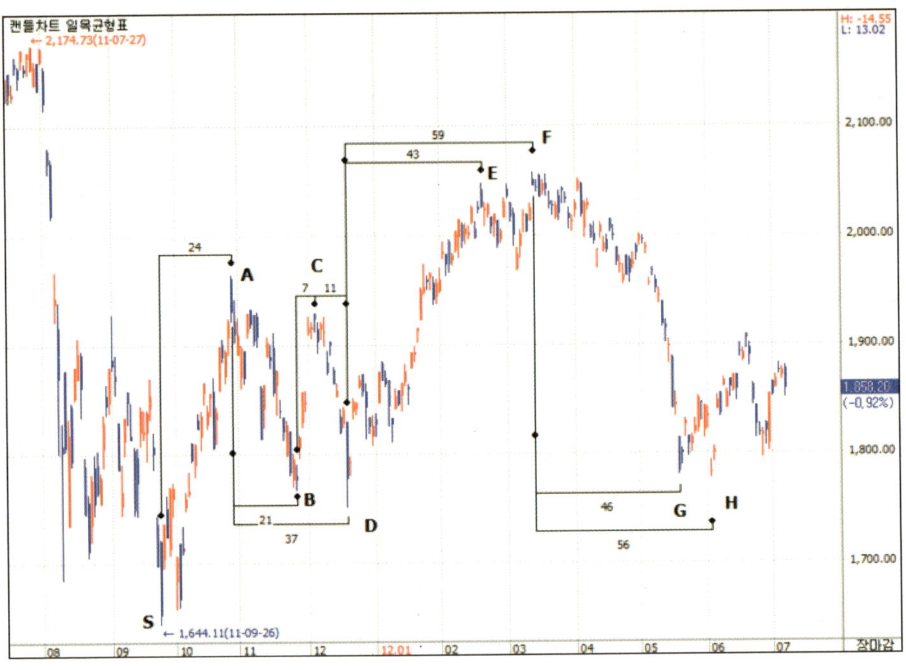
캔들차트 일목균형표
← 2,174.73(11-07-27)
H: -14.55
L: 13.02
2,100.00
2,000.00
1,900.00
1,800.00
1,700.00
1,858.20
(-0.92%)
24
A
C
7 11
59
43
F
E
21
37
B
D
46
56
G
H
S
← 1,644.11(11-09-26)
08 09 10 11 12 12.01 02 03 04 05 06 07 장마감

중간 박스 37

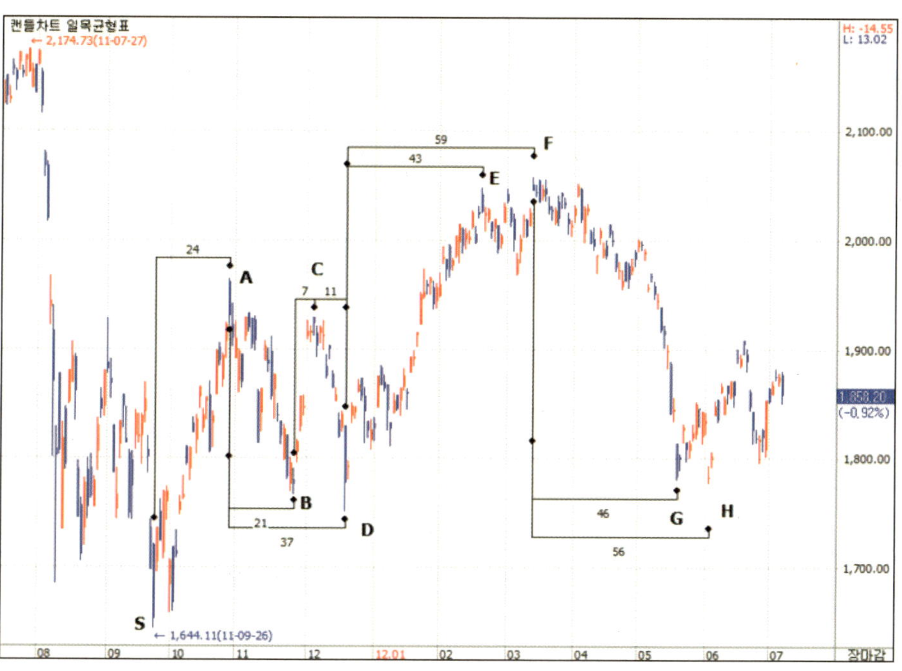

피보나치 수열 1, 1, 2, 3, 5, 8, 13, 21, 34, 55에서 21, 34, 55를 원용한 결과, S바닥에서 A천정까지 24캔들이 작은 박스권 천정이다. 작은 박스권 천정이란 1차 상승 천정이라는 의미이다. 그 후 A천정에서 D바닥까지 37캔들 하락은 중형 박스권 운동이다. 24캔들 상승한 작은 박스권 운동보다 큰 규모의 운동이라는 의미로 이해하면 된다. 피보나치 수열 21+3=24이므로 34+3=37이 됩니다.

초과 박스 43

초과 박스라는 의미는 중형 박스 30대 상승과 대형 박스 50대 상승의 중간 기착지를 의미한다. 그러므로 초과 박스권은 자연히 30대 상승과 50대 상승의 중간인 40대 상승이다. D바닥에서 F천정까지 59수 상승의 중간 기착지인 E천정까지 43캔들 상승이 초과 박스권 운동이다. F천정에서 G바닥까지 46캔들 하락도 H바닥까지 56캔들 하락의 중간 기착지이므로 초과 박스권으로 볼 수 있다.

큰 박스 59

피보나치수열 1, 1, 2, 3, 5, 8, 13, 21, 34, 55, 89, 144에서 열 번째 숫자가 55이다. 55는 자연수 1에서 10까지 10개 숫자를 모두 더한 누적수(1+2+3+4+5+6+7+8+9+10)로서 그만큼 중요한 의미를 가진 기준수가 된다. 바닥 55수 정도 상승하면 추가 상승으로 89수 또는 144수까지 갈지, 아니면 최초 상승을 시작한 곳으로 원위치할 건지가 결정된다는 것이다.

39

중장기 상승과
피보나치 숫자의 비밀

바닥 50일 상승, 천정 38일 하락

오른쪽 손바닥을 들어 손등이 보이게 하면 엄지손가락이 왼쪽에 위치하고 3번째 위치인 중지가 가장 높은 천정이고 4번째 약지부터는 3번째 중지보다 낮은 위치가 되어 5번째 새끼 손가락은 중지 천정 이후 2번째 골이 된다. 피보나치 수열 1, 1, 2, 3, 5, 8에서 3이 천정일 경우 바닥은 3의 좌측 한 칸인 2이고, 5가 천정일 경우 바닥은 5의 좌측 한 칸인 3이 된다. S바닥에서 A천정까지 50캔들 천정과, A천정에서 B바닥까지 38캔들 하락 바닥은 이러한 원리의 반영이다.

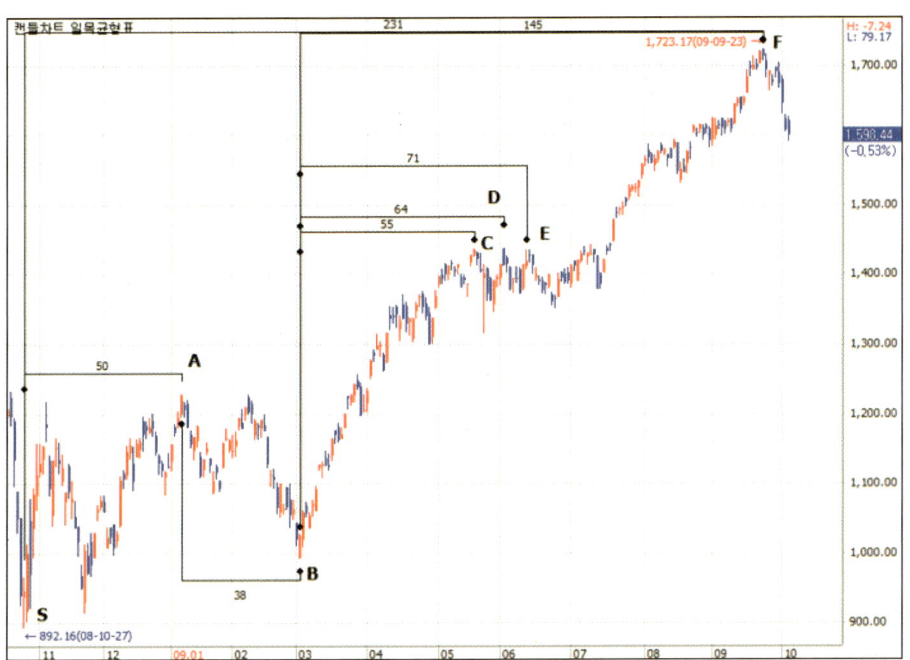

캔들차트 일목균형표
231
145
71
64
55
50
38
A
B
C
D
E
F
S
1,723.17(09-09-23)
← 892.16(08-10-27)
H: -7.24
L: 79.17
1,598.44
(-0.53%)
1,700.00
1,500.00
1,400.00
1,300.00
1,200.00
1,100.00
1,000.00
900.00
11　12　09.01　02　03　04　05　06　07　08　09　10

PART 3

바닥 145일 상승

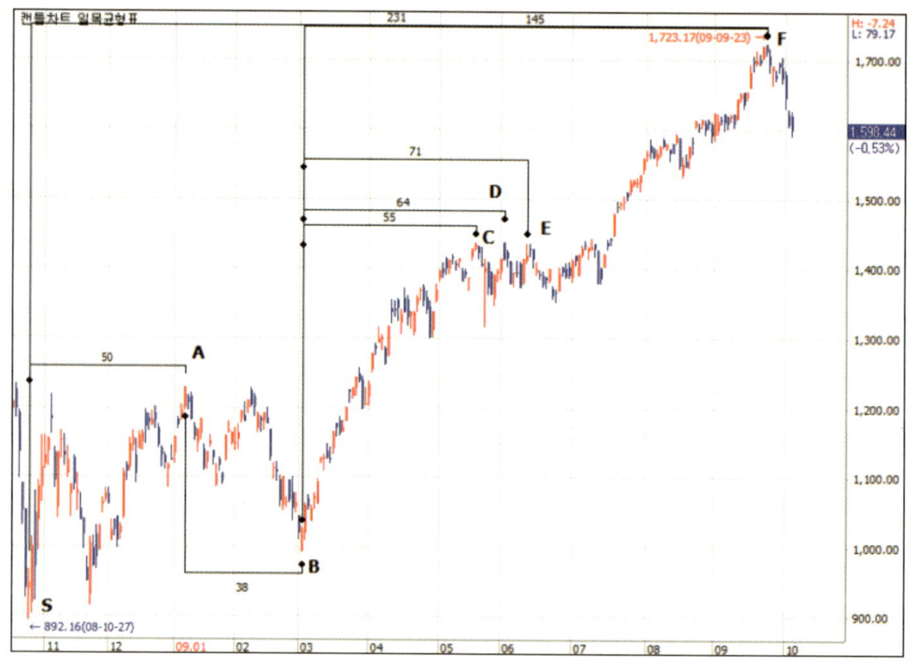

　피보나치 수열 1, 1, 2, 3, 5, 8, 13, 21, 34, 55, 89, 144에서 55 다음 89로 진행하기 위해서는 34로 한 칸 좌회전 하는 것이 선행조건이다. 같은 원리로 S바닥에서 A천정까지 50캔들 상승 후 B바닥까지 38캔들 조정하는 것이 B바닥에서 89캔들(50+38+1) 상승하거나 또는 144캔들(50+38+50+6) 상승하는 선결조건이다. 55에서 34로 좌회전한 후 55 자신을 한 번 더 스치면서 우측으로 진행한 것이 144(55+34+55)이다. 스친다는 것은 55에서 34로 좌회전 후 144로 가기 위해서 55를 통과함을 말한다. 통과란 더한다는 의미이다.

바닥 231일 상승

S바닥에서 F천정까지 231일 상승은 피보나치 수열 1, 1, 2, 3, 5, 8, 13, 21, 34, 55, 89, 144, 233, 377, 610에서 13번째 숫자인 233의 반영이다. 12번째 숫자인 144에서 좌회전하여 한 칸 왼쪽에 위치한 89를 데리고 온 숫자가 233이다. 이는 S바닥에서 B바닥까지 87캔들 횡보 후 B바닥에서 F천정까지 145캔들 상승한 것이, S바닥에서 F천정까지 231캔들 상승을 이룬 것과 같은 의미이다.

천정 148일 횡보

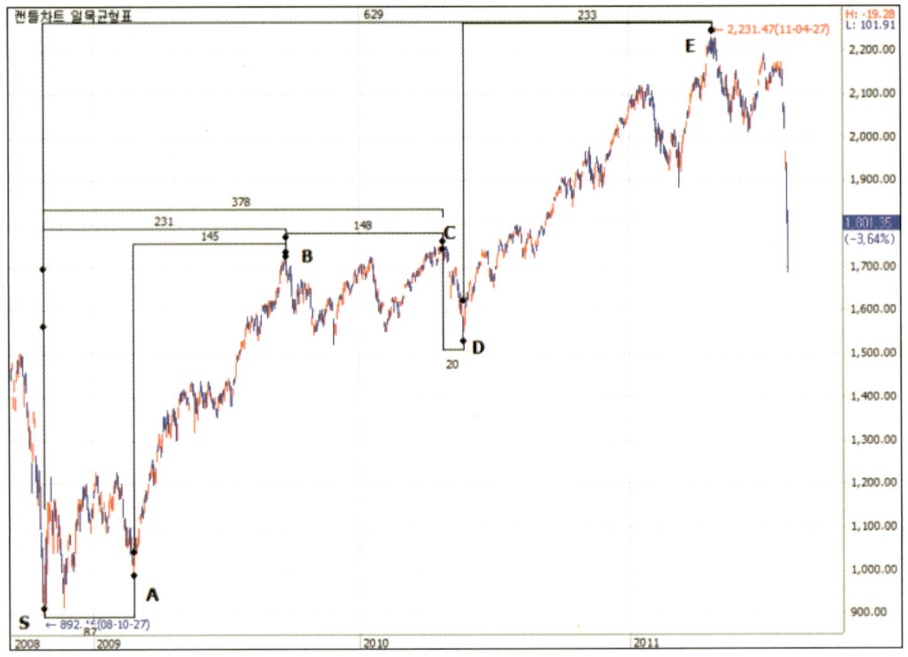

　　초창기 상승의 경우 일차 큰 상승을 이룬 후에 그 상승 기운이 그냥 사라지지 않고 그 숫자만큼 횡보하면서 또 한 번의 천정을 형성하게 된다. A바닥에서 B천정까지 145일 상승 후 B천정에서 C천정까지 148일 횡보한 상태에서 천정을 형성한 것이 그 증거이다. C천정에서 급락 조정 후 S바닥에서 B천정까지 231일 상승이 D바닥을 기점으로 한 번 더 작용한 것이 D바닥 233일 상승한 E천정이다.

천정 20일 하락 (호흡 조절)

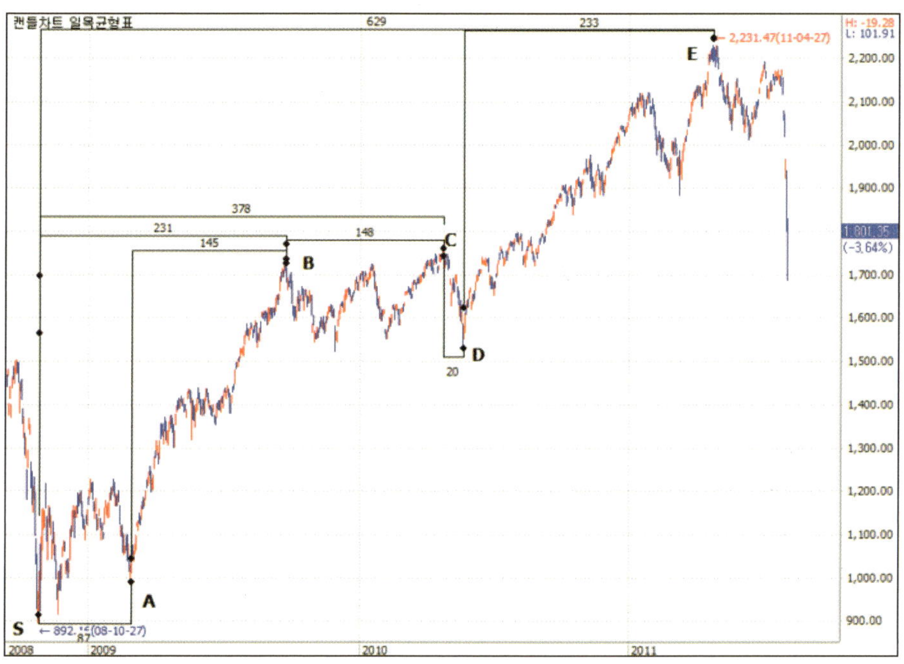

    C천정에서 D바닥까지 20일 급락은 D바닥에서 E천정까지 233일 상승하기 위한 예비 동작이다. 233일 상승은 20일 하락의 11배(233/20=11.65) 확장이다. 피보나치 수열 1, 1, 2, 3, 5, 8, 13, 21, 34, 55, 89, 144, 233, 377, 610에서 144, 233, 377, 610은 각각 13, 21, 34, 55의 11배 확장이다. 또한 C천정에서 D바닥까지 20일 하락은 S바닥에서 20일 횡보한 결과이기도 하다.

바닥 233일 상승

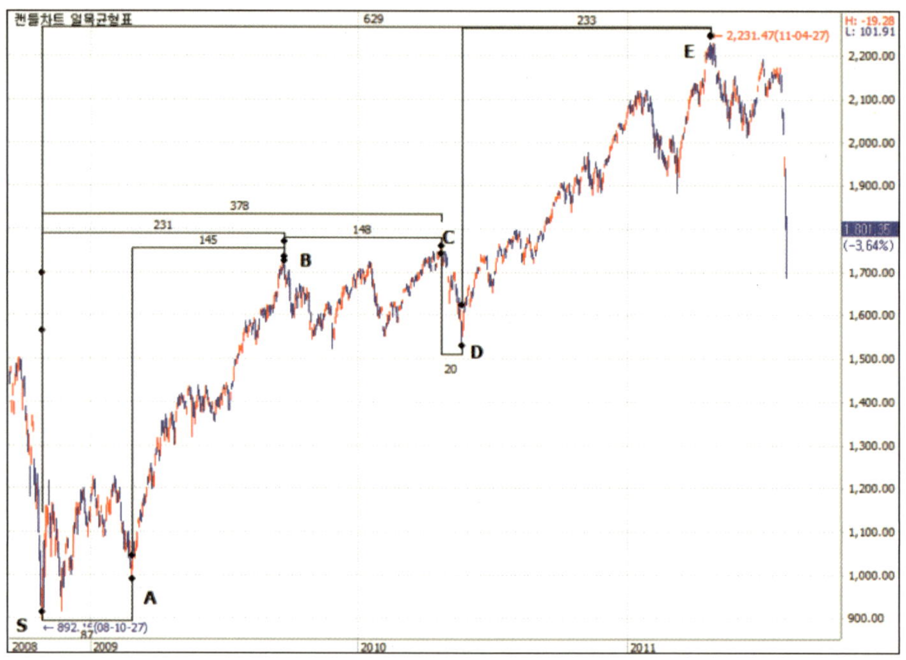

    C천정에서 D바닥까지 20일 급락 후 D바닥에서 E천정까지 233일 상승은 S바닥 직전 천정에서 22일 하락 후 S바닥에서 B천정까지 231일 상승한 것의 반복이다. 조정이 22일에서 20일로 단축되니 상승은 231일에서 233일로 확장된다. S바닥에서 E천정까지 629일 상승은 233+378=611에서 중간 급락한 20일이 추가로 작용한 것이다. 피보나치 수열 1, 1, 2, 3, 5, 8, 13, 21, 34, 55, 89, 144, 233, 377, 610에서 610 부분이 구현된 것으로 볼 수 있다.